D1831483

अली अनवर

सामाजिक-राजनीतिक कार्यकर्ता, पत्रकार और लेखक अली अनवर का जन्म 16 जनवरी, 1954 को बिहार के पुराने शाहाबाद ज़िले (अब बक्सर) के डुमराँव नगर में एक मज़दूर परिवार में हुआ। 1967 में 'पढ़ाई नहीं तो फ़ीस नहीं' शीर्षक से पर्चा छपवाने के कारण राज हाईस्कूल, डुमराँव से निष्कासन हुआ। तब आठवें दर्जे के छात्र थे। यहीं से डुमराँव राज के सामन्ती धाक के ख़िलाफ़ छात्र आन्दोलन की रहनुमाई शुरू हुई। आगे चलकर वामपन्थी आन्दोलन से जुड़ गए। इसी दौर में 'जनशक्ति', 'ब्लिट्ज़', 'रविवार' जैसे पत्र-पत्रिकाओं के लिए स्वतंत्र लेखन एवं भाषा (पीटीआई) के लिए संवाद संकलन का काम शुरू किया। घर की माली हालत ख़राब होने के चलते कॉलेज की पढ़ाई बीच में छोड़कर 1974 में सरकारी नौकरी ज्वाइन कर ली। नौकरी करते हुए प्राइवेट तौर पर मगध विश्वविद्यालय से 1975 में बी.ए. की डिग्री हासिल की और वकालत की डिग्री हासिल करने के लिए महाराजा कॉलेज, आरा के इवनिंग लॉ कॉलेज में दाख़िला लिया। एक साथ सियासत, सहाफत, नौकरी, पढ़ाई के चलते कई तरह की परेशानियों, मुक़दमेबाज़ी और जेल यात्राओं के बीच लॉ की पढ़ाई छूट गई।

1984 में सरकारी नौकरी से इस्तीफ़ा देकर 'जनशक्ति', पटना के माध्यम से बाज़ाब्ते पत्रकारिता की शुरुआत। 'जनशक्ति' के बन्द हो जाने पर 'नवभारत टाइम्स', पटना, 'जनसत्ता', दिल्ली तथा 'स्वतंत्र भारत', लखनऊ के लिए पत्रकारिता की। 1996 में पत्रकारिता के क्षेत्र में प्रतिष्ठित के.के. बिड़ला फ़ाउंडेशन फ़ेलोशिप मिली। जिसका विषय था—बिहार के दलित मुसलमान। इस शोध-अध्ययन के नतीजे में 'मसावात की जंग' किताब आई। यहीं से जीवन में एक नया मोड़ आया। 1998 में 'पसमान्दा मुस्लिम महाज़', बिहार का गठन किया जो कुछ ही वर्षों में। 'ऑल इंडिया पसमान्दा मुस्लिम महाज़' के रूप में देश के विभिन्न राज्यों में फैल गया। सितम्बर 2000 में श्रीमती राबड़ी देवी की बिहार सरकार द्वारा राज्य पिछड़ा वर्ग आयोग का सदस्य मनोनीत किया गया। 2006 में जनता दल (यू) के टिकट पर राज्यसभा के लिए निर्वाचित। 2012 में दोबारा राज्यसभा के लिए निर्विरोध निर्वाचित। 2017 में जनता दल (यू) के अचानक एन.डी.ए. में शामिल होने का विरोध करने के कारण डबल इंजन की सरकार द्वारा राज्यसभा की सदस्यता समाप्त। हर तरह की साम्प्रदायिकता का विरोध करते हुए दलित पसमान्दा तबक़ों को पेशमान्दा बनाना ज़िन्दगी का मिशन।

ई-मेल : alianwar3@rediffmail.com

अल्पसंख्यकों के उन सभी सामाजिक-व्यावसायिक समूहों को निश्चित तौर पर सामाजिक रूप से पिछड़ा माना जाना चाहिए, जो अगर उनकी धार्मिक पहचान आड़े नहीं आती तो अनुसूचित जाति के वर्तमान नेट में शामिल किए जाते। चाहे उनका अन्य समुदायों का धर्म जातिगत व्यवस्था को मान्यता देता हो या न देता हो।

हम यह भी सिफ़ारिश करते हैं कि अल्पसंख्यकों के उन समूहों को भी अनुसूचित जनजाति के उस नेट में शामिल किया जाना चाहिए जिसमें उनके समकक्ष बहुसंख्यक समुदाय के समूह शामिल किए गए हैं। विशेष रूप से स्वतंत्रता पूर्व के समय से किसी जनजातीय क्षेत्र में रहने वाले अल्पसंख्यक समुदायों को उनकी जातीय विशिष्टिताओं पर ध्यान दिए बिना ही शामिल किया जाना चाहिए।

—**न्यायमूर्ति रंगनाथ मिश्र** (सेवानिवृत्त) *की अध्यक्षता में राष्ट्रीय धार्मिक और भाषाई अल्पसंख्यक आयोग की रिपोर्ट की अनुशंसा। अध्याय 10, पृष्ठ संख्या 148, क्रम संख्या 16, 1, 8, 9*

सामाजिक सोपान के सबसे निचले स्तर पर मौजूद होने से अरज़ाल सबसे बुरी हालत में थे। उन्हें अलग से देखने की ज़रूरत थी। ज़्यादा उचित यह होता कि उन्हें अनुसूचित जाति की सूची में सम्मिलित कर लिया जाता या कम-से-कम अत्यन्त पिछड़ा वर्ग की अलग श्रेणी के रूप में ओ.बी.सी. से अलग किया जाता।"

—**न्यायमूर्ति राजेंद्र सच्चर** (सेवानिवृत्त) *की अध्यक्षता में भारत में मुस्लिम समुदाय की सामाजिक-आर्थिक और शैक्षणिक स्थिति पर उच्च स्तरीय समिति रिपोर्ट की अनुशंसा। (अध्याय 10, पैरा 4, पृष्ठ संख्या 183)*

...हम खुले तौर पर कहना चाहते हैं कि मुसलमान में जो दलित जातियाँ हैं, उनको भी अनुसूचित जाति में शामिल करना चाहिए। एक प्रश्न है जिसका समाधान होना चाहिए। गांधी जी ने भी कहा है, मैं उसका उल्लेख करना चाहता हूँ।

...कालीन के नीचे किसी चीज़ को डालने से काम नहीं चलेगा। मैं पुनः दोहराना चाहता हूँ कि धर्म बदलने से आदमी की जात नहीं बदलती है। यह सबको मालूम है कि यहाँ पर किस प्रकार से मुसलमानों की ज़्यादा संख्या हुई या ईसाइयों की ज़्यादा हुई, यह सब धर्म परिवर्तन से हुआ। ऐसी स्थिति में उनकी बुनियादी जाति बदलती नहीं है। जिस प्रकार से उनको झेलना पड़ता है, उसी प्रकार की उपेक्षा का शिकार वह भी होता है, चाहे वह ईसाई हो या मुसलमान हो...

—**श्री नीतीश कुमार**, *ग़ैर-सहायता प्राप्त निजी व्यावसायिक महाविद्यालयों में राज्य कोटा एवं आरक्षण नीति पर उच्चतम न्यायालय की टिप्पणी के सम्बन्ध में 24.8.2005 को लोकसभा में एक बहस के दौरान।*

अली अनवर

सम्पूर्ण दलित आन्दोलन
पसमान्दा तसव्वुर

राजकमल पेपरबैक्स

राजकमल पेपरबैक्स में
पहला संस्करण : 2023
दूसरा संस्करण : 2026

राजकमल पेपरबैक्स : उत्कृष्ट साहित्य के जनसुलभ संस्करण

राजकमल प्रकाशन प्रा.लि.
1-बी, नेताजी सुभाष मार्ग, दरियागंज
नई दिल्ली-110 002
द्वारा प्रकाशित

शाखाएँ : अशोक राजपथ, साइंस कॉलेज के सामने, पटना-800 006
पहली मंजिल, दरबारी बिल्डिंग, महात्मा गांधी मार्ग, प्रयागराज-211 001
1, अनमोल सोराबजी सन्तुक लेन, धोबी तलाव, मरीन लाइंस, मुम्बई-400 002
वेबसाइट : www.rajkamalprakashan.com
ई-मेल : info@rajkamalprakashan.com

बी.के. ऑफसेट
नवीन शाहदरा, दिल्ली-110 032
द्वारा मुद्रित

मूल्य : ₹250

SAMPOORN DALIT ANDOLAN : Pasamanda Tasawwur
by Ali Anvar

ISBN : 978-81-19028-39-9

जनसत्ता के सम्पादक प्रभाष जोशी की याद को समर्पित
जिन्होंने बिन माँगे के.के. बिड़ला फ़ाउंडेशन फ़ेलोशिप
दिलवाकर समाज के सबसे कमज़ोर तबक़ों के लिए जीने
का एक मौक़ा मुझे फ़राहम करा दिया।

आग़ाज़

चाहे कोई हरिजन नाममात्र को एक ईसाई, मुस्लिम या हिन्दू और अब एक सिख हो जाए वह तब भी एक हरिजन ही रहेगा। वह तथाकथित हिन्दू धर्म से विरासत में प्राप्त धब्बों को नहीं मिटा सकता, चाहे वह अपनी वेश-भूषा बदलकर स्वयं को कैथोलिक हरिजन या मुस्लिम हरिजन या नव मुस्लिम या नव सिख कहला ले, किन्तु उसकी अस्पृश्यता पीढ़ियों तक उसका पीछा नहीं छोड़ेगी।

—महात्मा गांधी
'हरिजन'
26.12.1936

ग़ुलामी भले ही विदा हो गई हो, जाति तो मुसलमानों में कायम ही है। उदाहरण के लिए बंगाल के मुसलमानों की स्थिति को लिया जा सकता है। 1901 के लिए बंगाल प्रान्त के जनगणना अधीक्षक ने बंगाल के मुसलमानों के बारे में यह रोचक तथ्य दर्ज किए हैं—

'मुसलमानों का चार वर्गों—शेख़, सैयद, मुग़ल और पठान—में परम्परागत विभाजन इस प्रान्त (बंगाल) में प्रायः लागू नहीं है। मुसलमान दो मुख्य सामाजिक विभक्त मानते हैं—1. अशराफ़ अथवा शरफ़ और 2. अज़लाफ़। अशराफ़ से तात्पर्य है 'कुलीन' और इसमें विदेशियों के वंशज तथा ऊँची जाति के धर्मान्तरित हिन्दू शामिल हैं। व्यावसायिक वर्ग और निचली जातियों के धर्मान्तरित शेष अन्य मुसलमान अज़लाफ़ अर्थात नीच, अथवा निकृष्ट व्यक्ति माने जाते हैं। उन्हें कमीना अथवा इतर कमीना या रासिल, जो 'रिज़ाल' का भ्रष्ट रूप है, बेकार कहा जाता है। कुछ स्थानों पर एक तीसरा वर्ग 'अरज़ाल' भी है, जिसमें आनेवाले व्यक्ति सबसे नीच समझे जाते हैं। उनके साथ कोई भी अन्य मुसलमान मिलेगा-जुलेगा नहीं और न उन्हें मस्जिद और सार्वजनिक क़ब्रिस्तानों में प्रवेश करने दिया जाता है।

इन वर्गों में भी हिन्दू में प्रचलित जैसी सामाजिक वरीयता और जातियाँ हैं।

1. अशराफ़ अथवा उच्च वर्ग के मुसलमान—
   (i) सैयद, (ii) शेख़, (iii) पठान, (iv) मुग़ल, (v) मलिक, (vi) मिर्ज़ा
2. अज़लाफ़ अथवा निम्न वर्ग के मुसलमान—
   (i) खेती करनेवाले शेख़ और अन्य वे लोग जो मूलतः हिन्दू थे किन्तु किसी बुद्धिजीवी वर्ग से सम्बन्धित नहीं हैं और उन्हें अशराफ़ समुदाय, अर्थात पिराली और ठकराई आदि में प्रवेश नहीं मिला है।

(ii) दर्ज़ी, जुलाहा, फ़क़ीर और रँगरेज़।

(iii) बाढ़ी, भठियारा, चिक, चूड़ीदार, दाई, धोबी, धुनिया, गद्दीदार, कलाल, कसाई, कुला, कुँजड़ा, लहेरी, माहीफरोश, मल्लाह, नालिया, निकारी।

(iv) अब्दाल, बाको, बेड़िया, भाट, चम्बा, डफाली, धोबी, हज्जाम, मुचो, नगारची, नट, परवाड़िया, मदारिया, तुन्तिया।

3. अरज़ाल अथवा निष्कृष्ट वर्ग।

भानार, हलालख़ोर, हिजड़ा, लालबेग़ी, भोगता, मेहतर।

मुसलमानों में इन बुराइयों का होना दुःखद है किन्तु उससे भी अधिक दुःखद तथ्य यह है कि भारत के मुसलमानों में समाज-सुधार हेतु इन बुराइयों का सफलतापूर्वक उन्मूलन के लिए कोई संगठित आन्दोलन नहीं उभरा। हालाँकि हिन्दुओं में भी अनेक सामाजिक बुराइयाँ हैं, परन्तु सन्तोषजनक बात यह है कि उनमें से अनेक इनकी विद्यमानता के प्रति सजग हैं और उनमें से कुछ उन बुराइयों के उन्मूलन हेतु सक्रिय तौर पर आन्दोलन भी चला रहे हैं। दूसरी ओर, मुसलमान यह महसूस ही नहीं करते कि ये बुराइयाँ हैं। परिणामत: वे उनके निवारण हेतु सक्रियता भी नहीं दर्शाते। इसके विपरीत, अपनी मौजूदा प्रथाओं में किसी भी परिवर्तन का विरोध करते हैं।

—डॉ. बी.आर. आम्बेडकर

'पाकिस्तान अथवा भारत का विभाजन'

सम्यक प्रकाशन, नई दिल्ली

हमारे देश-जैसे बुरे हालात किसी दूसरे देश के नहीं हुए। यहाँ अजब-अजब सवाल उठाते रहते हैं। एक अहम सवाल अछूत-समस्या है। समस्या यह है कि 30 करोड़ की जनसंख्यावाले देश में जो 6 करोड़ लोग अछूत कहलाते हैं, उनके स्पर्श मात्र से धर्म भ्रष्ट हो जाएगा! उनके मन्दिरों में प्रवेश से देवगण नाराज़ हो उठेंगे! कुएँ से उनके द्वारा पानी निकालने से कुआँ अपवित्र हो जाएगा! ये सवाल बीसवीं सदी में किए जा रहे हैं, जिन्हें कि सुनते ही शर्म आती है।

हमारा देश बहुत अध्यात्मवादी है, लेकिन हम मनुष्य को मनुष्य का दर्जा देते हुए भी झिझकते हैं...

जो निम्नतम काम करके हमारे लिए सुविधाओं को उपलब्ध कराते हैं उन्हें ही दुरदुराते हैं। पशुओं की हम पूजा कर सकते हैं, लेकिन इनसान को पास नहीं बिठा सकते!...

...

अब एक सवाल और उठता है कि इस समस्या का सही निदान क्या हो? इसका जवाब बड़ा अहम है। सबसे पहले यह निर्णय कर लेना चाहिए कि सब इंसान समान हैं तथा न तो जन्म से कोई भिन्न पैदा हुआ और न कार्य-विभाजन से। अर्थात क्योंकि एक आदमी ग़रीब मेहतर के घर पैदा हो गया है, इसलिए जीवन-भर मैला ही साफ़ करेगा और दुनिया में किसी तरह के विकास का काम पाने का उसे कोई हक़ नहीं है, ये बातें फ़िज़ूल हैं। इस तरह हमारे पूर्वज आर्यों ने इनके साथ ऐसा अन्यायपूर्ण व्यवहार किया तथा उन्हें नीच कहकर दुत्कार दिया एवं निम्नकोटि के कार्य करवाने लगे। साथ ही यह भी चिन्ता हुई कि कहीं ये विद्रोह न कर दें, तब पुनर्जन्म के दर्शन का प्रचार कर दिया कि यह तुम्हारे पूर्वजन्म के पापों का फल है। अब क्या हो सकता है? चुपचाप दिन गुज़ारो! इस तरह धैर्य का उपदेश देकर वे लोग उन्हें लम्बे समय तक के लिए शान्त करा गए। लेकिन

उन्होंने बड़ा पाप किया। मानव के भीतर की मानवीयता को समाप्त कर दिया। आत्मविश्वास एवं स्वावलम्बन की भावनाओं को समाप्त कर दिया। बहुत दमन और अन्याय किया गया। आज उस सबके प्रायश्चित्त का वक़्त है।

इसके साथ एक दूसरी गड़बड़ी हो गई। लोगों के मनों में आवश्यक कार्यों के प्रति घृणा पैदा हो गई। हमने जुलाहे को भी दुत्कारा। आज कपड़ा बुननेवाले भी अछूत समझे जाते हैं। यू.पी. की तरफ़ कहार को भी अछूत समझा जाता है। इससे बड़ी गड़बड़ी पैदा हुई। ऐसे में विकास की प्रक्रिया में रुकावटें पैदा हो रही हैं।

इन तबक़ों को अपने समक्ष रखते हुए हमें चाहिए कि हम न इन्हें अछूत कहें और न समझें।...जिन्हें आज तक अछूत कहा जाता रहा उनसे अपने इन पापों के लिए क्षमा-याचना करनी चाहिए तथा उन्हें अपने-जैसा इनसान समझना, बिना अमृत छकाए, बिना कलमा पढ़ाए या शुद्धि किए उन्हें अपने में शामिल करके उनके हाथ से पानी पीना, यही उचित ढंग है। और आपस में खींचतान करना और व्यवहार में कोई भी हक़ न देना, कोई ठीक बात नहीं है।

—भगत सिंह

'अछूत का सवाल'

[जून, 1928 के 'किरती' में 'विद्रोही' के नाम से प्रकाशित]

'भगत सिंह और उनके साथियों के दस्तावेज़'

राजकमल प्रकाशन, नई दिल्ली

मुझे पटना के मुग़लमियाँ से विभाजन पर एक दिलचस्प नज़रिया मिला। वे जाति के जुलाहे हैं, जो राष्ट्रीयता के पथ से एक बार भी कभी अलग नहीं हुए। वैसे मुसलमानों में पिछड़ी जातियाँ आम तौर पर मुस्लिम लीग से अलग ही रही हैं। दंगे की स्थितियों के अलावा वे कभी बहुत उत्साहित भी नहीं थीं और सो भी उनमें से कुछ ही। किसी-किसी अवसर पर राष्ट्रीय आन्दोलन ने पिछड़े मुसलमानों, मोमिनों को प्रोत्साहित करने की नीति को ज़रूर अपनाया, लेकिन यह नीति इतनी दाँव-पेच भरी थी कि सन्तोषप्रद नतीजे नहीं निकले। यदि सभी पिछड़ी जातियों, हिन्दू और मुसलमानों को जाति-प्रथा का नाश करने और बराबरी लाने की नीयत से प्रोत्साहन दिया जाता और यदि राष्ट्रीय आन्दोलन, कम-से-कम असहयोग आन्दोलन के समय से इस नीति पर ढंग से अमल होता तो भारत का विभाजन न होता...।

हिन्दी काव्य क्षेत्र में जायसी और रहीम किसी भी हिन्दू से अधिक चमकदार नक्षत्र थे। वास्तव में 'रहिमन' ऐसा नाम है जो इस्लाम के भारतीयकरण का प्रतीक है। यह रूसी मुसलमानों जैसा नाम है जिनका नाम 'ओव' या 'इन' जोड़कर परम्परागत रूप में बदला गया अथवा इंडोनेशियन मुसलमान, जिनका नाम धर्म-परिवर्तन के बाद भी बना ही रहा...।

मुझे 1847 के लगभग हुई एक कवयित्री ताजू का नाम सुनाई पड़ा है जो जन्म से मुसलमान और पेशे से रंगरेज़ थी, जिसकी कृष्ण-भक्ति की कविताएँ मीरा के भक्ति-गीतों के जोड़ की थीं। इससे लगता है कि यह जैसे इतिहास का नियम हो कि समीपता के काम छोटी जाति व अर्द्धशिक्षित लोगों ने ही किए और पृथकता का काम शासकों तथा अधिक शिक्षित उच्च जाति के लोगों ने...।

—डॉ. राममनोहर लोहिया
'भारत विभाजन के गुनहगार'
लोकभारती प्रकाशन, इलाहाबाद

क्रम

तारीख़ और तवारीख़

यहाँ से देखें

प्रस्तावना

पसमान्दा मुसलमान और उनके दु:ख-दर्द को लेकर अरसे से संघर्ष कर रहे भूतपूर्व सांसद, पत्रकार, लेखक और जुझारू नेता अली अनवर साहब की यह महत्त्वपूर्ण किताब हमारे जातिग्रस्त समाज से इंसाफ़ माँगती है। यह माँग क्यों और कैसे उठी? तर्कसंगत और न्यायसंगत, दोनों होने के बावजूद इस माँग पर अब तक के किसी भी केन्द्रीय सरकार ने पहल क्यों नहीं की? इन सवालों का जवाब पाने के लिए हमें यह समझना होगा कि रिज़र्वेशन या आरक्षण की नीति को केन्द्रीय सरकार ने किस प्रकार लागू किया?

1950 में जब नये संविधान के तहत आरक्षण की नीति को लागू किया गया तब इसके लिए बनाए गए क़ानून में यह प्रावधान केवल हिन्दू धर्म को क़बूल करनेवालों के लिए मंज़ूर किया गया। ग़ैर-हिन्दू दलितों को सरकारी मान्यता नहीं मिली। अगर मामला यहीं रुका रहता तो कहा जा सकता था कि यह न्यायसंगत न होने के बावजूद कम-से-कम तर्कसंगत तो है। यह इसलिए क्योंकि केवल हिन्दू धर्म-ग्रंथों में जाति-आधारित भेदभाव को एक सांस्थानिक व्यवस्था के रूप में स्थापित कर उसे जायज़ ठहराया गया था। अन्य धर्मों के ग्रंथों में इस तरह के भेदभाव को न केवल नाजायज़ माना जाता है बल्कि इनसानों की आपसी बराबरी के उसूल को तवज्जो दी जाती है।

लेकिन मामला यहीं नहीं रुका—1956 में सिख धर्म के दलित जातियों को अनुसूचित जातियों की सरकारी सूची में शामिल किया गया, और फिर 1990 में बौद्ध धर्म के दलितों को (जिनमें से ज़्यादातर ने 1956 में बाबा साहेब आम्बेडकर से प्रेरित होकर अपना धर्म बदला था) भी सूची में शामिल कर आरक्षण मुहैया की गई। ऐसा करने के लिए भारत के संविधान को बाक़ायदा संशोधित कर नया क़ानून बनाना पड़ा। इतना सब होने के बाद भी मुसलमान व ईसाई धर्म के दलित जातियों को आज तक आरक्षण क़ानून से बाहर रखा गया है, जो न केवल तर्क के ख़िलाफ़ है बल्कि सरासर नाइंसाफ़ी है।

जब-जब इस मामले को कोर्ट-कचहरी में उठाया गया, तब यह दलील दी गई कि इस मामले पर कोई आधिकारिक जानकारी या आँकड़े नहीं हैं। इस कमी को दूर करने के लिए 2007 में राष्ट्रीय अल्पसंख्यक आयोग द्वारा एक शोध-अध्ययन

प्रायोजित किया गया, जिसका मक़सद था, मुस्लिम व ईसाई दलित समुदायों पर उपलब्ध सारी समाज वैज्ञानिक जानकारी का सारांश प्रस्तुत करना। इस काम को मुझे सौंपा गया और मैंने इस पर एक विस्तृत रिपोर्ट बनाई। इस दस्तावेज़ में तीन सवालों के जवाब दिये गए हैं—(1) मुसलमान व ईसाई दलित समुदायों के समकालीन आर्थिक व सामाजिक हालात क्या हैं? (2) अपने ही धर्म के ग़ैर-दलित जातियों से और अन्य धर्मों के दलितों की तुलना में उनका क्या हाल है? (3) भेदभाव से उपजी दिक़्क़तों और परेशानियों को ध्यान में रखते हुए, क्या इन समुदायों को सरकारी मदद की ज़रूरत है? उपलब्ध सभी सामग्री का मुआइना करने के बाद इस रिपोर्ट में पाया गया कि इस्लाम व ईसाई धर्म माननेवालों में भी जातिगत भेदभाव का प्रचलन है और इसके कई ठोस उदाहरण व सबूत हैं।

कोई चाहे तो सबूत और आँकड़ों को लेकर लगातार बहस जारी रखी जा सकती है—सवाल नीयत का है। अगर आपने पहले से ठान लिया है कि इस माँग को नकारना है तो इसके लिए कोई न कोई बहाना तो मिल ही जाएगा।

इसके अलावा दो विशेष कारणों से इस मुद्दों पर अब तक कुछ नहीं हो पाया है। पहला और सबसे पुराना कारण है, मुसलमान और ईसाई धर्म के कथित ऊँची जातियों का वर्चस्व। दोनों धर्मों में देर तक इस बात का जमकर विरोध किया गया कि उनके यहाँ भी जातिगत भेदभाव जारी है। वही पुराने नारे बुलन्द किए गए कि यह सब साज़िश है, हमारे दुश्मन हमें बाँटना चाहते हैं, हमारा धर्म ख़तरे में है, लेकिन लगभग एक दशक से इस तरह का विरोध नाकाम रहा है और समाज में यह बात घर कर गई है कि हाँ, भेदभाव तो है।

विरोध का दूसरा कारण है, आज का बहुसंख्यकवादी माहौल और ख़ासकर हिन्दुत्व की राजनीति का उभार।

संघ परिवार की सोच में लगभग एक सदी से—यानी विनायक दामोदर सावरकर की किताब 'हिन्दुत्व' के समय से—यह माना गया है कि इस्लाम और ईसाई धर्म विदेशी हैं, ग़ैर-भारतीय हैं क्योंकि उनके धार्मिक तीर्थ-स्थान भारत से बाहर हैं। कहने की ज़रूरत नहीं कि आजकल इस्लाम को ख़ास अन्दाज़ में दुत्कारा और बदनाम किया जा रहा है और मुसलमानों के ख़िलाफ़ नफ़रत फैलाई जा रही है। ऐसे में सरकार की तरफ़ से इस मामले पर एक समिति का बिठाया जाना ज़रूर चौंकानेवाली बात है।

बहरहाल, सियासी दाँव-पेच जैसे भी हों, यह मुद्दा अपने आपमें बिलकुल साफ़ है। उनके ख़िलाफ़ हो रहे भेदभाव के कारण मुसलमान और ईसाई दलित जातियों को भी आरक्षण का समान अधिकार मिलना चाहिए। हमने इस माँग के समर्थन में रिपोर्ट तो लिख दी, लेकिन पढ़ने-लिखने और शोध करने भर से कभी बदलाव नहीं आता। इसके लिए संघर्ष करना पड़ता है।

यह किताब उसी संघर्ष का हिस्सा है। इसके लेखक ने भी शोध-रिसर्च किया और पटना के 100 पसमान्दा मुसलमान परिवारों का सर्वे किया जो 'दलित मुसलमान' नाम की किताब में छपी। इसके अलावा, अली अनवर साहब की मशहूर किताब 'मसावात की जंग' ने इस समाज के भेदभाव से जूझने की लम्बी कहानी का बहुत ही ख़ूबी से बयान किया, लेकिन अली अनवर यहीं तक नहीं रुके। उन्होंने सियासी मैदान में उतरने का हौसला दिखाया और अपने समाज के लिए संघर्ष करने लगे।

यही कारण है कि इस किताब को केवल एक शख़्स की लिखी दास्तान न मानकर इसे इंसाफ़ माँग रहे एक पूरे समाज की आवाज़ की शक्ल में देखा और पढ़ा जाना चाहिए। मेरी यही तमन्ना है कि इस जंग में पसमान्दा समाज की जीत जल्दी हो।

—सतीश देशपांडे
प्रोफ़ेसर, समाजशास्त्र विभाग,
दिल्ली विश्वविद्यालय

भूमिका

तथ्य और तर्क के बीच का सत्य सामने है

भारत के ज़्यादातर इतिहासकार और समाजशास्त्री मानते हैं कि इस देश में बसी मुस्लिम और ईसाई आबादी में 95 प्रतिशत लोग यहाँ के ही हैं। उन्होंने हिन्दू धर्म में व्याप्त छुआछूत, ऊँच-नीच की व्यवस्था से तंग आकर कालान्तर में इस्लाम और ईसाई धर्म क़बूल किया है। हिन्दू धर्म के जिस सोपान-क्रम से लोग ईसाई और इस्लाम धर्म में आए, उन्होंने यहाँ के नये धर्म के समाज में भी उसी तरह के सोपान-क्रम का निर्माण कर लिया, यानी हिन्दू धर्म से मिलने के बाद भारत में नवागन्तुक इस्लाम और ईसाई धर्मों में भी जाति-व्यवस्था बन गई।

मगर मेरा मानना है कि यह 'आधा सच' ही है। पूरा सच यह है कि आला-अदना (ऊँच-नीच) की भावना भले 'उसूलन' (सिद्धान्त रूप में) इस्लाम-ईसाई मज़हब में न रही हो, लेकिन 'अमलन' (आचार-व्यवहार के रूप में) उनके समाजों में तो यह बीमारी ज़रूर रही है, क्योंकि यह इंसानी फ़ितरत है। देश-दुनिया के भिन्न-भिन्न समाजों में भले ही इसकी मात्रा कहीं कम-कहीं ज़्यादा हो, काल-गणना के हिसाब से ये दोनों धर्म हिन्दू धर्म की अपेक्षा नये धर्म हैं। इसलिए शुरुआत में इस बीमारी के प्रति सावधानी बरती गई होगी।

जहाँ तक इस्लाम धर्म के पैदाइशी जगह अरब की बात है, अशराफ़ (संभ्रान्त), अज़लाफ़ (बीच वाले), अरज़ाल (नीच)—ये तीनों शब्द खाँटी अरबी भाषा के हैं। जब वहाँ के समाज में यह बीमारी थी ही नहीं तो ये शब्द आए कहाँ से? यही वजह है कि इस्लाम धर्म के आख़िरी पैग़म्बर मोहम्मद (सलम) ताज़िन्दगी इसके ख़िलाफ़ हिदायत देते रहे। उनके आख़िरी खुत्बा (सम्बोधन) को दुनिया 'हज्ज़तुलविदा' नाम से जानती है। इसमें वे फ़रमाते हैं, 'न गोरे को काले पर, न काले को गोरे पर, न अरबी को अज़मी (ग़ैर-अरबी) पर कोई फ़ौक़ियत (बरतरी) हासिल है। अगर है, तो तकवा की बुनियाद पर।' तकवा का अर्थ है ईमान वाला, ख़ुदा से डरनेवाला। ईमान वाला और ख़ुदा से डरने का मतलब है, ग़लत काम से डरना, किसी पर ज़ुल्म नहीं करना, कमज़ोर लोगों के प्रति रहमदिल होना। उनको सताना नहीं, उनकी मदद करना। हज़रत मोहम्मद (सलम) ने तो एक

बार यहाँ तक फ़रमाया कि 'आज की तारीख़ से हस्ब-नशब (ऊँच-नीच) के मामले को अपने पैरों से रौंदता हूँ।'

मैं समझता हूँ कि दुनिया में हर मज़हब में कमोबेश इस तरह की हिदायतें मौजूद हैं। बावजूद इसके ऊँच-नीच, छुआछूत, भेदभाव भी बदस्तूर क़ायम है। भारत में इस्लाम और ईसाई धर्म क़बूल कर चुके समाज में भी अनेक जगहों पर जाति-बिरादरी के नाम पर मस्जिद-गिरजाघर और क़ब्रिस्तान तक बने हुए हैं।

यही वजह है कि समय-समय पर सिख, बौद्ध, इस्लाम, ईसाई धर्म अपनानेवालों में इन बीमारियों से ग्रस्त लोग अपने नाम के साथ 'दलित' शब्द जोड़ते हुए अपनी पीड़ा को ज़ाहिर करते रहे हैं। हिन्दू धर्म में तो वर्णाश्रम व्यवस्था के ख़िलाफ़ लम्बी लड़ाई का इतिहास है। इस लड़ाई के कई 'रिफ़ॉर्मर' और 'रिवोल्यूशनरी' नायक भी पैदा हुए। मगर अन्य धर्मों के लोग चूँकि अल्पसंख्यक रहे हैं, इसलिए उनके अन्दर भरसक इस बीमारी को छिपाने की प्रवृत्ति रही है। यूँ तो दलित जातियों की औपचारिक सूची ब्रिटिश काल में 1936 में सबसे पहले तैयार की गई। इस सूची में हिन्दू और मुसलमान भंगी में कोई भेदभाव नहीं किया गया था। मुसलमान मेहतर, लालबेग़ी मुस्लिम धोबी आदि इसी श्रेणी के माने जाते थे। रेलवे आदि सरकारी महकमों में इसी आधार पर इन्हें नौकरियाँ भी मिलती थीं।

हम भारत के लोगों ने ब्रिटिश हुकूमत से मुक्त होने के बाद जिस भारतीय संविधान को अंगीकृत और आत्मार्पित किया, उसमें भी शेड्यूल्ड कास्ट से सम्बन्धित धारा-341 मूल रूप से 'रिलिज़न न्यूट्रल' है। 1950 में इस धारा में राष्ट्रपति के आदेश से उपधारा-3 जोड़कर उस पर धार्मिक प्रतिबन्ध लगा दिया गया यानी हिन्दू धर्म को छोड़ किसी अन्य धर्म की इस तरह की जातियों को 'अस्पृश्य' नहीं माना गया। इसके बाद 1956 में राष्ट्रपति के एक नये आदेश से 'सिख' धर्म के दलितों को भी इसमें शामिल कर लिया गया। फिर 1990 में प्रधानमंत्री विश्वनाथ प्रताप सिंह के कार्यकाल में इस धारा में संशोधन कर 'बौद्ध धर्म' की कुछ जातियों को 'नव बौद्ध' बताकर उन्हें भी दलित की सूची में शामिल कर लिया गया।

इसके कुछ ही दिनों बाद से ईसाई और इस्लाम धर्म में इस तरह की जातियों को शेड्यूल्ड कास्ट का दर्जा देने की माँग उठती रही है। नरसिंह राव सरकार के समय (1991-'96) तो इस मामले में बाज़ाब्ता एक विधेयक सरकार की तरफ़ से लोकसभा में भी रखा गया था? पर इस विधेयक पर संसद में बहस नहीं हो सकी और यह विधेयक ख़ुद-ब-ख़ुद समाप्त हो गया।

यहीं पर यह ग़ौर करने की बात है कि सिख और बौद्ध धर्मावलम्बियों के एक हिस्से को दलित का दर्जा देने के सिलसिले में इस विषय पर शोध-अध्ययन पर आधारित सिफ़ारिश के लिए किसी तरह का 'आयोग' गठित नहीं हुआ। राष्ट्रपति के आदेश से ही यह सब कुछ हो गया।

प्रधानमंत्री मनमोहन सिंह की यू.पी.ए.-1 सरकार के समय ईसाई और मुसलमानों को लेकर अध्ययन के लिए सुप्रीम कोर्ट के रिटायर्ड मुख्य न्यायाधीश रंगनाथ मिश्र की अध्यक्षता में चार सदस्यीय आयोग का गठन किया गया। इस आयोग ने तीन-एक के बहुमत के आधार पर एस.सी. रिज़र्वेशन के मामले को 'रिलिजन न्यूट्रल' बनाने की सिफ़ारिश करते हुए कहा कि इसमें मुस्लिम और ईसाई दलितों को शामिल नहीं किया जाना धर्म के आधार पर भेदभाव है। भारतीय संविधान इसकी मनाही करता है। उसने यह भी कहा कि 'धारा 341 से धारा-3 को हटाने के लिए किसी संविधान संशोधन की ज़रूरत नहीं है। यह काम राष्ट्रपति के आदेश से ही किया जा सकता है।' आयोग की सदस्य सचिव श्रीमती आशादास ने अपना 'डिसेंट' (असहमति) नोट दिया। और उन्होंने ईसाई और मुस्लिम दलितों को शेड्यूल्ड कास्ट का दर्जा देने की बात की है।

इसी तरह 'सच्चर कमेटी' ने भी मुसलमानों और ईसाइयों की दलित जातियों को शेड्यूल्ड कास्ट का दर्जा देने की सिफ़ारिश की है। राष्ट्रीय अल्पसंख्यक आयोग द्वारा प्रो. सतीश देशपांडे की एक समिति ने भी अपने अध्ययन में यह पाया कि शहरी क्षेत्र में 47 प्रतिशत दलित मुस्लिम ग़रीबी रेखा से नीचे हैं। रिपोर्ट में 2004-05 के आँकड़ों का हवाला दिया गया है। ग्रामीण इलाक़ों में 40 प्रतिशत दलित मुस्लिम और 30 प्रतिशत दलित ईसाई ग़रीबी रेखा के नीचे हैं। इस रिपोर्ट में यह भी कहा गया है कि 'मुसलमान और ईसाई बन जाने के बावजूद उनके साथ सामाजिक भेदभाव जारी है। उन्हें अलग मस्जिद, अलग चर्च में जाने के लिए बाध्य किया जाता है। लम्बे समय तक इस तथ्य से इनकार करने के बाद कई ईसाई-मुस्लिम धार्मिक संगठनों ने भी इस वास्तविकता को स्वीकार कर लिया है।

1996-'97 में पत्रकारिता के क्षेत्र में दिये जानेवाली के.के. बिड़ला फ़ाउंडेशन फ़ेलोशिप में भी मैंने 'दलित मुसलमान' विषय पर अध्ययन-शोध में पाया कि दलित मुसलमानों के साथ रोटी-बेटी का रिश्ता रखने की बात तो दूर रही, ईद-बक़रीद जैसे त्योहारों के अवसर पर भी दूसरे मुसलमान उनके दरवाज़े पर नहीं जाते हैं। यह दूरी इस कटु-कठोर तथ्य का सबूत है कि उनसे 'अस्पृश्यता' बरती जाती है। उनके यहाँ मिलादशरीफ़ (धार्मिक प्रवचन) के वक़्त भी उनकी जातियों को छोड़ दूसरा कोई मुसलमान इसमें शिरकत नहीं करता है।

इसलिए यह सिर्फ़ 'दलित मुसलमान' और दलित ईसाई जातियों को आरक्षण देने का मामला नहीं है। मूल बात यह है कि सरकारी तौर पर क़ानून बनाकर धर्म के आधार पर इन तबक़ों के साथ भेदभाव किया जा रहा है। अगर यह भेदभाव समाप्त कर दिया जाए, तो धार्मिक आधार के इतर सभी धर्मों के दलितों की एक जमात खड़ी हो जाएगी। सभी धर्मों के दलित और पिछड़ों की एक वर्गीय एकता बनेगी तो इससे देश में धर्म के आधार पर जारी विभाजनकारी सियासत कमज़ोर पड़ेगी।

इन सभी तबक़ों के मसायल (समस्या) और दर्द एक जैसे हैं। इनके बीच ख़ून का रिश्ता है। इनका डीएनए मिलाकर देखा जाए तो वह भी समान होगा। दर्द का रिश्ता दुनिया में सबसे बड़ा रिश्ता होता है। धर्म के आधार पर इनके बीच हुक्मरानों द्वारा जो बँटवारा किया गया है, वह बनावटी है। इतिहास गवाह है कि हमेशा से इस तरह के बँटवारे 'फूट डालो और राज करो' की नीति के तहत किए जाते हैं।

1996-'97 में मेरे शोध-अध्ययन का मक़सद और दिशा यही थी कि दलितों-पिछड़ों के बीच धार्मिक आधार पर किए गए इस बँटवारे को कैसे कम और ख़त्म किया जाए। इसी मक़सद का नतीजा है 'मसावात की जंग' किताब और 'पसमान्दा' शब्द का उद्घाटन। यूँ हमने 1998 में 'पसमान्दा मुस्लिम महाज़' का गठन किया। 'पसमान्दा' शब्द धर्म और जाति न्यूट्रल है। देश-दुनिया में इस नाम का न तो कोई धर्म है, न जाति। सभी धर्मों में पीछे छूटे या यूँ कहें कि पीछे धकेल दिये गए लोग—सामाजिक, शैक्षणिक, आर्थिक, राजनीतिक, नैतिक स्तर पर रौंदे गए और आज भी रौंदे जा रहे लोग ही 'पसमान्दा' कहे जाएँगे। इस पसमान्दा तबक़े में जो पसमान्दा तरीन (अरज़ाल) हैं, वे ही 'दलित' हैं। 'अरज़ाल' शब्द अपमानजनक है। इसलिए मैं भरसक इस शब्द का प्रयोग नहीं करता। इसके बदले 'दलित' मुसलमान या 'दलित' ईसाई कहना ही उचित है। आज यह 'दलित' शब्द सभी धर्मों के रौंदे गए और अस्पृश्य लोगों को जोड़नेवाला अल्फ़ाज़ बन गया है।

पिछले 18 सालों से सर्वोच्च न्यायालय में इन्हीं दलित ईसाइयों, दलित मुसलमानों को शेड्यूल्ड कास्ट का दर्जा देने की माँग से सम्बन्धित एक सिविल रिट याचिका लम्बित है। 11 अक्टूबर, 2022 से इस याचिका पर मुख्य न्यायाधीश यू.यू. ललित की अध्यक्षता में सुनवाई होनी थी और जल्द ही फ़ैसला आनेवाला था। इसी बीच प्रधानमंत्री नरेन्द्र मोदी जी की सरकार ने इस मामले की जाँच के लिए सर्वोच्च न्यायालय के पूर्व मुख्य न्यायाधीश के.जी. बालकृष्णन की अध्यक्षता में एक तीन सदस्यीय आयोग का गठन कर दिया। इस आयोग को दो साल के अन्दर अपनी रिपोर्ट दाख़िल करनी है यानी अब इस मामले को कम-से-कम 2024 के लोकसभा चुनाव तक के लिए टाल दिया गया है। जब किसी काम को नहीं करना होता है तो हुक्मरानों द्वारा इसी तरह आयोग-दर-आयोग का गठन और न्यायालयों द्वारा तारीख़-दर-तारीख़ देकर मामले को ठंडे बस्ते में डाल दिया जाता है।

मनमोहन सिंह की यू.पी.ए.-1 और यू.पी.ए.-2 की सरकारें भी इसी तरह इस मामले को टालती रहीं। यू.पी.ए.-2 सरकार के समय सुप्रीम कोर्ट ने रंगनाथ मिश्र आयोग की सिफ़ारिश के हवाले केन्द्र सरकार से इस सम्बन्ध में उसके स्टैंड के बारे में पूछा था। तत्कालीन सरकार ने तब सुप्रीम कोर्ट को बताया था कि उनकी सरकार की राजनीतिक मामलों की समिति इस पर विचार कर रही है। अव्वल तो मनमोहन सरकार को ही इस मामले को निपटा देना चाहिए था क्योंकि उसी सरकार ने इस

मसले पर आयोग का गठन किया था, लेकिन मनमोहन सरकार ने किया यह कि अपने द्वारा ही गठित आयोग की सिफ़ारिशों को न माना, और न ही इनकार किया।

2019 में जब मोदी जी दुबारा प्रधानमंत्री बने, तो पुनः यह मामला सुप्रीम कोर्ट में सुनवाई के लिए आया। तब सुप्रीम कोर्ट ने रंगनाथ मिश्र आयोग के हवाले नोटिस जारी कर इस पर मोदी सरकार का मन्तव्य जानना चाहा। इस पर मोदी सरकार द्वारा कहा गया कि इस्लाम और ईसाई धर्म में 'अस्पृश्यता' नहीं है, इसलिए कथित दलित मुसलमानों और ईसाइयों को शेड्यूल्ड कास्ट (एस.सी.) का दर्जा नहीं दिया जा सकता है।

फिर 2022 में सुप्रीम कोर्ट में मुख्य न्यायाधीश यू.यू. ललित की बेंच में यह मामला सुनवाई के लिए आया। इसी बीच प्रधानमंत्री मोदी ने हैदराबाद में अपनी पार्टी की राष्ट्रीय कार्यकारिणी की बैठक में 'पसमान्दा' मुसलमानों से हमदर्दी जताने और उनकी पार्टी द्वारा इन तबक़ों के लिए देश भर में 'स्नेह-यात्रा' निकालने का जुमला उछाल दिया। इसके बाद सुप्रीम कोर्ट ने दोबारा केन्द्र सरकार को नोटिस जारी कर इस विषय में उसका ताज़ा स्टैंड जानना चाहा।

सवाल उठता है कि जब सिख और बौद्ध दलितों को शेड्यूल्ड कास्ट का दर्जा बिना किसी आयोग के गठन और अध्ययन के मिल गया तो फिर मुसलमान और ईसाई दलितों के साथ धर्म के आधार पर यह भेदभाव क्यों? यही नहीं, सिख और बौद्धों को शेड्यूल्ड कास्ट का दर्जा देने के बाद शेड्यूल्ड कास्ट का कोटा भी नहीं बढ़ाया गया। हमारी शुरू से यह माँग रही है कि दलित मुसलमान और ईसाइयों को एस.सी. में शामिल करने के साथ ही उसका कोटा भी बढ़ाया जाना चाहिए।

दलित मुसलमानों और ईसाइयों के मामले में मोदी सरकार या तो रंगनाथ मिश्र, सच्चर कमेटी, राष्ट्रीय अल्पसंख्यक आयोग की सिफ़ारिशों के आधार पर इस माँग को मान लेती या सीधे इसे मानने से इनकार कर देती। बावजूद इसके, क्या मोदी जी और उनकी सरकार दलित मुसलमानों और दलित ईसाइयों को इतना नासमझ समझते हैं कि वे 'स्नेह-यात्रा' के सियासी लॉलीपॉप (झुनझुना) से बहल जाएँगे और 2024 के चुनाव में उनकी पार्टी का समर्थन कर देंगे?

भा.ज.पा. जहाँ एक तरफ़ पसमान्दा मुसलमानों के लिए 'स्नेह-यात्रा' निकालने की बात कर रही है, वहीं दूसरी तरफ़ उसका गौ-रक्षा और दूसरे कई बहानों से 'मॉब-लिंचिंग' तथा 'बुलडोज़र' अभियान भी बदस्तूर जारी है। हाल ही में, गुजरात सरकार ने बिलकिस बानो के बलात्कारियों और उसके परिवार सहित 14 लोगों के आजीवन सज़ायाफ़्ता हत्यारों को न सिर्फ़ छोड़ा, बल्कि भाजपाइयों ने सार्वजनिक तौर पर उनका स्वागत-अभिनन्दन करते हुए जुलूस भी निकाला। भा.ज.पा. यहीं नहीं रुकी, बिलकिस बानो के बलात्कारियों और परिवार की हत्या करनेवालों को अपना टिकट देकर जिताया भी। क्या भा.ज.पा. नेतृत्व को नहीं लगता कि ऐसी बेशर्मी

दिखाकर उनके लोगों ने अन्याय और क्रूरता की सारी हदें पार कर दी हैं? अब तो यह तथ्य भी उजागर हो चुका है कि उपरोक्त 'बलात्कारियों-हत्यारों' को सीधे भारत सरकार के गृह मंत्रालय की इजाज़त से छोड़ा गया जिसके मंत्री अमित शाह हैं और बिलकिस बानो प्रधानमंत्री जी की जाति घांची की ही है।

मोदी जी की सरकार पसमान्दा समाज को न्याय देने के बजाय उसे न्याय मिलने के संवैधानिक अवसरों को भी बन्द कर देना चाहती है। उसका सबसे ताज़ा उदाहरण यह है कि 18 साल से सुप्रीम कोर्ट में लम्बित मुस्लिम दलित और ईसाई दलितों के आरक्षण देने पर फ़ैसले का जब समय आया तो के.जी. बालाकृष्ण के नेतृत्व में एक नया आयोग बनाकर उसे रोकने का न सिर्फ़ प्रयास किया बल्कि सुप्रीम कोर्ट को लिखकर दे दिया कि उनको आरक्षण नहीं दिया जा सकता है। इसलिए कि इनके बीच छुआछूत नहीं होती है। सवाल उठता है कि जब नया आयोग बना दिया तो यह लिखकर देने की क्या ज़रूरत थी। अगर यही करना ज़रूरी था तो फिर आयोग क्यों बनाया।

इस तरह से भाजपाई अभियानों में 95 प्रतिशत शिकार पसमान्दा और दलित मुसलमान ही हो रहे हैं। इस सम्बन्ध में मैंने प्रधानमंत्री मोदी जी के साथ देश के सभी विपक्षी दलों के नेताओं को 'खुला पत्र' भी लिखा है। इन खुले पत्रों के ज़रिये मैंने इस बात को रेखांकित किया है कि यह सिर्फ़ आरक्षण का नहीं, बल्कि सामाजिक, आर्थिक, राजनीतिक, धार्मिक—हर क्षेत्र में इन तबक़ों के साथ सदियों से बरते जा रहे भेदभाव को ख़त्म करने का सवाल है। इन्हीं पत्रों में हमने यह भी लिखा है कि दलित पसमान्दा समाज को स्नेह से ज़्यादा 'सम्मान' और उससे भी ज़्यादा 'न्याय' की ज़रूरत है।

आर.एस.एस., भा.ज.पा. और उनके आनुषंगिक संगठनों के लोगों द्वारा तमाम तथ्यों को नकारते हुए यह कहा जा रहा है कि इस्लाम और ईसाई धर्म में अछूतपन नहीं है। इसलिए उनकी यह माँग नहीं मानी जानी चाहिए। थोड़ी देर के लिए मान भी लिया जाए कि उपरोक्त दोनों धर्मों में धार्मिक तौर पर यह भेदभाव नहीं है, तो भी इस प्रकट तथ्य की सच्चाई से कैसे आँखें बन्द की जा सकती हैं कि उनके भारतीय समाज में यह बीमारी अन्दर तक व्याप्त है। फिर यह भी सवाल है कि क्या इन मुस्लिम-ईसाई भंगियों, धोबियों, मोचियों का काम सिर्फ़ 15-20 प्रतिशत मुसलमान, ईसाई घरों में मैला साफ़ करने, कपड़ा धोने आदि से चल जाता है? नहीं, ऐसा बिलकुल नहीं है। इनका सभी धर्मों के लोगों से पाला पड़ता है, उनके यहाँ काम करना पड़ता है। जब 80-85 प्रतिशत हिन्दू आबादी इन्हें अछूत समझती है तो आख़िर ये अछूत ही तो हुए।

फ़िलहाल हुआ यह है कि इस अछूतपन को पहचानने का मामला देश के न सिर्फ़ बौद्धिक विमर्श में आ गया है, बल्कि राजनीतिक गलियारे से होते हुए

मीडिया में भी इसकी चर्चा हो रही है। इसे देश के आमो-ख़ास में वैचारिक स्तर पर उत्साह से उठा आगे का सार्थक क़दम माना जा सकता है। बिहार से लेकर उत्तर प्रदेश तक की विधानसभाओं में श्रीयुत लालू यादव और मुलायम सिंह यादव के मुख्यमंत्रित्व काल में दलित मुसलमान और दलित ईसाइयों को शेड्यूल्ड कास्ट का दर्जा देने के लिए प्रस्ताव पारित कर केन्द्र सरकार को भेजा गया। उन्हीं दिनों बहन मायावती ने भी अख़बारों में पूरे एक पेज का विज्ञापन निकलवाकर इस माँग का समर्थन किया। बस, उनकी शर्त इतनी थी कि इसके लिए शेड्यूल्ड कास्ट का कोटा भी बढ़ाया जाना चाहिए। अनुसूचित जाति-जनजाति आयोग के बतौर अध्यक्ष बूटा सिंह ने और रामविलास पासवान जी सरीखे नेता ने भी अनेक अवसरों पर इसी शर्त के साथ इस माँग का समर्थन किया था। हमारी भी शुरू से यही माँग रही है।

5 नवम्बर, 2022 को दिल्ली में पाँच संगठनों द्वारा अनुसूचित जाति/जनजाति का कोटा कम किए बिना दलित मुसलमानों और ईसाइयों के लिए आरक्षण के विस्तार की माँग की गई। पाँच वामपन्थी संगठनों द्वारा आयोजित इस राष्ट्रीय सम्मेलन में दलित शोषण मुक्ति मंच, अखिल भारतीय दलित अधिकार आन्दोलन, अखिल भारतीय खेत मज़दूर यूनियन, भारतीय खेत मज़दूर संघ तथा अखिल भारतीय खेत एवं ग्रामीण मज़दूर संगठन के लोग शामिल हुए। इस सम्मेलन में आठ सूत्री माँगें सर्वसम्मति से पारित की गईं, जिनमें अनिवार्य रूप से निजी क्षेत्र की नौकरियों में आरक्षण लागू करने की माँग भी शामिल है। इस सम्मेलन में, ख़ास तौर से, प्रसिद्ध दलित एक्टिविस्ट बेज़वाड़ा विल्सन, दलित चिन्तक प्रोफ़ेसर रतनलाल और ऑल इंडिया पसमान्दा मुस्लिम महाज़ के राष्ट्रीय अध्यक्ष के नाते मुझे भी आमंत्रित किया गया। माकपा पोलित ब्यूरो की सदस्य सुभाषिनी अली और राम चन्दर डोम की पहल पर यह सम्मेलन बुलाया गया था।

वर्ष 2005 में नीतीश कुमार ने बतौर सांसद लोकसभा में इस सवाल को उठाते हुए कहा था कि 'धर्म-परिवर्तन करने से आदमी की सामाजिक स्थिति नहीं बदलती है, लिहाज़ा हिन्दू धर्म से अन्य धर्मों में गए दलितों को भी शेड्यूल्ड कास्ट का दर्जा मिलना चाहिए।' एन.डी.ए. में शामिल रहते हुए श्री नीतीश जी ने यह माँग उठाई थी। उस समय सदन में भा.ज.पा. संसदीय दल के नेता बी.के. मल्होत्रा ने इसका विरोध किया था। इसको लेकर सदन में श्री नीतीश जी के साथ उनकी काफ़ी बकझक हुई थी। बाद में आर.एस.एस. के मुखपत्र 'पांचजन्य' ने नीतीश जी पर 'मुस्लिम तुष्टीकरण' का आरोप लगाते हुए उनके ख़िलाफ़ कवर स्टोरी छापी थी।

भारतीय संविधान की धारा-342 में 'शेड्यूल्ड ट्राइब' के क़बीले निर्धारित किए गए हैं। इस धारा पर किसी तरह का धार्मिक प्रतिबन्ध नहीं है। बावजूद इसके, इस सूची को लेकर मुसलमानों के साथ भेदभाव किया गया है। उदाहरण के लिए हरियाणा, राजस्थान, दिल्ली, मध्य प्रदेश, उत्तर प्रदेश के कई इलाक़ों में

'मेव' मुसलमानों का क़बीला बसता है। इस क़बीले के लोगों ने मुग़ल सल्तनत से लेकर ब्रिटिश हुकूमत तक अपनी 'छापामार रणनीति' के ज़रिये लड़ाइयाँ लड़ीं। 1526 ई. में बाबर की सेना से ख़ानवा के मैदान, जो अभी राजस्थान में है, की जंग में सरदार हसन ख़ान मेवाती के साथ लड़ते हुए इस क़बीले के बारह सौ लोग एक दिन में शहीद हुए। मुग़लिया सल्तनत लेकर ब्रिटिश हुकूमत तक ने इस क़बीले को 'जरायम-पेशा' (क्रिमिनल ट्राइब) की सूची में डाल रखा था। आज़ादी के बाद इस तरह के क़बीलों पर से यह तोहमत (आरोप) तो हटा, लेकिन उनको 'शेड्यूल्ड ट्राइब' तो क्या, पिछड़ी जाति में भी नहीं शामिल किया गया। दूसरी तरफ़ मीणा क़बीले को शेड्यूल्ड ट्राइब का दर्जा दे दिया गया। मेव और मीणा एक ही तरह के क़बीले हैं। दोनों के गोत्र-पाल एक तरह के हैं। इनकी पंचायतें भी दोनों क़बीलों को मिलाकर आज भी चलती हैं। बाद में मेव क़बीले को 'ओ.बी.सी.' की सूची में शामिल कर लिया गया जबकि यह क़बीला अपने को शेड्यूल्ड ट्राइब की सूची में शामिल करने की माँग कर रहा है, जो सर्वथा उचित है। इसी तरह 'बकरवाल गुर्जर' क़बीला को जम्मू-कश्मीर में तो 'शेड्यूल्ड ट्राइब' की सूची में शामिल किया गया है, मगर उत्तर प्रदेश, हिमाचल आदि राज्यों में इनको 'वनगूजरों' के नाम पर 'ओ.बी.सी.' में ही रखा गया है। इसी तरह सँपेरा, मदारी आदि कई ऐसी घुमन्तू जातियाँ हैं, जिन्हें शेड्यूल्ड ट्राइब में शामिल किया जाना चाहिए।

झारखंड राज्य के जो वनवासी जुलाहे हैं, वे भी आदिवासी का दर्जा प्राप्त करने के अधिकारी हैं। इनकी औरतें अपनी पीठ पर बच्चे को बाँधकर जंगल से लकड़ी लाने, खेतों की अरार-डरार पर अपने बच्चों को सुलाकर रोपनी-सोहनी का काम करती हैं। झारखंड के आदिवासी इन्हें 'गोतिया' कहकर सम्बोधित करते हैं। गोतिया का मतलब, वे इनसे ख़ून का रिश्ता मानते हैं जबकि बाहर से आकर यहाँ बसे हिन्दू-मुसलमानों को आदिवासी 'दिकू' यानी बाहरी मानते हैं। झारखंड में पुराने ज़माने से 'जोलहा-कोलहा, भाई-भाई' का नारा गूँजता रहा है। झारखंड के सन्थाल परगना में जुलाहों को आदिवासी 'सोतहर जोलहा' (सन्थाली जोलहा) कहते हैं। 1857 में जिस शेख़ भिखारी को अंग्रेज़ों ने फाँसी पर लटकाया, वह भी जुलाहा क़बीले के थे। अंग्रेज़ों के लिए वह इतने ख़तरनाक थे कि गिरफ़्तारी के बाद उन पर मुक़दमा चलाना, जेल में बन्द करना भी गवारा नहीं था। लिहाज़ा, फ़ौरन पटना-राँची रोड के किनारे 'चुटु-पहाड़ी' में पेड़ पर लटकाकर उन्हें फाँसी दे दी गई। 'सच्चर कमेटी' ने भी इस तरह के छूटे हुए क़बीलों को शेड्यूल्ड ट्राइब की सूची में शामिल करने की ज़रूरत बताई है।

मुझे इस बात की ख़ुशी है कि शोध-अध्ययन पर आधारित मेरी किताब 'मसावात की जंग' के प्रकाशन के बाद से देश-दुनिया के विभिन्न विश्वविद्यालयों में उक्त विषयों पर शोध-अध्ययन का काम नये सिरे से तेज़ हो गया है।

सीएसडीएस, नई दिल्ली के एसोसिएट प्रोफ़ेसर डॉ. हिलाल अहमद और अजीम प्रेमजी विश्वविद्यालय, बंगलौर के एसोसिएट प्रोफ़ेसर डॉ. ख़ालिद अनीस अंसारी ने इस विषय पर अकादमिक काम करके इसके महत्त्व को और बढ़ा दिया है। लखनऊ विश्वविद्यालय के प्रोफ़ेसर मसूद आलम फ़लाही की उर्दू ज़बान (लिपि) में किताब 'जात-पाँत और मुसलमान' प्रकाशित हो चुकी है। कोलम्बिया यूनिवर्सिटी (अमेरिका) के एक छात्र मिस्टर जोएल तो इस विषय पर शोध करने के बाद वहाँ लेक्चरर हो गए हैं। दूसरे एक छात्र इस पर अभी पी-एच.डी. कर रहे हैं। लड़कियाँ भी इस काम में पीछे नहीं हैं। झारखंड की शिरीन आज़म ऑक्सफ़ोर्ड यूनिवर्सिटी (लन्दन) से इस विषय पर अभी शोध-अध्ययन कर रही हैं। इसी तरह से पश्चिम बंगाल की सल्वा याहिया बर्लिन यूनिवर्सिटी (जर्मनी) से, उत्तर प्रदेश की कहकशां अशरफ़ दिल्ली विश्वविद्यालय से, जीनिया परवीन तथा तज़ीन जुनैद जामिया मिल्लिया इस्लामिया विश्वविद्यालय, नई दिल्ली से इस विषय पर शोध-अध्ययन कर रही हैं। जे.एन.यू. के बद्रे आलम ख़ान अपना थीसिस जमा कर चुके हैं, जबकि जे.एन.यू. के विद्यार्थी रहे सोहेब नियाज़ी जर्मनी की यूनिवर्सिटी से अपना शोध पूरा कर चुके हैं।

बिहार के प्रोफ़ेसर ताजुद्दीन मंसूरी इस विषय पर पी-एच.डी. कर चुके हैं, जबकि बिहार के ही मुख़्तार अंसारी पसमान्दा तहरीक़ के अपने अनुभवों पर किताब लिख रहे हैं। पसमान्दा दलित विषय पर ही दरभंगा (बिहार) के डॉ. अयूब राईन काफ़ी गहन तरीक़े से फ़ील्ड सर्वे और अध्ययन कर रहे हैं। इस विषय पर इनकी तीन किताबें प्रकाशित हो चुकी हैं। गाजीपुर (उत्तर प्रदेश) के डॉ. मोहम्मद इक़बाल पिछले सात सालों से 'पसमान्दा पहल' नामक पत्रिका निकालकर इस विषय पर अलख जगा रहे हैं। ये तो चन्द नाम हमने गिनाए हैं इनके अलावा अनेक लोग इस काम में लगकर इस तहरीक़ को आगे बढ़ा रहे हैं। हमारे से पहले गौस अंसारी और जे.एन.यू. के प्रोफ़ेसर इम्तियाज़ अहमद का इस विषय पर गम्भीर काम है। योगिन्दर सिकन्द, प्रो. अरशद आलम, प्रो. अनवर आलम ने भी इस मामले को चर्चा में लाने में अपना योगदान दिया है। जायल ली, प्रो. कांचा इलैया ने भी इस काम को बख़ूबी आगे बढ़ाया है। डीयू के प्रो. कमलनयन चौबे का लम्बा लेख इस विषय पर 'प्रतिमान' पत्रिका में जुलाई-दिसम्बर, 2020 के अंक में छपा है।

देश के विभिन्न वरिष्ठ पत्रकारों तथा बुद्धिजीवियों ने हिन्दी-अंग्रेज़ी अख़बारों में लेख लिखकर और अनेक टीवी चैनलों पर इस विषय पर अपनी टिप्पणियों से 'पसमान्दा-दलित विमर्श' को आगे बढ़ाने का काम किया है। इनमें वरिष्ठ पत्रकार अरविन्द मोहन, हेमन्त, स्वर्गीय राजकिशोर, नीलांजन मुखोपाध्याय, पुण्य प्रसून वाजपेयी, अनिल चमड़िया, शीतल प्रसाद सिंह, आशुतोष, डॉ. मुकेश कुमार, प्रोफ़ेसर रतनलाल, शम्भू कुमार सिंह, अभय कुमार दुबे, डॉ. अभय कुमार,

प्रोफ़ेसर लक्ष्मण यादव, नवीन कुमार, मिथिलेश कुमार सिंह, गुंजन सिन्हा, प्रोफ़ेसर रविकान्त, डॉ. सूरज मंडल आदि दर्जनों लोग शामिल हैं। इन सभी ने अपने-अपने तरीक़े से इस काम को मज़बूती दी है। मध्य प्रदेश के पृथ्वीराज सिंह इस विषय पर एक रिसर्च बुक और डॉक्यूमेंट्री फ़िल्म तैयार कर रहे हैं। हाल ही में शैलेश नरवड़े द्वारा निर्देशित फ़ीचर फ़िल्म 'जयन्ती' बनी है, जिसकी नायिका को फ़िल्म में 'मसावात की जंग' पुस्तक पढ़ते दिखाया गया है। यह फ़िल्म डॉ. आम्बेडकर के विचारों पर आधारित है।

इन तमाम अकादमिक प्रयासों और प्रयोगों का एक मायने बिलकुल स्पष्ट है। वह यह है—जीवन के हर क्षेत्र में तथ्य और तर्क के बीच के अदृश्य सत्य की खोज। अनेक स्तरों पर ज़ारी ये शोध-अध्ययन और प्रयोगों का बुनियादी मक़सद एक है—'अन्तिम आदमी' के लिए न्याय। सबके लिए समान न्याय।

जो लोग पहले आरक्षण को मुसलमानों में फूट डालने का औज़ार बताते थे, जब से पसमान्दा का शोर ज़ोर पकड़ने लगा तभी से ये लोग सभी मुसलमानों को पसमान्दा बताकर उनके लिए आरक्षण की माँग करने लगे। यह माँग संविधान-सम्मत नहीं थी। ऐसा होना कभी मुमकिन नहीं था। हालाँकि यह माँग अब काफ़ी कमज़ोर हो चुकी है लेकिन कुछ लोग जाने-अनजाने या सस्ती लोकप्रियता के लिए जब-तब इस तरह की बात बोल ही देते हैं। इसी तरह जब से दलित मुसलमानों को 'शेड्यूल्ड कास्ट' का दर्जा देने का सवाल उठने लगा है तब से कुछ लोग सभी मुसलमान पिछड़ी जातियों को भी इसमें शामिल करने की माँग कर देते हैं। मगर यह माँग भी हरगिज़ मुमकिन नहीं है। अव्वल तो जिनका नाम और पेशा हिन्दू दलितों से मिलता-जुलता है, जो अस्वच्छ पेशों में लगे हैं, जिससे दूसरे मुसलमान रोटी-बेटी का रिश्ता नहीं रखते, वही 'शेड्यूल्ड कास्ट' दर्जा के असली हक़दार हैं। ऐसी बिरादरियों के लोगों की कुल संख्या मुश्किल से एक या दो प्रतिशत हो सकती है। सच्चर कमेटी ने ऐसी बिरादरियों-लोगों के बारे में ही कहा है कि मुसलमानों के एक तबक़े की हालत हिन्दू दलितों से भी ख़राब है। सामाजिक इंसाफ़ की बात तो बहुत लोग करते हैं लेकिन उसका असली 'टेस्ट' (इम्तिहान) तब होगा जब यह देखने को मिलेगा कि वे अपने से नीचे लोगों तक सहूलियत को पहुँचाने के हिमायती हैं या नहीं? यह 'टेस्ट' सभी जातियों, समुदायों, धर्मों के लिए होना चाहिए।

अच्छी बात है कि जिन मज़हबी एदारों के लोग कल तक मुसलमानों में पसमान्दा और दलित की बात करने वाले हम जैसे लोगों पर मुसलमानों को बाँटने की तोहमत लगाते थे, वह भी अब इस बात को क़बूल करने लगे हैं कि इस्लाम में उसूलन भले कोई ऊँच-नीच नहीं है लेकिन मुस्लिम समाज में पसमान्दा दलित होने जैसी हक़ीक़त से इनकार नहीं किया जा सकता है। ऐसे संगठनों में जमीयत उलेमा-ए-हिन्द, जैसे कुछ संगठन भी शामिल हो गए हैं। मगर अफ़सोस की बात

है कि मौजूदा सरकार की इस सम्बन्ध में चालबाज़ी को वे नहीं समझ पा रहे हैं।

मगर आज भारत में 'पसमान्दा' शब्द की अवधारणा और अर्थ को लेकर राजनीति में जिस तरह की ज़बानी जंग चल रही है, उससे यह साफ़ नज़र आता है कि देश के जुमलेबाज़ इस शब्द का बेज़ा इस्तेमाल कर अपना उल्लू सीधा करने की कोशिश में हैं। इसमें सभ्य-असभ्य का भेद नहीं है। स्वार्थ सबको अन्धा कर ही देता है। ऐसे लोग इस शब्द का अपने को ठीक जँचनेवाला अर्थ निकालकर संसार को ठगते हैं, अपने को भी ठगते हैं। जिस शब्द अथवा वाक्य का अपने को अनुकूल पड़नेवाला अर्थ किया जाता है, उसे न्यायशास्त्र में 'द्विअर्थी मध्यमपद' कहा जाता है, लेकिन 'न्याय' का सुनहरा मार्ग यह है कि जहाँ दो अर्थ निकलते हों, वहाँ निर्बल पक्ष जो अर्थ करता है, वह सही माना जाए। जिसे सत्य की तरफ़ जाना है, उसे यह सुनहरा मार्ग सहज मिल जाता है। इस मायने में उपरोक्त तमाम अकादमिक शोध-अध्ययन, टिप्पणियाँ तथा संविधान-सम्मत सामाजिक संघर्ष के प्रयास दलित-पसमान्दा विमर्श की 'न्याय-यात्रा' कहे जा सकते हैं।

—अली अनवर

दलित मुसलमान

दर्द की जड़ यहाँ है

बोध

हम चले थे बच्चों—दलित मुसलमान बच्चों—को देखने। सब गुलाब से लगे—लाल, पीले, काले गुलाब। बिहारी घर-समाज के और बच्चों जैसे। उनसे मिले, उनको छुआ, तो काँटे चुभे। तब महसूस हुआ कि ये तो कुछ अलग ही तरह के बच्चे हैं। बिखरे-मुरझाए, लेकिन इनको डाली से टूटे गुलाब नहीं कह सकते।

हमें 'बोध' हुआ कि बच्चों को उनके परिवार के केन्द्र में रखकर ही जाना-समझा जा सकता है, ख़ासकर इन बच्चों को यानी इन बच्चों की सही पहचान के लिए इनके परिवारों को देखना-समझना होगा। और परिवार की सही पहचान तब तक सम्भव नहीं, जब तक उस समुदाय को न देखा-परखा जाए, जिससे परिवार जुड़ा है!

यहाँ तक सब ठीक रहा। हमने अपने बोध के मुताबिक़ प्रश्नावली तैयार की। अध्ययन-सर्वेक्षण शुरू हुआ। राजधानी पटना के विभिन्न दलित मुस्लिम मुहल्लों में हम बच्चों और इनके परिवारों के बीच पहुँचे। ख़ूब हंगामा हुआ। हम सवाल करते, जवाब पाते और ख़ुद नये सवालों से घिर जाते।

हमारे सीधे-सादे सवालों के जवाब में अभिभावकों ने अपने बच्चों के बारे में बहुत कुछ कहा। कुछ दो टूक, तो कुछ चौंकानेवाले जवाब। लेकिन जब हमने बच्चों से सवाल किए तो जवाब में हमारे हाथ आई उनके सूखे चेहरों से छलकती मासूम हँसी और 'बड़ों' की बनाई दुनिया को पहचानने की कोशिश करती निश्छल-निर्दोष नज़रें! तब हमें एहसास हुआ कि हम तो 'बड़े' की नज़र से बच्चों को देख रहे हैं, बच्चों को बच्चे की नज़र से देखना हो हमने सीखा ही नहीं!

बहरहाल, हमने अध्ययन-सर्वेक्षण जारी रखा। परिवार के बड़ों से सुना और बच्चों की नज़रों और हँसी को पढ़ने की कोशिश की। शुरू से हम बड़ों के दिमाग़ में बात थी कि दलित मुसलमान परिवार उच्च शिक्षा न सही, प्राथमिक शिक्षा के लिए तो अपने बच्चों को मदरसों और सरकारी स्कूल में ज़रूर भेजते होंगे। लेकिन बच्चों के बीच जाकर पता चला कि प्राथमिक शिक्षा की उम्र से ये बच्चे 'कमाना'

सीखते हैं। ख़ुद-ब-ख़ुद कमाई सीखने का उनका ज़रिया होता है—रद्दी काग़ज़ और चीथड़े चुनना, बर्तन-बासन करना, पंक्चर साटना वग़ैरह-वग़ैरह।

माँ-बाप से पूछने पर कि वे अपने बच्चों को सरकारी स्कूलों में क्यों नहीं भेजते जबकि वहाँ पढ़ाई के लिए फ़ीस नहीं लगती, तो टका-सा जवाब मिला—पढ़ाकर क्या करेंगे? नौकरी कहाँ मिलती है? ऊपर से बच्चा इतना 'काहिल' हो जाता है कि उससे 'मोटा' काम नहीं होता।

मज़हबी तालीम के लिए मदरसा भेजने की बाबत पूछने पर तो तंज़िया लहज़े में जवाब मिला—"हमें अपने बच्चों को 'भिखमंगा' थोड़े न बनाना है?" इतना कहकर एक आदमी झट चला गया। हम कहते रहे—"अरे, रुको-रुको। इसका क्या मतलब है?" वह रुका नहीं मानो कह रहा हो, मतलब निकालते रहिए, अपन को बतखुच्चन के लिए फ़ुर्सत नहीं।

मदरसों से मुफ़्त खाना मिलता है। सरकारी स्कूलों में भी आजकल 'मिड डे मील' के नाम पर कभी-कभार कुछ मिल जाता है। भाई उस्मान हलालख़ोर और नूरहसन पँवरिया, जिन्हें साथ लेकर हम दलित मुसलमान बस्तियों में गए थे, से हमने घंटों बात-विचार किया कि खाना खिलानेवाले मदरसों में जाने से भला बच्चे भिखमंगे कैसे बन जाते हैं?

ख़ूब माथा-पच्ची करने के बाद आख़िर बात समझ में आई कि पहले मदरसों के बच्चे घरों से 'मुठिया' वसूलते थे। इसकी जगह अब बच्चों के हाथ में चन्दे की रसीदें थमा दी जाती हैं या 'गमछा' फैलाकर कुछ बटोर लाने को कहा जाता है। पहले कभी मदरसों में हर तबक़े के बच्चे पढ़ते रहे होंगे, अब यहाँ नीच दलित और पसमान्दा तबक़ों के बच्चे ही आते हैं। जिस बच्चे को कम उम्र में ही हाथ पसारने की आदत लगा दी जाए, वह एहसासे क़मतरी का शिकार होकर भिखमंगा नहीं तो क्या बनेगा?

जिस परिवार को ग़रीब होकर भी भिगमंगी क़बूल नहीं, वह अपने बच्चों को मदरसा क्यों भेजे? शायद यही सवालिया मतलब रहा होगा, उस चलते बने आदमी के जवाब का।

उसूल और अमल

मुसलमानों में एक तबक़े के लिए 'दलित' शब्द का प्रचलन हाल के वर्षों में शुरू हुआ है। पहले यह मान लिया गया था कि मुसलमानों में कोई ऊँच-नीच नहीं होता। सभी मुसलमान आपस में भाई-भाई होते हैं। उसूलन यह सही भी है। क़ुरान, हदीस की किताबों तथा रसूल (पैग़म्बर मुहम्मद) की ज़िन्दगी में मुसलमानों के बीच कोई तफ़रीक़ (भेदभाव) नहीं है। इस्लाम का दूसरा नाम ही मसावात (बराबरी) है।

मगर मुस्लिम समाज में उसूल-अमल (सिद्धान्त-व्यवहार) में फ़र्क़ की सच्चाई से भी इनकार नहीं किया जा सकता है। यह फ़र्क़ लम्बे समय से मुस्लिम समाज में रहा है। अगर ऐसा नहीं है तो 'अशराफ़', 'अज़लाफ़', 'अरज़ाल' शब्द आए कहाँ से? ये तीनों शब्द उर्दू और फ़ारसी के नहीं बल्कि खाँटी अरबी ज़बान (भाषा) के हैं, जिनका अर्थ 'शरीफ़', 'नीच' और 'कमीना' होता है।

यह कोई अस्वाभाविक भी नहीं है। दुनिया के हर समाज और मज़हब के माननेवाले लोगों में किसी-न-किसी नाम से इस तरह भेदभाव पाए जाते हैं। अपने को दूसरे से बड़ा या छोटा समझना इनसानी फ़ितरत है। सवाल इस इनसान और समाजी कमज़ोरी की पहचान कर इसे दूर भगाने का है। इसके लिए कुछ दिन और कुछ साल के प्रयास नाकाफ़ी होंगे। यह एक निरन्तर प्रक्रिया है, घर में रोज़ झाड़ू देने की तरह। कई मज़हबों के लोग इस कमज़ोरी को छिपाने का प्रयास करते हैं। इससे सड़ाँध बढ़ती है। बहुत-से लोग अपने समाज की इस कमज़ोरी को दूसरे मज़हब और समाज के लोगों पर थोपने की कोशिश करते हैं। यह दृष्टिकोण अत्यन्त घातक है। इससे अपना मर्ज़ तो बढ़ता ही जाता है, दूसरे मज़हब और समाज के साथ भी कटुता बढ़ती है। यह सही है कि जब एक मज़हब से दूसरे मज़हब में लोग जाते हैं, तो उनका पुराना संस्कार जल्दी नहीं छूटता। जब एक तरह की संस्कृति और तहज़ीब से दूसरे तरह की संस्कृति और तहज़ीबे का मिलना होता है तो ख़ूबियों के साथ ख़ामियों का भी आदान-प्रदान होता है। अगर इस बात को मान भी लिया जाए कि अपना पुराना मज़हब छोड़कर नये मज़हब में आनेवाले लोग अपने साथ जात-पाँत की बीमारी लेकर आए तो इसे दोहराते रहने से क्या फ़ायदा है? सैकड़ों वर्ष गुज़र जाने के बाद भी अगर हम अपने समाज से जात-पाँत की बीमारी को दूर नहीं भगा

सके तो इसमें पुराने मज़हब का क्या दोष है? अगर कोई बार-बार इस बात को दोहराए कि उसके पड़ोसी से उसे छुआछूत का कोई रोग लग गया, तो (बात सही होने पर भी) इससे सिर्फ़ पड़ोसी के साथ कटुता ही बढ़ेगी। सबसे बड़ी बात यह है कि ज़िम्मेदारी दूसरे पर थोपने से समस्या की गम्भीरता घटती है। आदमी उसके निदान में ढिलाई बरतने लगता है। जब आदमी किसी समस्या की ख़ुद ज़िम्मेदारी लेते हुए उसकी चुनौती को स्वीकार करता है तो उसका हल भी आसान होता है।

यह बात सही है कि हिन्दू धर्म में वर्ण-व्यवस्था की मान्यता होने के चलते उनके समाज में जात-पाँत, ऊँच-नीच की भावना अत्यन्त जटिल और गहरी है, जबकि इस्लाम में जात-पाँत की कोई मान्यता नहीं है। चूँकि इस्लाम में जात-पाँत के आधार पर ऊँच-नीच का कोई सैद्धान्तिक आधार नहीं है, इसलिए मुस्लिम समाज से इस बीमारी को दूर भगाना भी आसान है।

इस्लाम में उसूलन जात-पाँत नहीं होते हुए भी अमलन मुस्लिम समाज में जात-पाँत का होना शर्मनाक है। इस लानत के लिए वे लोग ज़्यादा ज़िम्मेदार हैं, जो अपने तार सीधे अरब से जोड़ते तथा पैग़म्बर के ख़ानदान से अपना शजरा मिलाते हुए अपने को आला और बाक़ी अदना समझते हैं। इस तरह का फ़ितूर हमेशा समाज के ऊपरी तबक़ों से शुरू होता है। फिर देखा-सुनी बाक़ी लोग भी अपने तार मक्का-मदीना और किसी न किसी पैग़म्बर तथा उनके सहाबा से जोड़ने लगते हैं जबकि सच्चाई यह है कि हिन्दुस्तान में 15 प्रतिशत से ज़्यादा मुसलमान हिन्दू धर्म और दूसरे पन्थों को छोड़कर मुसलमान बने हैं। जब चन्द लोग अरबों से अपना शजरा मिलाना नहीं छोड़ते और इस बुनियाद पर अपने को आला ख़ानदान और क़बीला समझते हैं तो यहाँ जो लोग हिन्दुओं की ऊँची जातियों से धर्मान्तरित होकर मुसलमान बने, वे यहाँ की नीची जातियों से धर्मान्तरित होकर मुसलमान बने लोगों को बराबरी का दर्जा क्यों देते?

इस बात से इनकार नहीं किया जा सकता कि मुस्लिम सूफ़ी-संतों के असर और शख़्सियत से प्रभावित होकर ज़्यादातर हिन्दू दलितों और पिछड़ी आबादियों ने इस्लाम धर्म को क़बूल किया है। यह भी सही है कि हिन्दू धर्म और अपने पन्थों में व्याप्त छुआछूत और ऊँच-नीच की भावना तथा अत्याचार की घटनाओं से तंग आकर उन्होंने धर्म-परिवर्तन किया है। तलवार के ज़ोर पर हिन्दुस्तान में इस्लाम धर्म नहीं फैला है। मुस्लिम राजा और नवाबों के चलते जिन थोड़ी-सी ऊँची जाति के हिन्दुओं ने मज़हबे इस्लाम क़बूल किया होगा, उसके पीछे धन-दौलत और पद का लालच ही बड़ा कारण रहा होगा। अन्य मुस्लिम शासकों की बात कौन कहे, अकबर महान जैसे हुक्मराँ के दिमाग़ में भी आला-अदना, जात-पाँत का यह फ़ितूर मौजूद था। मुस्लिम शासकों के इस तरह की ज़ेहनियत की चर्चा करना यहाँ मौज़ूँ नहीं है, लेकिन इतना बता देना ज़रूरी है कि आदमी से आदमी का पाखाना

साफ़ कराने जैसा पेशा हिन्दुस्तान में सबसे पहले मुग़ल शासकों के दौर में ही शुरू हुआ था। मुग़ल शासकों की हवेलियों में पाखाना साफ़ करनेवाले और कोई नहीं, मुसलमान ही थे। यह बात और है कि उन्हें एक बढ़िया-सा नाम 'लालबेग़ी' या 'हलालख़ोर' दे दिया गया।

मुसलमानों में कई ऐसी बिरादरियाँ हैं, जिनके नाम और पेशे हिन्दू दलितों से मिलते-जुलते हैं। सामाजिक स्थिति भी क़रीब-क़रीब दोनों की बराबर है। मुस्लिम समाज में छुआछूत की बीमारी नहीं होने की बात कही जाती है, मगर अब तो हिन्दू समाज में भी पहले की तरह यह बीमारी नहीं है, लेकिन माली, तालीमी और सियासी दृष्टि से मुसलमानों के इन तबक़ों की हालत हिन्दू दलितों से ख़राब है। इसका एक प्रधान कारण हिन्दू दलितों की तरह मुसलमानों की इन बिरादरियों को आरक्षण की सुविधा का न होना है। भारतीय संविधान मज़हब की बुनियाद पर नागरिकों के बीच भेदभाव की मनाही करता है। बावजूद इसके, मुस्लिम दलितों के साथ यह भेदभाव हो रहा है।

पेशे और काम के आधार पर पहले जातियाँ बनी थीं, लेकिन आगे चलकर जन्म से ही जातियाँ बनने लगीं। मुस्लिम समाज में भी ठीक ऐसा ही होता है। एक मुस्लिम धोबी का बेटा भले कपड़ा धोने का काम नहीं करे, लेकिन वह 'हवारी' (धोबी) ही कहलाता है। इसी तरह किसी हलालख़ोर परिवार का आदमी चाहे जो भी पेशा अख़्तियार करे, हलालख़ोर ही कहलाता है। भला कहें या बुरा, यह एक सामाजिक हक़ीक़त है। इससे मुँह चुराने से कोई फ़ायदा नहीं है।

मुसलमानों के ऐसे ही तबक़ों ने अपने को 'मुस्लिम दलित' कहना शुरू कर दिया है। 'मुस्लिम दलित' शब्द का प्रचलन राजनैतिक शब्दावली जैसा ज़रूर लगता है। इसके पीछे मुसलमानों की इन बिरादरियों को हिन्दू दलितों वाली सुविधा और सहूलियत दिलवाने की मंशा भी झलकती है। यह एक अच्छा संकेत है। लोग अपनी जड़ें हिन्दुस्तान की मिट्टी में तलाश रहे हैं। दरअसल, उनकी जड़ें यहाँ की मिट्टी में ही पैवस्त हैं। हिन्दू और मुसलमान, दोनों दलित तबक़ों के बीच एक दर्द का रिश्ता तो बनता ही है। यह एहसास हिन्दू और मुसलमान, दोनों ही मज़हबों के कमज़ोर तबक़ों के बीच एकता की ठोस ज़मीन फ़राहम कराता है। इस एकता को अगर विकसित किया गया तो यह साम्प्रदायिकता की जड़ को काट देगी। जो चन्द लोग अपना शजरा अरब के ख़ानदानों से जोड़ते हैं, उनकी हैसियत यहाँ किरायेदार की बनती है, मगर यहाँ के आम मुसलमानों की हैसियत तो 'पट्टीदार' की है। इस नाते वे यहाँ की हर चीज़ में बराबर के हिस्सेदार हैं। याद रहे कि गोतिया (भाई) चाहे जितना कमज़ोर हो, उसका हिस्सा जल्दी मारा नहीं जाता है।

एक सवाल यह भी उठता है कि मुसलमानों की किन बिरादरियों को दलित की श्रेणी में रखा जाए? कुछ तथाकथित बैकवर्ड मुस्लिम नेता वोट की राजनीति

के हिसाब से इस सवाल को देखते हुए तक़रीबन सभी पिछड़े मुसलमानों को दलित का दर्जा और सहूलियत देने की माँग करते हैं, ठीक उसी तरह जिस तरह कि कुछ फ़ॉरवर्ड मुस्लिम नेता सभी मुसलमानों को पिछड़ा घोषित करने की माँग कर रहे हैं, लेकिन यह माँग न उचित है और न कभी पूरा होनेवाली। पूरी मुस्लिम आबादी में पिछड़े मुसलमान ८० प्रतिशत हैं। इतनी बड़ी आबादी को दलित का दर्जा देना क्या सम्भव है? एक सवाल यह भी है कि जब सभी पिछड़े मुसलमान दलित की श्रेणी में चले जाएँगे तो ओ.बी.सी. की श्रेणी मुसलमान से ख़ाली रहेगी। इससे साम्प्रदायिक तत्त्वों द्वारा अलग रंग देकर हिन्दू दलितों के साथ टकराव की हालत पैदा किए जाने का भी ख़तरा है।

सही बात यह है कि सभी पिछड़े मुसलमान अपने को दलित कहलाने को भी तैयार नहीं हैं। बिहार के एक तथाकथित बैकवर्ड नेता ने कानपुर में अपनी बिरादरी के सम्मेलन में जब अपनी बिरादरी को 'खटिक' बताते हुए यह समझाने की कोशिश की कि उनके पूर्व भी 'हरिजन' थे तो सम्मेलन में उपस्थित लोगों ने उस बिहारी नेता को पीटने के लिए दौड़ाया और उसे भद्दी-भद्दी गालियाँ दीं।

दलित मुसलमानों को शेड्यूल्ड कास्ट का दर्जा और सहूलियत मिलें, यह माँग अब ज़ोर पकड़ने लगी है। इस माँग में दम भी है। यह बात सही है कि दलित मुसलमानों को सिर्फ़ शेड्यूल्ड कास्ट का दर्जा मिल जाने से उनकी ग़रीबी और जहालत (अशिक्षा) दूर नहीं हो जाएगी और न ही बड़े पैमाने पर उन्हें सरकारी नौकरियों में शामिल कर लिया जाएगा, मगर इतना ज़रूर है कि इससे इन तबक़ों में सियासी और समाजी बेदारी पैदा होगी और उनके बीच का ठहराव टूटेगा। वे फिर से सपने देखना शुरू कर सकेंगे—मसावात और तरक़्क़ी के सपने।

जब देश का संविधान बना तब हिन्दू दलितों को छोड़कर और किसी को अनुसूचित जाति का दर्जा नहीं दिया गया, मगर जल्द ही सिख नेताओं की माँग पर उनके दलितों को यह सुविधा मिली। जब वी.पी. सिंह की सरकार बनी तो उसने नव बौद्धों को भी, जो उस धर्म के दलित हैं, अनुसूचित जाति की सूची में शामिल किया। ईसाई दलितों को इस सूची में शामिल करने के लिए एक विधेयक नरसिंह राव सरकार के ज़माने से लोकसभा में लम्बित है। लोगों को याद होगा कि स्व. मदर टेरेसा तक इस माँग के लिए एक दिन दिल्ली में धरने पर बैठी थीं। इसके लिए उनको हिन्दू साम्प्रदायवादियों से गालियाँ तक सुननी पड़ीं।

इस सिलसिले में वर्षों पूर्व ऑल इंडिया मुस्लिम पर्सनल के अध्यक्ष मौलाना मोजाहिदुल इस्लाम कासमी (अब मरहूम) तथा जनरल सेक्रेटरी मौलाना सैयद मोहम्मद निज़ामुद्दीन से भी हमारी लम्बी बातचीत हुई थी। हम उनसे जानना चाहते थे कि हमारे मज़हबी और सियासी क़ायद (धार्मिक और राजनीतिक नेता) दलित मुसलमानों को भी शेड्यूल्ड कास्ट की सूची में शामिल करने की माँग क्यों नहीं

करते? उनका (उलेमा का) जवाब था कि इससे कई तरह के भ्रम फैल सकते हैं। सभी मुसलमान बराबर हैं। किसी तबक़े को शेड्यूल्ड कास्ट का दर्जा देने की माँग का मतलब यह होगा कि हमने अपने अन्दर छुआछूत और ऊँच-नीच के भेदभाव को तस्लीम (क़बूल) कर लिया। हमने बात को आगे बढ़ाने के लिए उनसे कहा था कि मुसलमान तो देश की कुल आबादी के चौदह प्रतिशत ही हैं। भले आप-हम मुस्लिम धोबी, हलालख़ोर, बक्खो, नट, भाट-भठियारा, पँवरिया आदि बिरादरियों से बराबरी का सलूक करते हैं, पर इससे क्या होता है? बाक़ी 86 प्रतिशत आबादी का बड़ा हिस्सा तो मुस्लिम दलितों के साथ वैसा ही सलूक करता है जैसा अन्य मज़हबों के दलितों के साथ। इस तरह बहुमत आबादी के लिए दलित मुसलमान भी अछूत हैं। हमने दोनों आलिमों से कहा कि इस तरह कहने से आप लोगों की 'इज़्ज़त' भी बच जाएगी और दलित मुसलमानों का काम भी हो जाएगा। हमारा यह तर्क दोनों नेताओं को पसन्द आया था। मगर उसके बाद भी कई मौक़ों पर हमने देखा कि दोनों मज़हबी नेता सभी मुसलमानों को पिछड़ा घोषित कर उनके लिए अलग से आरक्षण की माँग कर रहे हैं। यहाँ हम तफ़सील में इस बात की चर्चा करना नहीं चाहते कि यह माँग क्यों उठाई गई और इसके क्या ख़तरे हैं, मगर इतना ज़रूर कहना चाहते हैं कि यह कभी न पूरी होनी वाली माँग है। इसको उठाने से साम्प्रदायिक ध्रुवीकरण का ख़तरा है।

प्रस्तुत अध्ययन के लिए उपरोक्त भूमिका ज़रूरी है। इस भूमिका के तहत ही यह समझा जा सकता है कि दलित मुसलमान के दर्द की जड़ कहाँ है? इस अध्ययन में बिहार की राजधानी पटना के एक दर्जन अलग-अलग मुहल्लों में रहनेवाले एक सौ मुस्लिम परिवारों को सर्वेक्षण और अध्ययन किया गया है। यह छोटा-सा अध्ययन न सिर्फ़ पूरे बिहार बल्कि पूरे मुल्क की दलित मुस्लिम आबादी की तसवीर पेश करता है। जब राजधानी में यह हाल है तो पूरे बिहार, देश के दलित मुस्लिम किस तरह की ज़िन्दगी जी रहे होंगे, यह समझा जा सकता है।

सर्वेक्षण का मरकज़ और दायरा

मरकज़ में पसमान्दा

बिहार की राजधानी पटना कई तरह के राजनीतिक आन्दोलन और सामाजिक परिवर्तन के जद्दोजहद का मरकज़ (केन्द्र) भी रहा है। हिन्दू समाज जिस परिवर्तन और उथल-पुथल के दौर से गुज़र रहा है, उससे मुस्लिम समाज भला बेख़बर और अछूता कैसे रह सकता है? हिन्दू पिछड़ा वर्ग अजेय राजनीतिक ताक़त के रूप में उभरने के लिए हाथ-पैर मार रहा है, वहीं मुस्लिम पिछड़े वर्गों का मन इस बात के लिए कचोट रहा है कि संख्या बल के बावजूद वे हाशिए से बाहर हैं। दलित मुसलमानों की हालत तो और भी ख़राब है। जहाँ हिन्दू दलित राष्ट्रपति तक हो गया, वहाँ एक भी मुस्लिम दलित आज तक विधायक, सांसद या मंत्री नहीं बना। अकेले बिहार में दो दर्जन हिन्दू दलित-आदिवासी आई.ए.एस.-आई.पी.एस. अधिकारी हैं, वहीं मुस्लिम दलितों में किरानी और मास्टर भी मुश्किल से मिलते हैं। राज्य में मुस्लिम दलित बिरादरियों को फ़िलहाल पिछड़े वर्गों की अनुसूची-1 (एनेक्सर-1) में रखा गया है।

ऐसी स्थिति में यह ज़रूरी हो जाता है कि पिछड़े मुसलमानों, ख़ासकर उसके दलित तबक़ों का गहराई से अध्ययन किया जाए, उनकी पसमांदगी (पिछड़ेपन) के कारणों का पता लगाया जाए और उनको समाज की मुख्यधारा में लाने के उपाय किए जाएँ। इसी उद्देश्य से हम यहाँ पटना के एक सौ दलित मुस्लिम परिवारों के अध्ययन एवं सर्वेक्षण का नतीजा पेश कर रहे हैं। इस अध्ययन एवं सर्वेक्षण में 11 मुस्लिम धोबी, 20 हलालख़ोर, 36 बक्खो, 15 पँवरिया, 7 मछुआरा, 4 नालबन्द तथा 7 मुस्लिम नट परिवारों को शामिल किया गया है।

इसे नमूना सर्वेक्षण और औचक सर्वेक्षण ही कहा जाएगा, क्योंकि उक्त दलित बिरादरी के परिवारों की संख्या पटना में हज़ारों में हैं। सर्वेक्षण एवं अध्ययन के लिए जिन एक सौ परिवारों को चुना गया है, उनसे क़रीब 50 सवाल पूछे गए। इन सवालों में शिक्षा, स्वास्थ्य, पेशा, खान-पान, पहनावा आदि के अलावा राजनीतिक, धार्मिक तथा सामाजिक स्थिति से सम्बन्धित सवाल थे। सीधे-सादे, ग़रीब लोगों ने

बिना लाग-लपेट के इन सवालों के जवाब दिये। ये सवाल छपे रूप में दो पन्नों में थे, जिन्हें पूछकर भरा गया। स्थिति का अन्दाज़ सिर्फ़ इस एक बात से लगाया जा सकता है कि एक सौ परिवारों में से सिर्फ़ दस परिवारों के मुखिया पूछने पर पहली बार में अपने परिवार के कुल सदस्यों की सही संख्या, नाम, उम्र, शिक्षा आदि का विवरण दे सके। बाक़ी 90 परिवारों का विवरण तैयार करने में फार्म पर कई बार काट-कूट करना पड़ा। सर्वेक्षण में एक परिवार उसे माना गया, जिसका खाना एक साथ बनता है। एक ही परिवार के कई लोगों को, जिनका खाना अलग बनता है, इस सर्वेक्षण में शामिल नहीं किया गया।

सर्वेक्षण और अध्ययन में जिन एक सौ परिवारों को शामिल किया गया, वे पटना और पटना सिटी से फुलवारी शरीफ़ तक के एक दर्जन मुहल्लों में फैले हुए हैं। इन एक सौ परिवारों की कुल सदस्य संख्या 512 है। उनमें पुरुष 158 और महिला 138 तथा बच्चों की संख्या 296 है।

सर्वेक्षण के लिए पटना सिटी से फुलवारी शरीफ़ तक के विभिन्न मोहल्लों को देखना और ग़रीब दलितों के जीवन-चक्र को समझना भी अध्ययन के लिए दिल-दिमाग़ को नई रोशनी देता है। प्रत्यक्ष अनुभव के बिना आँकड़ों से सब कुछ समझा भी नहीं जा सकता। सर्वेक्षण के दौरान हमने जिन मुहल्लों से परिचय साधने की कोशिश की, वे इस प्रकार हैं—

आलमीजान कॉलोनी : इंसाफ़ का तराज़ू

अरबी में आलमीजान का मायने होता है—'इंसाफ़ का तराज़ू।' फुलवारी शरीफ़ टाउन के पीछे नया टोला में यह कॉलोनी बसा है जहाँ कई दलित मुस्लिम परिवार भी रहते हैं। यहाँ कुएँ का पानी पीने से हैज़े की बीमारी फैल गई। 5 आदमी धड़ाधड़ मर गए। मो. शफ़ी हलालख़ोर बताते हैं—फुलवारी शरीफ़ में ही देश का नामी मुस्लिम इदारा 'इमारत-ए-शरिया' है। वहाँ के लोग मातमपुर्सी तक के लिए नहीं आए। दुनिया भर के मुसलमान ग़रीब बिहारी मुसलमानों की मदद के लिए इस इदारे को पैसा देते हैं, लेकिन कभी इस इदारे के दिमाग़ में यह बात नहीं आई कि शुद्ध पीने के पानी के लिए चाँपाकल यहाँ लगवा दें। ख़ुदा भला करे उस महिला एस.डी.ओ. का, जिसने कुएँ का ज़हरीला पानी पीने से 5 लोगों के मरने के बाद यहाँ एक सरकारी चाँपाकल लगवा दिया।

यह पूछने पर कि इमारत-ए-शरिया एक अस्पताल भी चलाता है, वहाँ आप लोग इलाज के लिए जाते हैं कि नहीं? मो. जलालुद्दीन हलालख़ोर कहते हैं कि इस अस्पताल में दो-चार टिकिया देकर टरका दिया जाता है। अस्पताल सिर्फ़ फोकस है। वह ग़रीब के लिए नहीं है। मो. जलालुद्दीन बताते हैं कि यहाँ तबलीग़ी जमात

के लोग हर हफ़्ते आते हैं। पाँच वक़्त का नमाज़ पढ़ने के लिए कहते हैं। तबलीग़ के लिए हम लोगों को दूसरी जगह चलने के लिए भी कहते हैं मगर हम लोग तबलीग़ के लिए जाएँगे तो खाएँगे क्या? इमारत-ए-शरिया के लोग भी इस वास्ते इधर आने लगे हैं। पहले नहीं आते थे।

पूछने पर जलालुद्दीन बताते हैं—"हम लोग फाक़ाकशी कर लेते हैं, लेकिन हर साल रमज़ान के महीने में फ़ितरा ज़रूर निकालते हैं।"

क़ब्रिस्तान के बारे में जानकारी माँगने पर वह बताते हैं कि यहाँ क़ब्रिस्तान तो कई हैं, लेकिन उन लोगों का जनाज़ा सिर्फ़ 'चरजत्ती' क़ब्रिस्तान में ही दफ़न हो सकता है।

ईद-बक़रीद के मौक़े पर बड़े लोग आपके घर आते हैं कि नहीं? मो. शफ़ी कहते हैं—"ग़रीब का बदन महकता है न। भूले-भटके आ जाने पर लोग इत्र लगवाकर चल देते हैं।"

ताज नगर : तन्वीर ज़िन्दा है

फुलवारी शरीफ़ के ही नौशा कर्बला इलाक़े में बसा है ताज नगर। यह मुस्लिम नटों की बस्ती है। सरकार ने इनमें से कई परिवारों के लिए 'इन्दिरा आवास' बनवा दिये हैं। हबीब नट को नाम के आगे 'मोहम्मद' लिखने से एतराज़ है। वह कहते हैं—'अरे मोहम्मद मत दीजिए वरना फ़ाइल छप जाता है।'

हबीब बताते हैं कि मकान मिलने से पहले वे लोग जानवर की ज़िन्दगी जी रहे थे। अब इनसान बन गए हैं। पक्का मकान बन जाने के बाद से लोग उनके यहाँ तबलीग़ के लिए आने लगे हैं।

इमारत-ए-शरिया और उसके अस्पताल से आप लोगों को कोई मदद मिलती है? जवाब मिलता है—"नहीं, सिर्फ़ मीटिंग के लिए लोग बुलाने आते हैं।"

हबीब को एक बेटा और एक बेटी है। बेटे का नाम तन्वीर और बेटी का नाम ज़ेबा रखा है। तन्वीर की पैदाइश के बारे में बताते हुए हबीब कहते हैं, "भागलपुर दंगा के समय तन्वीर की पैदाइश हुई थी। उस दिन मैं और मेरी बीवी नुरैसा 'फ़ेरी' करने सिगोड़ी गाँव में गए थे। नदी पार कर रहे थे कि नुरैसा के पेट में दर्द शुरू हुआ। बग़ल में एक भुइयाँ (मुसहर) का घर था। हम लोग वहीं चले गए। अपना तन्वीर वहीं पैदा हुआ। भुइयाँ परिवार ने हमारी जिस क़दर सेवा की, उससे लगा जैसे मैं उसका अपना बूँद हूँ।"

सरकार ने नटों की इस बस्ती में एक सामुदायिक भवन भी बनवा दिया है। मंजूर नट बताते हैं कि तत्कालीन मुख्यमंत्री लालू प्रसाद यादव ने कहा था कि यहाँ स्कूल खुलेगा, उसमें पढ़नेवाले बच्चे को एक रुपया रोज़ मिलेगा, बस्ती में बिजली

आएगी, मगर यह सब कुछ नहीं हुआ। बस्ती के लोग ख़ुद ही मास्टर रखकर सामुदायिक भवन में एक स्कूल चलवा रहे हैं। हाल में यह स्कूल शुरू हुआ है। यहाँ के 5 से 15 साल की उम्र के सभी बच्चे अभी 'पहली क्लास' में पढ़ते हैं।

डोमख़ाना : हलाल ज़िन्दगी

फुलवारी शरीफ़ से पटना की ओर आइए, तो यारपुर डोमख़ाना मिलेगा। बिहार विधानसभा के दक्षिणी गेट के ठीक सामने रेलवे का गुमटी नं. एक है, जहाँ यह बस्ती बसी है। हिन्दू मेस्तर परिवारों के बीच यहाँ सात मुस्लिम हलालख़ोर परिवार भी रहते हैं। इस बात की जानकारी पटना के एलीट मुसलमानों की बात कौन करे आम मुसलमानों तक को नहीं है। लोगों को हैरत होती है कि जगह-जगह सूअरबाड़ा, बजबजाती नालियाँ, कूड़े का अम्बार, भिनभिनाती मक्खियों के बीच भला कोई 'दीनदार' मुस्लिम परिवार कैसे रह सकता है? लेकिन इस डोमख़ाने में सातों मुस्लिम हलालख़ोर परिवार बरसों से ज़िन्दा हैं और सिर्फ़ हलाल का खाने के लिए मौत से जूझते हैं। विपरीत परिस्थितियों में, वह भी मुकम्मल ईमान के साथ कोई इस्लाम की लौ जलाए रखे, यह तो ख़ूबी की बात है। हालाँकि इन परिवारों के बच्चों को 'अस्सलामअलैकुम' की कौन कहे, 'सलाम' कहना भी नहीं आता। इसकी जगह वे दोनों हाथ जोड़कर 'परनाम' करते हैं। उन्हें इस बात की जानकारी है कि वे मुसलमान हैं, इसलिए 'हलाल' का खाना है। उनके मज़हब में शराब की मनाही है, इसलिए शराब नहीं पीनी है। पाँच वक़्त और जुमे की नमाज़ न सही, ईद-बक़रीद की नमाज़ वे ज़रूर पढ़ते हैं।

यारपुर मुहल्ले में पटना नगर निगम ने अपने सफ़ाई मज़दूरों के लिए कुछ क्वार्टर भी बना रखे हैं। सालों पहले से मुसम्मात जैबुनिया और मो. जलील हलालख़ोर के नाम भी दो क्वार्टर आवंटित हैं। पति की मृत्यु के बाद मुसम्मात जैबुनिया को पटना नगर निगम में स्वीपर की नौकरी मिल गई। बाक़ी पाँच परिवार यूँ ही इसी मुहल्ले में झोंपड़ियाँ बनाकर रहते हैं। इधर नगर निगम के पुराने और जर्जर क्वार्टरों की जगह इन्दिरा आवास के तहत दोमंज़िला मकान बनाए जाने की बात चली है। यहाँ के मुस्लिम परिवारों को आशंका है कि मुसलमान के नाम पर उनका नाम मकान मिलनेवालों की सूची से कहीं छँट न जाए।

मो. मोनीफ की नॉन-मैट्रिक बीवी रज़िया ख़ातून बताती है कि उन लोगों के यहाँ पर्व-त्योहार, शादी-ब्याह, मरनी-जीनी में आम मुसलमानों की बात कौन करे, उनके अपने रिश्तेदार भी नहीं आना चाहते। सिर्फ़ हिन्दू दलित परिवार आते हैं। मो. हन्नू की बीवी परवीन बानो, जो फुलवारी शरीफ़ से ब्याह कर घर में आई है, अपने बच्चों को कम-से-कम मज़हबी तालीम (धार्मिक शिक्षा) देना चाहती है,

लेकिन उसे अफ़सोस है कि इसका माहौल यहाँ नहीं है। पानी और शौचालय की समस्या यहाँ अत्यन्त जटिल है।

दारोगा राय पथ : रास्ते की तलाश

दारोगा राय पथ में बने एम.एल.ए. फ़्लैट के बग़ल में नाला के किनारे दर्जनों बक्खो परिवार बसते हैं। बक्खो पहले एक घुमन्तू क़िस्म की जाति थी। लोगों के घर बच्चे की पैदाइश होने पर बक्खो-बक्खोआइन मचिया और खँजड़ी लेकर बधावा गाने जाते थे। इनाम-इकराम के रूप में जो रकम-अनाज मिलता था, उसी से इनका जीवनयापन होता था, मगर अब इस पेशे से इनका काम नहीं चलता। इसलिए इन्हें किसी स्थायी रोज़ी-रोटी के उपाय ढूँढ़ने के लिए विवश होना पड़ा। स्थायी रोज़ी-रोटी के लिए स्थायी तौर पर कहीं बसना भी होता है। अब ये जहाँ-तहाँ स्थायी तौर पर बसने की प्रक्रिया में है। मचिया और खँजड़ी की जगह अब इनकी पहचान है, सर पर टोकरी और उसमें स्टील के बर्तन। पटना और आस-पास के किसी मुहल्ले में अगर आप स्टील के बर्तन की फेरी पुराने कपड़ों से बदलकर करते किसी को देखें तो बेधड़क उसे बक्खो मान लेना चाहिए।

स्टील के बर्तन से पुराने कपड़े बदलकर ये लाते हैं और ग़रीबों के हाथ मरम्मत और धुलाई कर फिर उन्हीं कपड़ों को ग़रीबों के हाथ बेचने का काम करते हैं। आज तक किसी मुस्लिम इदारे का ध्यान इस तरफ़ नहीं गया कि इन्हें कम-से-कम एक सिलाई मशीन ही मुहैया करा दें, जिससे कि वे पुराने कपड़ों को अपने घर में ही मरम्मत कर उन्हें फिर से बेचने लायक़ बना सकें। अलबत्ता, इस सम्बन्ध में बैंक ऑफ़ बड़ौदा ने एक सराहनीय काम किया है। बैंक की पटना शाखा द्वारा इस मुहल्ले में इनको बर्तन का व्यापार करने के लिए क़र्ज़ मुहैया कराया जाता है। यह बैंक अपने सामाजिक दायित्व का निर्वाह करते हुए यहाँ के बच्चों को पढ़ाने के लिए दो 'लेडी टीचर' (महिला शिक्षक) को कुछ पैसे भी देता है। दोनों हर रोज़ तीन घंटे यहाँ के बच्चों को पढ़ाती हैं। इस बस्ती में पेयजल और शौचालय की कोई व्यवस्था नहीं है। पानी सड़क के किनारे से मिलता है और शौच नाले के किनारे करते हैं।

बीस वर्षीय मो. सोबराती रिक्शा चलाता है। बचपन में ही उसके पिता मो. हसन टीबी से मर गए। माँ ने दूसरी शादी कर ली। पिछले एक साल से सोबराती को टीबी है। चार बार मुँह से बड़ी मात्रा में ख़ून गिर चुका है। सोबराती कहता है कि वह इलाज के लिए पैसा कहाँ से लाए? चाचा को पथरी हो गई है। उनका भी इलाज नहीं हो रहा है। चाचा-भतीजा दोनों के चेहरे देखने से ही डरावने लगते हैं।

मो. अनीस बक्खो की पत्नी की आँख दस वर्ष से ख़राब है। पैसे के अभाव में वह डॉक्टर को नहीं दिखा सकी। उसके तीन लड़के और दो लड़कियाँ हैं।

सभी की शादी हो गई। लड़कियाँ अपने घर चली गईं। लड़के भी अलग रहते हैं। अनीस कहते हैं कि बूढ़ी को ख़ुद पकाकर खिलाना, नहलाना पड़ता है। वृद्धावस्था पेंशन के लिए कई बार दरख़्वास्त दी। लोगों ने पैसा भी ठगा, लेकिन हुआ नहीं। लाल राशन कार्ड भी नहीं बना। वह कहते हैं, "एक ही ख़्वाहिश है कि कोई मेरी बूढ़ी की आँखें बनवा देता ताकि वह अपना रोज़ाना का क्रिया-कर्म ख़ुद करने के लायक़ हो जाती।"

अब्दुल अज़ीज़ बक्खो बताते हैं, 'हमारी बस्ती की सबसे बड़ी समस्या है—'उजाड़ो अभियान' का ख़तरा। यह ख़तरा हमेशा बना रहता है। लोग विधानसभा के स्पीकर ग़ुलाम सरवर से लेकर विधान परिषद के सभापति प्रो. जाबिर हुसैन तक सबके पास गए, लेकिन कोई मदद नहीं मिली। ग़ुलाम सरवर ने तो डाँटकर भगा दिया। अलबत्ता रामकृपाल यादव एम.एल.सी. ने बहुत रोने-गिड़गिड़ाने के बाद फ़िलहाल 'उजाड़ो अभियान' पर रोक लगवा दी है, "लेकिन इस तरह कब तक चलेगा? हम लोगों को स्थायी घर मिलना चाहिए।"

अदालतगंज : अपना-अपना न्याय

कमला नेहरू नगर, अदालतगंज के बक्खो परिवार की सबसे बड़ी समस्या घर ही की है। इसी बस्ती के पश्चिम में 72 इन्दिरा आवास बने हैं, लेकिन इनमें से एक भी मुस्लिम को नहीं मिला जबकि इस ज़मीन में 15 बक्खो परिवार बसे हुए थे। इस बस्ती में जितनी गन्दगी है, उसको देखकर लगता है मानो यहाँ के लोग इसके 'एम्यून' हो गए हैं। सरकार ने इस बस्ती में एक मदरसा ज़रूर बना दिया है और एक उर्दू टीचर की बहाली भी कर दी है, लेकिन घरों के अभाव में इनका जीवन नारकीय बना हुआ है। इस बस्ती के अनेक लोग टीबी और दूसरी बीमारियों से ग्रस्त हैं। यहाँ के मो. अनवर बक्खो को इस बात का मलाल है कि मुसलमान लोग भी उनसे 'घिना' करते हैं। 55 वर्षीय अनवर बक्खो बताते हैं—"हम लोग किसी मुसलमान के घर मय्यत होता है तो बिन बुलाए जनाज़े में जाते हैं। मगर हम लोगों के यहाँ बिरादरी को छोड़कर कोई नहीं आता। कई लोग तो हम लोगों के सलाम का भी जवाब नहीं देते हैं।"

पूछने पर अबुल क़लाम आज़ाद बक्खो स्वीकार करते हैं कि बक्खो समाज की विशेषता यह है कि मर्दों की अपेक्षा औरतें ज़्यादा सक्रिय हैं। आज़ाद कहते हैं—"हमारे समाज में औरतों को मर्दों के बराबर आज़ादी हासिल है। बक्खो समाज के लोग अपना केस-मुक़दमा लेकर थाना और अदालत में नहीं जाते। उनकी अपनी जातीय पंचायत में हर तरह के मामलों, यहाँ तक कि हत्या तक के मामलों का निष्पादन होता है। हत्या के मामले में हत्यारे पर पीड़ित परिवार को आजीवन गुज़ारा भत्ता देने का दंड लगाया जाता है।"

एम.एल.ए. फ़्लैट : साबुन-सी गलती ज़िन्दगी

पटना में विधायक और मंत्रियों का आवासीय इलाक़ा है—वीरचन्द पटेल पथ स्थित एम.एल.ए. फ़्लैट्स। यहाँ बिहार के किसी भी गाँव और मुहल्ले से अधिक मुस्लिम धोबी परिवार एक साथ आपको मिल जाएँगे। मंत्रियों, विधायकों, उनके लगुओं-भगुओं को आप बराबर दप-दप सफ़ेद कपड़ों में देखते हैं वह इन्हीं धोबियों की मेहनत का नतीजा है। बहुत से मंत्री और विधायक चाहते हैं कि उनके साथ एक धोबी परिवार ज़रूर रहे। इसके लिए वे उस परिवार को अपना सर्वेंट क्वार्टर, मोटर गैरेज मुफ़्त रहने के लिए दे देते हैं, मगर मुफ़्त की छत की वे भारी क़ीमत वसूलते हैं। अपने और अपने पूरे परिवार के कपड़ों की मुफ़्त धुलाई करवाकर।

वे नेताजी के कपड़े धोते हैं। एवज़ में साबुन की तरह घिसते-गलते हैं। उनके लिए जीना इसी का नाम है। पटना में कई जज साहब अपनी कोठियों पर इस तरह के धोबी परिवार रखने की मेहरबानी करते हैं। मंत्रियों-न्यायाधीशों की कोठियों तथा विधायक आवासों के इर्द-गिर्द इन धोबी परिवारों के रहने के कई-कई फ़ायदे हैं। छोटा ही सही, लेकिन मुफ़्त आवास के अलावा इन्हें पानी और बिजली भी मुफ़्त मिल जाती है। बिहार सरकार ने तो मंत्रियों और विधायकों की सुविधा का ख़याल रखते हुए बाज़ाब्ता विधायक आवास और हाईकोर्ट के बीच मज़ार के निकट एक कृत्रिम धोबी घाट ही बनवा दिया है। यहाँ एक सरकारी बोरिंग है, जहाँ कपड़े धोने के लिए मुफ़्त में पानी मिलता है। धोबी परिवारों के एम.एल.ए. फ़्लैट इलाक़े में रहने का एक और फ़ायदा यह है कि यहाँ उन्हें बड़ी संख्या में ग्राहक (कपड़ा धुलानेवाले) मिल जाते हैं। मंत्रियों-विधायकों से मिलने-जुलनेवाले तथा पैरवीकारों की एक बड़ी जमात इस इलाक़े में बराबर रहती है। उनको खादी के कलफ़ और इस्तरी वाले दप-दप कपड़े की ज़रूरत होती है।

कई मंत्री और विधायकों को दिन में कई बार कपड़े बदलने होते हैं। वे अपने पुश्तैनी गाँव या शहर से जब भी पटना के लिए चलते हैं तो अटैचियों में गन्दे कपड़ा भरकर लाते हैं और उसे अपने धोबी से धुलवाकर लेते जाते हैं। अनुमान लगाकर देखने से पता चलता है कि एक धोबी औसतन दस कपड़े प्रतिदिन मुफ़्त में धोता है, जिसमें कम-से-कम चालीस रुपये का ख़र्च बैठता है।

चूँकि ज़्यादातर धोबी परिवार मोटर गैरेज में रहते हैं और वहाँ शौचालय नहीं होता, इसलिए उनके लिए यह एक विकट समस्या है। विधायक और मंत्री इन धोबी परिवारों को अपने शौचालय का इस्तेमाल करने देने से रहे। पहले हाईकोर्ट मज़ार पर दो लैट्रिन थे। उनके टूट जाने से इस इलाक़े के धोबी परिवारों को बड़ी परेशानी होती है। विधायकों का कपड़ा धोने के लिए सर्वेंट क्वार्टर (गोलम्बर) में कुछ कमरे बाज़ाब्ता मुस्लिम धोबी परिवारों को आवंटित किए गए हैं। इस गोलम्बर में कुल

82 रूम हैं, जिनके लिए सिर्फ़ छह लैट्रिन हैं। शौच के लिए सुबह-शाम लोगों को लाइन में लगना पड़ता है।

इस इलाक़े के धोबी परिवार के लोगों में एक ख़ास बात यह देखने को मिली कि वे अपने नाम के साथ 'रजक' लगाना नहीं भूलते। एक साहब को मलाल है कि हिन्दू से ज़्यादा उन लोगों को मुसलमान ही छोटा जात समझते हैं। एक दूसरे साहब यह बताते हैं कि उन लोगों के यहाँ शादी-विवाह तथा अन्य मौक़ों पर जो भोज होता है, उसमें पुलाव के साथ दो पीस खस्सी का गोश्त और एक पीस आलू हांडी या बाल्टी में से हाथ से निकालकर (चम्मच से नहीं) खानेवाले के प्लेट में दिया जाता है। "यह हमारी बिरादरी का नियम है, लेकिन इसी (हाथ से निकालने) की वजह से शायद दूसरे मुसलमान हमारे यहाँ शादी-ब्याह में खाना खाने नहीं आते हैं।"

इस विधायक-मंत्री आवास क्षेत्र में हमने जिन परिवारों का सर्वेक्षण किया, उनमें से किसी का नाम यहाँ नहीं दे रहे हैं। जिनके घरों में वे 'मुफ़्त' रहते हैं, उनका कोपभाजन बनने की आशंका से ऐसा किया गया है।

हाँ, एक तीसरे साहब सवाल करते हैं, "इस्लाम में तो एक दस्तरख़्वान, एक प्लेट में खाने तथा एक गिलास में कई लोगों के पानी पीने को बढ़िया माना गया है। फिर हाथ से गोश्त निकालने से नफ़रत क्यों?"

आलमगंज : यह आलम है

पटना आलमगंज इलाक़े में सन्दलपुर मुहल्ला में मज़दूर नेता स्व. अब्दुल बारी के नाम पर लालू प्रसाद यादव की सरकार ने 'इन्दिरा आवास योजना' के तहत दो मंज़िला मकान बनवाकर उसे 43 बक्खो परिवारों के नाम आवंटित कर दिया है। इन सभी परिवारों के लिए दस सामूहिक शौचालय तथा दो नल हैं। कई लोग जिनको मकान नहीं मिला, बारी भवन के अहाते में ही झोंपड़ी बनाकर रहते हैं।

अब्दुल बारी कौन थे, इसकी जानकारी यहाँ रहनेवाले शायद किसी भी व्यक्ति को नहीं है। पूछने पर मो. अली राजा बक्खो कहते हैं, "हम जाहिल जट क्या जानें ई सब बात? अपना तो फेरी-फ़क़ीरी पेशा है, पेट भरने से ही फ़ुर्सत नहीं मिलती है।" मो. उस्मान बक्खो बताते हैं, "आस-पास के मुसलमानों के सहयोग से एक उर्दू टीचर यहाँ रखे गए थे, जो हमारे बच्चों को पढ़ाते थे। मगर यह काम भी अब बन्द है।"

वोट वग़ैरह के बारे में पूछने पर उस्मान बताते हैं—"हम लोग जब झोंपड़ी में रहते थे, तब भी लालू जी को ही वोट देते थे। अब तो 'महल' में रह रहे हैं, तो उनके सिवाय किसी और के बारे में भला कैसे सोच सकते हैं?"

सन्दलपुर मुहल्ले में ही घरों का एक दूसरा 'महल' है—आम्बेडकर कॉलोनी। इसमें 90 घर हिन्दू दलितों के साथ 10 घर मुस्लिम दलित भी रहते हैं। जैसे हंडी

से चावल का एक दाना निकालकर देखने से पूरी हंडी का पता चल जाता है, उसी तरह इस कॉलोनी में रहने वाले एक मो. शौक़त अली से पूछने से यह पता चल गया कि हिन्दू और मुस्लिम दलित यहाँ एक साथ मिलकर कैसे रहते हैं? पटना का आलमगंज इलाक़ा साम्प्रदायिक दृष्टि से काफ़ी संवेदनशील माना जाता है। शौक़त बताते हैं कि इलाक़े में कई बार तनाव हुआ, लेकिन हम लोग कभी कॉलोनी छोड़कर नहीं भागे।

आलमगंज इलाक़े में ही है नूरानी बाग़। यहाँ कुछ मुस्लिम धोबी परिवार भी रहते हैं। इन्हीं में से एक हैं मो. सादिक़। उनकी एक बेटी है, मुन्नी। मुन्नी की शादी हो चुकी है, मगर उसका दूल्हा उसे मार-पीटकर अक्सर मायके भगा देता है। मुन्नी का दोष सिर्फ़ यह है कि उसको अब तक पाँच बेटियाँ हो चुकी हैं। ऊपर से भारी मुसीबत यह है कि मुन्नी की पाँच बेटियों में से चार को पोलियो मार चुका है। मुन्नी अब बच्चे पैदा करना नहीं चाहती। वह ऑपरेशन करा लेना चाहती है, मगर उसके दूल्हे को चाहिए एक लड़का। इसलिए वह ऑपरेशन की इजाज़त नहीं देता।

इस मुहल्ले के रहीस मियाँ हैं तो नालबन्द बिरादरी के, लेकिन वह अपने को शेख़ बिरादरी का बताते हैं, मगर उनकी बीवी शहज़ादी यह कहने से नहीं चूकती कि उनके शेख़ कहने से क्या होता है? उनके बाप-दादा सभी नालबन्द थे, भला ये शेख़ कैसे हो सकते हैं?

शहज़ादी अपने पति को हड़काते हुए कहती है—"शेख़ी बघारने की जगह अपना काम देख।" उसकी इस बात पर वहाँ मौजूद सभी लोग ठहाके लगाते हैं। ख़ुद रहीस मियाँ भी खिलखिलाकर हँस लेते हैं।

यहीं पर मो. फ़ारूक़ नालबन्द का भी परिवार रहता है। फ़ारूक़ बताते हैं कि वह अपनी बेटी रोज़ी को पढ़ाते हैं। वह छठी क्लास में पढ़ती है। वह यह भी बताते हैं कि सभी बच्चों को पढ़ाने की औक़ात नहीं है। इसलिए उन्होंने अपने दस वर्षीय बेटे बबलू को मज़दूरी में लगाया है। बबलू की माँ चुन्नी ख़ातून घरेलू दाई का काम करती है। उसे दो सौ रुपया महीना मिलता है। वह बताती है कि दूसरे में नहीं, ख़ुद मुसलमानों में कुछ लोग ऐसे हैं, जो हम लोगों को छोटा जात कहकर चिढ़ाते हैं। चुन्नी कहती है, "नीचे न जात बना है। ऊपर से थोड़े ही न आया है?" चुन्नी का मर्द फ़ारूक़ अपना परम्परागत पेशा (घोड़े के पैर में लोहे की नाल ठोंकने का काम) करता है। इस पेशा के लोगों की ही जाति बन गई है—नालबन्द।

और जी हाँ, बिहार में हिन्दू मछुआरे ही नहीं बल्कि मुस्लिम मछुआरे भी हैं। वैसे तो इनमें से कई अपने को राईन (कुँजड़ा) कहते हैं, लेकिन भला इनको राईन मानता कौन है? पटना के आलमगंज मुहल्ला में गंगा नदी के किनारे ये लोग बसे हैं। हिन्दू मछुआरों की तरह ही गंगा नदी से मछली मारना और उसे बेचना। इसी से इनका परिवार चलता है।

मुस्लिम मछुआरों की औरतें भले ही हिन्दू औरतों की तरह गंगा मइया को पियरी नहीं चढ़ाती हों, लेकिन ये 'खाजे खिदर' के नाम पर रोट (शक्कर-घी की मोटी रोटी) का फ़ातिहा ज़रूर कराती हैं। 'खाजे खिदर' को ये लोग पानी का बादशाह मानते हैं। इसके अलावा मुस्लिम मछुआरा औरतें भादों महीने में उर्दू कैलेंडर की ग्यारहवीं तारीख़ को गंगा नदी में काग़ज़ का बेड़ा (ताज़िया की तरह का) छोड़ती हैं। इस बेड़े के अन्दर शुद्ध घी का दीया जलता रहता है। मुस्लिम मछुआरिनें अपने मर्दों-लड़कों, जो दरिया में मछली मारते हैं, की सलामती के लिए मन्नत के रूप में इस त्योहार को मनाती हैं।

मछुआरों की अपनी जाति-पंचायतें भी हैं। इस पंचायत के सरदार मो. सलीम बताते हैं कि वे लोग अपनी बिरादरी के झगड़े, तलाक़ वग़ैरह के लिए इमारत-ए-शरिया या थाना-कोर्ट में नहीं जाते। अपने झगड़ों का निबटारा ख़ुद ही अपनी पंचायत में कर लेते हैं। किसी ग़लती के लिए कान पकड़कर उठा-बैठी से लेकर थूककर चटवाने, जुर्माना लगाने, हुक्का-पानी बन्द करने तथा सामाजिक बहिष्कार और जाति-निकाला तक की सज़ा दी जाती है। सरदार मो. सलीम की शिकायत है कि मुहल्ले के पठान लोग उन्हें नीची जात समझते हैं।

फरक्का में गंगा नदी पर बैराज़ बन जाने से गंगा नदी में मछलियों की आमद कम हो गई है। इससे हिन्दू मछुआरों की तरह मुस्लिम मछुआरों की परेशानियाँ भी बढ़ी हैं। जब से मोटरीकृत नावें चलने लगी हैं, गंगा में आपराधिक गतिविधियाँ भी बढ़ गई हैं। मो. फ़क़रुद्दीन का कहना है कि यहाँ के मछुआरों का भी जीवन बीमा होना चाहिए। नाव-जाल ख़रीद के लिए सरकारी सहायता मिलनी चाहिए।

इसी मुहल्ला में एक मुस्लिम धोबी परिवार भी रहता है—मो. जमील का। जमील की माँ मुसम्मात नरगिस को इस बात को लेकर काफ़ी तकलीफ़ है कि लोग अपने को मुसलमान तो कहते हैं, लेकिन उनको छोटी जात समझते हैं। नरगिस बताती हैं कि उसने अपने बेटे जमील की शादी के मौक़े पर वलीमे में बड़े शौक़ से बहुत लोगों को दावत दी थी, लेकिन लोग नहीं आए। बहुत खाना बरबाद हो गया। लोग दावत क़बूल भी लेते हैं, मगर धोखेबाज़ी करते हैं। साफ़ कहते नहीं कि नहीं आएँगे अपनी बिरादरी को छोड़कर कोई नहीं आता है।"

मैनपुरा : मकान के लिए भटकते लोग

राजापुर, मैनपुरा मुहल्ला के मुस्लिम दलितों की मुख्य समस्या 'अपना घर' नहीं होना है। मो. नसीम हलालख़ोर कहते हैं कि अपना मकान नहीं है। जहाँ कमाते हैं, वहीं पर रहते हैं। हर तीन माह पर बाल-बच्चों को लेकर भटकना पड़ता है।

मो. कमाल हलालख़ोर के परिवार में बीवी के अलावा चार बच्चे हैं। रिक्शा चलाकर वह अपने परिवार की परवरिश करते हैं, मगर नियति का खेल कि परिवार के इस मुखिया को रतौंधी का शिकार होना पड़ा है। दिन में भी कम ही सूझता है, रात में बिलकुल नहीं। मुश्किल से प्रतिदिन 40 रुपया कमा पाते हैं। इतने में परिवार का भरण-पोषण करें कि अपना इलाज?

मो. क़मरुद्दीन पँवरिया ठेले पर सब्ज़ी बेचने का काम करते हैं। परिवार में बीवी और आठ बच्चे हैं। इनको अपने सभी बच्चों का नाम तक याद नहीं है। इनका कहना है—"बीवी का बंध्याकरण ऑपरेशन कराना चाहता हूँ, लेकिन वह तैयार नहीं है। उसे डर है कि ऐसा करने से वह बीमार हो जाएगी।" तो आप ख़ुद नसबन्दी क्यों नहीं करा लेते? जवाब में वह कहते हैं—"मेहनत-मजूरी करनेवाला हूँ। कम-से-कम एक-आध महीना तो बैठना पड़ेगा। पेट तो बैठता नहीं।"

मो. अशरफ़ उर्फ़ पप्पू पँवरिया कहते हैं, "मुझे मकान चाहिए। घुमन्तू जीवन से ऊब चुका हूँ।" मो. शमीम किराये के मकान में रहते हैं। मकान मालिक उन्हें बहुत तंग करता है। मकान ही उनकी पहली ज़रूरत है। मो. कमरू हलालख़ोर तो मकान के लिए इतने नाराज़ हैं कि कहते हैं, 'अब ललुआ को वोट नहीं देंगे। सिर्फ़ हिन्दू में दलित होता है? हम दलित नहीं हैं क्या?

इसी मुहल्ले में रहते हैं मो. उस्मान हलालख़ोर और डॉ. नूरहसन आज़ाद पँवरिया। दोनों ने दलित मुस्लिम उत्थान को ही अपने जीवन का मक़सद बना लिया है। मो. उस्मान आई.ए. पास करने के बाद भी मज़दूरी करके अपना परिवार चलाते हैं और उसी में समय निकालकर दलित मुसलमानों को संगठित करने और उनकी समस्याओं को आवाज़ देने का काम करते हैं। डॉ. नूरहसन ने 'मज़दूर क्लीनिक' खोलकर दलित मुसलमानों की सेवा शुरू की है। इन्होंने भी दलित मुसलमानों के मसाइल (समस्या) के लिए अपना जीवन वक्फ़ किया है।

एल.सी.टी. घाट! रद्दी काग़ज़ से बना ज़िन्दगी का जहाज़

एल.सी.टी. घाट! जब पटना में गंगा नदी पर पुल नहीं बना था तो पानी के लिए जहाज़ से गंगा पार करने का यही रास्ता था। आज यह जगह वीरान-सी लगती है। इसी वीरान जगह में कई पँवरिया परिवार झोंपड़ियाँ बनाकर रहते हैं। रद्दी काग़ज़ चुनना इनका पेशा बन गया है। पेट भरना ही इनके लिए ऐसा पहाड़ है कि उसके आगे पढ़ाई-मज़हब वग़ैरह की बात सोच भी नहीं सकते हैं।

एक हैं मो. शक़ील, मगर लोग इन्हें 'बोका' कहकर पुकारते हैं। ख़ुद रद्दी काग़ज़ बीनते हैं और बीवी घरेलू दाई का काम करती है। मो. इसहाक़ हैं तो बिलकुल अनपढ़, लेकिन दार्शनिक अन्दाज़ में बताते हैं—"हम लोगों को लोग

हिकारत की नज़र से देखते हैं। और लोगों की बात कौन करे, हम लोगों के यहाँ तो अपनी बिरादरी के लोग भी नहीं आते। पीठ पर बोरा लटकाए जब हम लोग अपनी बीवी-बच्चों के साथ रद्दी काग़ज़ बीनने के लिए कूड़ेदानों के इर्द-गिर्द होते हैं तो आवारा कुत्तों के अलावा कोई हम लोगों की तरफ़ ताकता भी नहीं। ये कुत्ते भी हम लोगों को देखकर इसलिए भौंकते हैं कि उनके हिस्से की 'जूठन' वग़ैरह हम लोग हथिया लेंगे।" सही यह है कि ऐसा होता भी है।"

रुकनपुरा : भूख की दवा भीख

शहर से बाहर दीघा नगर के किनारे पुराना रुकनपुरा मुहल्ला है। अब वह टेसलाल वर्मा नगर के रूप में भी जाना जाता है। यहाँ कई बक्खो परिवार भी झोंपड़ियाँ बनाकर रहते हैं। अपना मकान, पीने के लिए पानी, जलावन तथा साँप-बिच्छू काटने पर तुरन्त इलाज की व्यवस्था का अभाव यहाँ दलित मुसलमानों की मुख्य समस्या है। यहाँ की महिलाएँ और बच्चे चर्म रोग से पीड़ित हैं। कई पोलियो के भी शिकार हैं। यहाँ कई परिवार भीख माँगकर अपना गुज़ारा करते हैं। भला भीख माँगकर अपना गुज़ारा करनेवाले परिवारों से इस बात की उम्मीद कैसे की जा सकती है कि वे अपने बच्चों को पढ़ाएँगे?

निष्कर्ष

सपने मर रहे हैं

उपर्युक्त जिन एक सौ परिवारों का सर्वेक्षण और अध्ययन किया गया, उसमें एक बात बहुत अच्छी लगी कि इनमें से सिर्फ़ एक दर्जन लोग ताड़ी-शराब पीने के आदी हैं। निश्चित रूप से यह मज़हब-ए-इस्लाम का कमाल है। मुस्लिम दलित समाज का यह एक ऐसा सकारात्मक पहलू है, जिसके आधार पर इस समाज को तरक़्क़ी के रास्ते पर आगे बढ़ाया जा सकता है। हालाँकि मज़हबी तालीम की पढ़ाई इन तबक़ों में कम है। एक सौ में सिर्फ़ 20 ही परिवार ऐसे हैं, जिनके बच्चे उर्दू-अरबी सीखते हैं। सोम-सलात की पाबन्दगी का प्रतिशत भी इनमें 20 प्रतिशत से ज़्यादा नहीं है, लेकिन रमज़ान के महीने में यह प्रतिशत बढ़कर 40 हो जाता है। बाक़ी लोग तो सिर्फ़ ईद-बक़रीद की नमाज़ भर पढ़ते हैं। शत-प्रतिशत ग़रीबी रेखा से नीचे रहनेवाले इन परिवारों में से 25 प्रतिशत लोग रमज़ान के महीने में फ़ितरा भी निकालते हैं जबकि 20 प्रतिशत लोग फ़ितरा (दान के लिए निर्धारित आमदनी का निश्चित हिस्सा) लेने का काम करते हैं। बाक़ी 55 प्रतिशत लोग न फ़ितरा लेते हैं, न फ़ितरा निकालते हैं।

इन एक सौ दलित मुस्लिम परिवारों में से सिर्फ़ पाँच प्रतिशत ऐसे ख़ुशनसीब हैं, जिनके घर बक़रीद में बकरे की क़ुरबानी होती है। पाँच प्रतिशत लोग गाय की क़ुरबानी में हिस्सा बँटाते हैं। बाक़ी किसी परिवार में क़ुरबानी नहीं होती। इनके घर शायद ही कोई दूसरा मुसलमान क़ुरबानी का गोश्त भेजता है।

बकरे का गोश्त न सही, इस दिन भैंस का गोश्त बाज़ार से ख़रीदकर ये मुसलमान क़ुरबानी मना लेते हैं। वैसे, आम दिनों में वे इन जानवरों का अँतड़ी-पचौनी, तिल, बट खाकर ही गोश्त खाने का शौक़ पूरा करते हैं। कई परिवारों के लोग बाज़ार से दूसरों का छोड़ा हुआ ब्रॉयलर (मुर्ग़ा-मुर्ग़ी) की खालें और टाँगें ख़रीदकर खाने के लिए लाते हैं। सर्वेक्षण के दौरान पाया गया कि कई परिवारों के लोग इस खाल को गर्म पानी में डालकर इसके पंख नोच रहे हैं। इसमें पतली झिल्ली जैसी जो चीज़ बची रहती है, उसे ही पकाकर खाने का यत्न कर रहे हैं।

तालिका - 1

दलित मुस्लिम परिवारों में शिक्षा और रोज़गार

परिवारों की संख्या	100
कुल सदस्यों की संख्या	574
मैट्रिक पास	7 (सभी बेरोज़गार)
आई.ए.	3 (सभी बेरोज़गार)
बी.ए.	1 (बेरोज़गार)
सरकारी नौकरी में	5
इनमें चपरासी	2
स्वीपर	2
सिपाही	1

सर्वेक्षण में शामिल सभी सौ परिवारों में सिर्फ़ साल में एक बार ईद के मौक़े पर नया कपड़ा, वह भी सिर्फ़ एक जोड़ा बनता है। एक जोड़े का मतलब एक कुर्ता और एक पाजामा या एक लुंगी होता है। इस कपड़े पर नमाज़ पढ़ने, ईद मनाने के बाद अक्सर लोग इसे बहुत जतन से बक़रीद के लिए रख लेते हैं। ईद के ढाई महीने बाद ही बक़रीद पड़ती है। इसी कपड़े पर बक़रीद मनाने के बाद उसे हमेशा पहनने के लिए निकाल लिया जाता है। इसलिए कि इसके बाद ऐसा कोई त्योहार नहीं आता, जिसमें नया कपड़ा पहनने की ज़रूरत हो। शादी-ब्याह जान-बूझकर ईद के बाद या नहीं तो क़ुरबानी बाद रखा जाता है। इसका एक मक़सद यह भी होता है कि ईद में सिलाए गए कपड़े से ही शादी-ब्याह का मौक़ा भी पार लग जाए, मगर सवाल उठता है कि क्या एक जोड़ा कपड़ा पूरा एक साल चल जाता है? इसका जवाब मिला कि फुटपाथ से इसके अलावा कुछ पुराने कपड़े भी ख़रीदने पड़ते हैं।

सर्वेक्षण के दौरान, दलित मुसलमानों से कुछ राजनीतिक सवाल भी पूछे गए। मसलन, आपने पिछले चुनाव में वोट किसे दिया था? सभी का एक ही जवाब था—लालू को, लालटेन छाप में। दूसरा सवाल था—आगे किस पार्टी और नेता को वोट देने का इरादा है? इस पर जिन परिवारों को इन्दिरा आवास मिले हैं, उन्होंने आगे भी लालू को वोट देने की बात कही। दो-चार और लोगों ने भी इसी तरह की बातें कीं, मगर बाक़ी लोगों ने सवाल का गोलमटोल जवाब दिया। मसलन, अल्लाह जानता है, जिसको सब देगा उसको देंगे, जो जीतेगा उसे जिताएँगे, जो घर देगा उसे वोट देंगे। दो-चार परिवारों ने कांग्रेस और कम्युनिस्ट पार्टियों के समर्थन की भी बातें कीं।

सामाजिक स्तर के बारे में पूछे गए सवालों के जवाब में प्राय: सभी परिवार के लोगों ने साफ़ तौर पर यह बात कही कि उन्हें हिकारत की नज़र से देखा जाता है, नीच जात समझा जाता है। शादी-विवाह, मरनी-जीनी और त्योहार के मौक़े पर अपनी बिरादरी के अलावा कोई दूसरा मुसलमान उनके यहाँ नहीं आता।

मस्जिद में इनके साथ कोई भेदभाव नहीं बरता जाता है। अलबत्ता क़ब्रगाहों में दफ़नाये जाने के सवाल पर कुछ लोगों ने भेदभाव की शिकायत की। कुछ एलीट मुसलमानों द्वारा अक्सर इस तरह की दलीलें दी जाती हैं कि दलित और पिछड़े मुसलमान ख़ुद ही एहसासे कमतरी के शिकार हैं, मगर यहाँ तो सभी दलित मुस्लिम परिवार यह कहते मिलते हैं कि ख़ुदा ने ऊँच-नीच नहीं बनाया है। उनका यह बयान एहसासे कमतरी वाली दलील के ख़िलाफ़ बहुत कुछ कह जाता है। यह दलील तब सही मानी जाती, जब लोग यह कहते कि ख़ुदा ने ही जब उन्हें नीच जात में पैदा कर दिया तो वे क्या करें?

सर्वेक्षण के दौरान माली (आर्थिक) हालात के सम्बन्ध में पूछे गए सवालों के जवाब से यह पता चलता है कि राजधानी में बसनेवाले सौ दलित मुस्लिम परिवारों में से एक भी परिवार में रसोई गैस के चूल्हे पर खाना नहीं बनता। या तो लोग लकड़ी पर खाना बनाते हैं या केरोसिन स्टोव पर। कुछ परिवार कोयले पर भी खाना बनाते हैं।

इनके घरों में 50 प्रतिशत अल्युमिनियम और 50 प्रतिशत स्टील के बर्तनों से काम चलता है। 25 प्रतिशत घरों में सिर्फ़ रात में खाना बनता है। उसी में से बचा खाना सबेरे खाकर लोग मज़दूरी के लिए निकल जाते हैं। शाम को लौटकर फिर रात का खाना बनाते हैं।

तालिका - 2

सर्वेक्षण में शामिल परिवारों की बिरादरी और उनकी संख्या

क्रम	बिरादरी	परिवारों की संख्या
1.	मुस्लिम धोबी	11
2.	हलालख़ोर	20
3.	बक्खो	36
4.	पँवरिया	15
5.	मछुआरा	7
6.	नालबन्द	4
7.	नट	7
		100

बाक़ी 75 प्रतिशत परिवारों में दो बार (सुबह-शाम) खाना बनता है। खाने में चावल, रोटी, सब्ज़ी बनती है। पाँच प्रतिशत लोगों को ही कभी-कभार दाल नसीब होती है। जहाँ तक मांस, मछली, अंडे की बात है, 70 प्रतिशत परिवार ऐसे हैं, जिन्हें महीने में ज़्यादा-से-ज़्यादा एक बार इसके लिए पैसा जुट पाता है। बाक़ी 30 प्रतिशत परिवार हफ़्ते में एक बार मांस, मछली, अंडे के लिए पैसा जुटा लेते हैं। मौसमी फल जब बहुत सस्ता हो जाता है, तभी इनको खाने को मिलता है।

दलित मुसलमान परिवारों के 78 प्रतिशत लोग नंगे पैर ही रहते हैं। सिर्फ़ 22 प्रतिशत परिवारों में जूते-चप्पल पहनने को ज़रूरी माना जाता है। इसके लिए कमाई में से कुछ पैसा बचाया जाता है, लेकिन उस बचत से सिर्फ़ हवाई चप्पल तथा प्लास्टिक का जूता ख़रीदा जाता है। इसलिए जूता-चप्पल पहननेवाले ज़्यादा लोगों के पैरों में हवाई चप्पल या प्लास्टिक के जूते ही नज़र आते हैं।

भोजन के मद में एक परिवार पर प्रतिदिन औसतन 75 रुपये का ख़र्च आता है। एक परिवार में औसतन पाँच लोग होते हैं। एक आदमी 15 रुपये में दो जून किसी तरह का खाना खाता है, यह आसानी से समझा जा सकता है। हालाँकि इस 15 रुपये की भी कोई गारंटी नहीं होती।

ये परिवार सिर्फ़ 'भोजन' के लिए कमाने में ही दम तोड़ते हैं। कपड़ा, इलाज, शिक्षा, जूता-चप्पल और एक अदद छत के लिए इतना भी नहीं कमा सकते कि इनके लिए ये लोग कोई सपना भी पाल सकें।

बीमार पड़ने पर शत-प्रतिशत लोग अंग्रेज़ी दवा ही लेते हैं। उनका मानना है कि इसका फ़ायदा जल्दी होता है। जल्दी ठीक न हों, तो ख़ुद भूखे मर जाएँगे और परिवार भी, मगर कोई भी व्यक्ति अधिकृत डॉक्टर से दवा नहीं लेता। 'नीम हकीम ख़तरा-ए-जान' वाली बात ही इनके साथ लागू है। इलाज के नाम पर लोग दवा के अलावा झाड़-फूँक, दुआ-तावीज़ का भी इस्तेमाल करते हैं, मगर 70 प्रतिशत लोगों को दवा पर ही यक़ीन है।

जहाँ तक बच्चों की पढ़ाई-लिखाई की बात है, इन परिवारों की स्थिति चिन्ताजनक है। सबसे ख़तरनाक बात यह है कि इन लोगों में पढ़-लिखकर कुछ बनने की तमन्ना मर गई है। पढ़-लिखकर क्या बनना चाहते हैं, यह सवाल इनको सबसे ज़्यादा चिढ़ानेवाला लगता है। इसके जवाब में ये इतना ही कहते हैं, "क्या बनेंगे, ख़ाक!" हिन्दू दलितों के बेटे-बेटियाँ जहाँ आज आई.ए.एस.-आई.पी.एस. बनने का सपना देखते हैं, वहीं मुस्लिम दलितों के बच्चों और परिवार के मुँह से ऐसा जुमला निकलना भारी चिन्ता का विषय है। सपनों का मर जाना ख़तरनाक होता है। फिर से उनके दिल-दिमाग़ में यह सपना कैसे उपजे, यह विचारणीय विषय है।

कुल 592 लोगों में 154 यानी 26 प्रतिशत लोग बीमार हैं। बीमार लोगों में कई लोग जानलेवा बीमारियों के कारण मौत के कगार पर दिखे। दवा के लिए उनके पास पैसे नहीं हैं। टीबी जैसी बीमारी, जिसका इलाज सम्भव है, लोग दवा और पौष्टिक भोजन के अभाव में असमय काल-कवलित हो जाने को अभिशप्त हैं।

अनपढ़ों की संख्या 370 यानी 62.5 प्रतिशत है। अनपढ़ की श्रेणी में हमने ऐसे लोगों को शामिल नहीं किया है, जो 'टो-टो कर' भी कुछ पढ़ लेते तथा अँगूठे के निशान की जगह किसी तरह अपना दस्तख़त कर लेते हैं। मज़हबी तालीम के नाम पर जो लोग कुछ उर्दू और अरबी पढ़ लेते हैं, भले उसका मायने न समझें और लिख नहीं सकें, उन्हें भी अनपढ़ की श्रेणी से अलग रखा गया है।

कुल एक सौ परिवारों के पढ़े-लिखे लोगों में सात मैट्रिक पास, तीन आई.ए. पास तथा एक बी.ए. पास युवक मिला, जिनमें से किसी को अभी तक सरकारी नौकरी नहीं मिल पाई है। मैट्रिक पास युवकों में से तीन कपड़े धोने तथा एक रफ़ू करने का काम करता है। आई.ए. पास एक युवक भी कपड़े धोता है और दूसरा मज़दूरी करता है। इकलौते बी.ए. पास युवक को अभी तक कोई सरकारी नौकरी नहीं मिल सकी है। वह भी कपड़े धोकर अपना जीवन बसर कर रहा है।

स्थितियों ने इन तबक़ों में अजीब हताशा की स्थिति पैदा की है। पढ़ाई के सवाल पर तहक़ीक़ात के समय कई लोगों ने मुँह बिदकाते हुए कहा कि पढ़ने पर भी जब नौकरी नहीं मिलती तो पढ़ाई-लिखाई में वक़्त बरबाद करने से क्या फ़ायदा? पढ़ने-लिखने के बाद बच्चे मेहनत-मज़दूरी करने लायक भी नहीं रह जाते हैं। इसलिए अब तो हम लोगों ने बच्चों को स्कूल भेजना ही कम कर दिया है।

- सर्वेक्षण में शामिल एक सौ दलित परिवारों में से सिर्फ़ पाँच लोगों को सरकारी नौकरी मिली है। इनमें से चपरासी के पद पर दो तथा पटना नगर निगम में स्वीपर के पद पर दो लोग बहाल हैं। एक व्यक्ति सिपाही के पद पर है। ये बहालियाँ भी दो दशक पूर्व की हैं। इनमें से एक व्यक्ति, जो राज्य पथ परिवहन निगम में चपरासी है, को कई सालों से वेतन नहीं मिल रहा है। नगर निगम में स्वीपर के पद पर काम करनेवाले दूसरे व्यक्ति को भी महीनों बाद वेतन मिला करता है।
- 'एक सुन्दर-सा अपना घर' किस आदमी का सपना नहीं होता? मगर दलित मुसलमानों का यह सपना कहाँ पूरा होता है? पटना के एक सौ परिवारों में सिर्फ़ 20 परिवार ही ऐसे ख़ुशनसीब हैं, जिन्हें अपना कहने के लिए ज़मीन का एक छोटा-सा टुकड़ा है। इसी टुकड़े पर वे कच्चा-पक्का डेरे जैसा कुछ बनाकर चैन की नींद सोते हैं। हाल के वर्षों में 14 परिवारों को इन्दिरा आवास भी मिला है। पहले तो मुस्लिम दलितों को यह सुविधा क़तई नहीं मिलती थी। अभी भी आम तौर पर इन तबक़ों को नज़रअन्दाज़ किया जाता है।

तालिका - 3

क्र.	मुहल्ला का नाम	कुल परिवार	कुल सदस्य	पुरुष	महिला	बेटा	बेटी	बीमार	अनपढ़
1.	एम.एल.ए. फ़्लैट, वीरचन्द पटेल पथ	8	49	18	12	10	09	14	20
2.	यारपुर डोमख़ाना गुमटी नं. 1	7	33	09	08	09	07	09	16
3.	दारोगा प्र. राय पथ, एम.एल.ए. फ़्लैट	8	43	13	11	11	08	23	22
4.	अब्दुल बारी भवन, सन्दलपुर	9	46	18	12	10	06	13	44
5.	राजापुर, मैनपुरा	12	81	15	14	30	22	10	44
6.	रुकुनपुरा, दीघा नहर	9	59	14	12	18	15	16	33
7.	मछुआटोली, आलमगंज	8	52	14	13	15	10	11	40
8.	कमला नेहरू नगर अदालतगंज	10	62	18	18	16	10	31	53
9.	नूरानी बाग़, आलमगंज	11	61	15	13	17	16	20	42
10.	एल.सी.टी. घाट मज़ार के पास	6	35	06	07	10	12	01	35
11.	नौशा कर्बला फुलवारी शरीफ़	7	38	12	11	10	05	02	15
12.	नया टोला, फुलवारी शरीफ़	5	33	06	07	08	12	04	06
		100	512	158	138	164	132	154	370
								26%	62.5%

- पटना के एम.एल.ए. फ़्लैट स्थित सर्वेंट रूम तथा मोटर गैरेज में मुस्लिम धोबी समाज के आठ परिवारों को शरण मिली है, लेकिन इसके एवज़ में विधायक के पूरे परिवार के कपड़े उन्हें मुफ़्त धोना पड़ते हैं। एक सौ परिवारों में से सिर्फ़ 42 परिवार अपनी आवासीय समस्या के प्रति कुछ

निश्चिन्त से हैं। बाक़ी 52 परिवार सड़कों, नहरों, नालों के किनारे स्लम एरिया में झुग्गी-झोंपड़ियाँ लगाकर रहते हैं, जिन्हें 'उजाड़ो अभियान' और 'बुलडोज़र' का भय बराबर सताता रहता है।

- आजकल लोग अपनी ज़मीन पर घर बनाने से पहले वहाँ पानी और शौचालय का इन्तज़ाम करते हैं, मगर पटना के बदनसीब दलित मुसलमानों को ये सुविधाएँ मयस्सर नहीं हैं। सौ परिवारों में से सिर्फ़ 28 परिवार ऐसे हैं, जिनके घरों में शौचालय की व्यवस्था है। शौचालय के नाम पर भी दस घरों में कमाऊ संडास, 14 घरों में सुलभ शौचालय तथा 4 घरों में सैप्टिक लैट्रिन नहीं है।
- जहाँ तक पेय जल का सवाल है, सिर्फ़ दस घर ऐसे हैं जहाँ कॉरपोरेशन का पाइप या चाँपाकल लगाया गया है। पटना के वीरचन्द पटेल स्थित एम.एल.ए. फ़्लैट क्षेत्र तथा बारीभवन, सन्दलपुर में रहनेवाले 15 परिवारों को सामूहिक शौचालय और जल की सुविधा है। बाक़ी लोग सड़क के किनारे, खेत में या गंगा नदी के किनारे शौच करते हैं और सड़क के किनारे लगे चाँपाकल का पानी पीते हैं।

तालिका - 4

सर्वेक्षण के लिए पेश सवालों का प्रारूप

क्रमांक तारीख़ मोहल्ला/गाँव

1. परिवार के मुखिया का नाम

2. परिवार के कुल सदस्यों की संख्या

	पुरुष		महिला		बच्चे	
नाम	उम्र	लिंग	शिक्षा	पेशा	स्वास्थ्य	आय प्रतिदिन/प्रतिमाह

3. घर

ज़मीन : पुश्तैनी/ ख़रीदी है/ सरकार से मिली
मकान कैसा है? : पक्का/ कच्चा/ फूस झोंपड़ी
बर्तन : मिट्टी/ अल्युमिनियम/ स्टील
ईंधन : लकड़ी/ चूल्हा/ केरोसिन स्टोव/ कोयला/ गैस/ बिजली

4. **भोजन**

कितनी बार खाते हैं? : सुबह/ दोपहर/ शाम/ रात
भोजन में क्या खाते हैं? : चावल/ रोटी/ सब्ज़ी/ दाल
पौष्टिक आहार (सप्ताह में कितने दिन?)
दूध () मांस () मछली () अंडा () फल ()

5. **पोशाक**

कपड़ा (साल में कितना जोड़ी)
परिवार में जूते-चप्पल कितने लोगों के पास हैं?
कितने लोग नंगे पैर रहते हैं?

6. **परिवार का ख़र्च प्रतिदिन या प्रतिमाह**

भोजन
पढ़ाई
इलाज
शराब
खैनी, तम्बाकू, बीड़ी, सिगरेट

7. **शिक्षा**

कितने बच्चे स्कूल जाते हैं/ नहीं जाते हैं
(कुल संख्या : ...लड़कों की संख्या : ...लड़कियों की संख्या : ...)
नाम लिंग उम्र स्कूल जाते हैं/स्कूल नहीं जाते हैं

स्कूल कितनी दूर है?
फ़ीस कितना लगता है?
कितने दिन/साल में स्कूल छोड़ते हैं?
बीच में ही स्कूल छोड़ने का कारण क्या है?
कहाँ तक पढ़ना चाहते हैं?
पढ़-लिखकर क्या बनना चाहते हैं?
घर में पढ़ते हैं?
धार्मिक शिक्षा मिलती है?
उर्दू-अरबी भाषा सीखते हैं?
रोज़ा-नमाज़?
मस्जिद कितनी दूर है?

कितना बार जाते हैं?
ख़ैरात-ज़कात देते हैं कि लेते हैं?
तबलीग़/धार्मिक शिक्षा या आम पढ़ाई-लिखाई सिखाने के लिए कोई आता है?
यदि हाँ, तो आनेवालों की संख्या
नाम
साल में कितनी बार प्रवचन आदि का आयोजन होता है?

8. स्वास्थ्य
घर में शौचालय है?
मोहल्ले में शौचालय है?
मोहल्ले में शौचालय कितनी दूर है?
शौचालयों की संख्या?
पानी का इन्तज़ाम : नल/ चाँपाकल/ कुआँ/ तालाब
पीने का पानी कहाँ से लाते हैं?
नहाने का पानी कहाँ से लाते हैं?
पानी की निकासी का इन्तज़ाम है?
प्रतिदिन नहाते हैं?
सफ़ाई के लिए किन साधनों का इस्तेमाल करते हैं
साबुन/ सर्फ/ मिट्टी/ छाई
परिवार में आम तौर पर होनेवाली बीमारियाँ?
महिलाओं को होनेवाली बीमारियाँ?
परिवार में कितने सदस्य किन बीमारियों से ग्रस्त हैं?
परिवार में कोई ख़ास तरह की बीमारी है?
इलाज के लिए औसतन कितनी बार डॉक्टर के पास जाते हैं?
इलाज में किस तरह की दवा का इस्तेमाल करते हैं
एलोपैथ/ होमियोपैथ/ यूनानी/ आयुर्वेद
इलाज में झाड़-फूँक, दुआ-तावीज़ का इस्तेमाल करते हैं?
किस पर ज़्यादा विश्वास है? : डॉक्टर/ दुआ/ गंडा-तावीज़ पर

9. परिवार के सदस्य कौन-कौन से पर्व-त्योहार मनाते हैं?

10. शादी-विवाह, मरनी-जीनी और त्योहार में अपनी बिरादरी के अलावा किन लोगों से मिलना-जुलना होता है?

11. **वोट**

वोट देते हैं?
पिछले चुनाव लोकसभा/ विधानसभा में किसे वोट दिया था?
आगामी चुनाव में किसे वोट देने का इरादा है?

12. **सामाजिक स्तर**

क्या आपको हेय दृष्टि से देखा जाता है?
मस्जिद में समानता से पेश आया जाता है?
क़ब्रगाह में बराबरी के आधार पर जगह दी जाती है?
पर्व-त्योहार में ऊँची जाति के लोग आप से मिलने आते हैं?
साथ खान-पान के लिए बुलाते हैं?
रोज़ाना ज़िन्दगी में आपसे किसी तरह के भेदभाव बरते जाते हैं?
अभ्युक्ति/ नोट/ ख़ास

सवाल

मुस्लिम दलित के साथ नाइंसाफ़ी क्यों

मुस्लिम समाज में ऊँच-नीच का भेदभाव और इसके एक तबक़े की हिन्दू दलितों से भी ख़राब हालत अब इस क़दर उजागर हो रही है कि इसे नज़रअन्दाज़ करना किसी के लिए मुमकिन नहीं है। भारत का संविधान लिखे जाने के वक़्त मुस्लिम लीडरों ने अपने समाज के दलित तबक़ों के लिए किसी तरह का आरक्षण नहीं माँगा। यह अपने मरहूम रहनुमाओं की नीयत पर शक नहीं बल्कि पिछले पचास साल के अनुभव का पीड़ादायक पहलू है कि अपने अन्दर की तफ़रीक़ (भेदभाव) और ग़ैर-बराबरी छिपाने का नतीजा अब नासूर के रूप में फूट रहा है। मुस्लिम समाज का एक तबक़ा लगातार पिछड़ेपन का शिकार है। उसके अन्दर कोई ऐसी चेतना जाग्रत नहीं हुई और न कोई ऐसी व्यवस्था बनी, जिससे उस तबक़े की बराबरी का अवसर मिले। इस झूठे गरूर में कि हमारे समाज में जात-पाँत, आला-अदना और छुआछूत जैसी बीमारी नहीं है, ग़ैर-सरकारी सतह पर भी कोई प्रयास नहीं किया गया और न ही मज़हबी सतह से इस्लाह मुआशरा (समाज-सुधार) के लिए कोई पहल की गई। असलियत छिपाने की ज़ेहनियत की वजह से मुस्लिम समाज की यह बीमारी अब ऐसा नासूर बन चुकी है कि इसका एक तबक़ा जानलेवा दर्द से कराह रहा है। ऐसे में उन्हें 'सब्रोतहम्मुल' की टिकिया खिलाकर भला नींद में कब तक सुलाए रखा जा सकता है?

आज दलित मुसलमानों का यह तबक़ा अपनी हालत पर ग़ौर करता है और उसका मिलान अपने पड़ोसी हिन्दू दलित भाइयों से करता है, तो उसे एक बहुत बड़ा फ़र्क़ नज़र आता है। इसे इनसान की ख़ूबी कहिए या कमज़ोरी, वह सबसे पहले अपने आस-पड़ोस और अपने ही तरह के लोगों से अपना मिलान करते हुए उसमें अपनी तरक़्क़ी और पिछड़ेपन को मापता तथा उसके कारणों की तलाश करता है। ऐसा करते हुए वह सोचता है कि कमोबेश एक ही तरह की समाजी, तालीमी और माली सतह पर उसकी आज़ादी का भी सफ़र शुरू हुआ था। कपड़े हम भी धोते थे, कपड़े वो भी धोते थे। धोबी उन्हें भी कहा जाता, धोबी नाम से

हम भी पुकारे जाते। फ़र्क़ सिर्फ़ इतना था कि उनका नाम हिन्दुआना और हमारा नाम मुसलमानी था। रामू धोबी के परिवार में अब साहब होने लगे, मगर रहीम धोबी के परिवार जन घाट पर ही कपड़ा धोते-धोते क्यों मर रहे हैं? मैला वो भी फेंका करते, मैला हम भी साफ़ करते। अन्तर सिर्फ़ इतना था कि उन्हें 'डोम' और 'भंगी' कहा जाता है और हमें 'मेस्तर', 'खाकरोब' और 'हलालख़ोर' नाम से जाना जाता। इस तरह लालबेग़ी, हलालख़ोर, मोची, पासी, भाट, पँवरिया, नट, बक्खो, ऊली, गदहेड़ी, मदाड़ी, भाट, भठियारा, नालबन्द, साईं, जोगी वग़ैरह दर्जनों जातियाँ ऐसी हैं, जिनका धर्म भले अलग-अलग (हिन्दू या मुस्लिम) हो, लेकिन पेशा तथा सामाजिक, धार्मिक और शैक्षणिक नियति एक जैसी है। हिन्दू समाज में जहाँ इस तरह के लोगों को आज भी अस्पृश्य समझा जाता है, वहीं मुस्लिम समाज में ये लोग अरज़ाल (निकृष्ट) शुमार किए जाते हैं।

मगर, आज़ाद भारत में जहाँ हिन्दू दलित आदिवासियों को अनुसूचित जाति और अनुसूचित जनजाति का दर्जा मिलने से समाज में अपने को ऊपर उठाने के लिए एक बहुत बड़ा हथियार मिला, वहीं मुस्लिम दलित 'ख़ुदा के भरोसे' छोड़ दिये गए। ख़ुशी की बात है कि हिन्दू दलितों के बीच से आज इंजीनियर, डॉक्टर की बात कौन कहे, आई.ए.एस., आई.पी.एस. भी निकल रहे हैं। वे शान से एम.पी. और एम.एल.ए. भी चुने जाते तथा मंत्री और राष्ट्रपति जैसे देश के सर्वोच्च पद पर भी आसीन होते हैं, मगर मुस्लिम दलितों को ऐसा कोई सहारा नहीं मिला, जिसके चलते वे एक लम्बा डग भर पाते। दलित मुसलमानों में आई.ए.एस.-आई.पी.एस. की बात कौन करे, किरानी और मास्टर को तलाशने के लिए भी दीया लेकर निकलना पड़ता है। आज तक उनके बीच के किसी व्यक्ति को विधायक, सांसद, मंत्री बनने का मौक़ा नहीं मिला। विधान परिषद या राज्यसभा में भी उन्हें स्थान देने की पिछले पचास सालों में ज़रूरत नहीं समझी गई।

बिहार में कर्पूरी ठाकुर ने पिछड़े वर्गों के लिए सरकारी नौकरियों में जो 26 प्रतिशत आरक्षण दिया, उसमें दलित मुसलमानों की कई जातियों को ज़रूर शामिल किया गया है। मंडल आयोग के 27 प्रतिशत आरक्षण में भी ये जातियाँ शामिल हैं, मगर क्या उन्हें पिछड़े वर्गों की सूची में शामिल करना गरम तवे पर बूँद भर पानी छिड़कने के बराबर नहीं है?

दलित मुसलमान समझने लगे हैं कि मुल्क और सूबे का मौजूदा मुस्लिम लीडरशिप (सियासी और मज़हबी, दोनों) उनकी आवाज़ उठाने को तैयार नहीं हैं। इसमें उन्हें अपने मज़हब की तौहीन लगती है या कि उनका कोई निहित स्वार्थ आड़े आ रहा है, यह तो वे ही जानें मगर आज वे सभी मुसलमानों के लिए अलग से आरक्षण की माँग कर रहे हैं। आख़िर क्यों? कहीं ऐसा तो नहीं कि यह माँग आज़ादी के पचास साल बाद ही सामान्य अवसर के हक़ से भी वंचित

मुस्लिम दलितों के आरक्षण की माँग को दबाने के लिए उठाई गई है? पहले इस माँग के स्वयंभू प्रवक्ता सैयद शहाबुद्दीन थे। अब कई उलेमा भी 'टोटल मुस्लिम रिज़र्वेशन' की वकालत और वर्गीय आरक्षण (सेक्शनल रिज़र्वेशन) की मुखालफ़त कर रहे हैं।

क्या ये उलेमा अपने दिल पर हाथ रखकर अल्लाह और अपने रसूल की गवाही के साथ कह सकते हैं कि मुसलमान कोई एक ऐसा क़बीला है, जिसमें तमाम लोग समाजी, तालीमी और माली एतबार में ज़माने से पिछड़े हुए हैं? ज़ाहिर है, ऐसा वे नहीं कह सकते। मुस्लिम समाज कई तरह के अगड़े-पिछड़ों में भी पिछड़े लोगों को मिलाकर बना है। इसका एक तबक़ा ऐसा भी है, जिसकी हालत कीड़े-मकोड़ों जैसी है। इस तबक़े को अरज़ाल, कमीना, निकृष्ट क्या-क्या नहीं कहा गया। मुग़ल, सैयद, शेख़, पठान, मलिक—यह तो सैकड़ों सालों तक हुकूमत करनेवालों का नाम रहा है। इस बात से भी इनकार नहीं किया जा सकता कि आज इन बिरादरियों में भी ग़रीब लोग हैं, मगर सिर्फ़ आर्थिक बुनियाद पर इस मुल्क में आरक्षण की व्यवस्था नहीं है। भारतीय संसद से लेकर सुप्रीम कोर्ट तक ने इस बात पर अपनी मुहर लगा दी है कि आरक्षण का आधार सामाजिक और शैक्षणिक पिछड़ापन होगा। आर्थिक आधार पर आरक्षण अगर आगे कभी होगा, तो ग़रीब हिन्दू सवर्णों के साथ जोड़कर ही मुस्लिम अशराफ़ तबक़ों को भी इसका लाभ मिलेगा।

सभी मुसलमानों के लिए अलग से आरक्षण की माँग करनेवालों को क्या यह नहीं सोचना चाहिए कि धर्म के नाम पर आरक्षण देने की इजाज़त भारत का संविधान नहीं देता? हाल ही में आन्ध्र प्रदेश की सरकार ने वहाँ के मुसलमानों को अलग से पाँच प्रतिशत आरक्षण देने के सम्बन्ध में सरकारी आदेश जारी किया तो वहाँ हाईकोर्ट ने इस पर रोक लगा दी। ग़ौर करने की बात है कि हाईकोर्ट ने इसे सिर्फ़ तकनीकी आधार पर नहीं ख़ारिज किया बल्कि इसे संविधान की धारा 14, 15 और 16 के विपरीत बताया है।

अव्वल तो टोटल रिज़र्वेशन की माँग एक नामुमकिन माँग है। एक क्षण के लिए यह मान भी लिया जाए कि हमारे कुछ रहनुमाओं की कोशिश से नामुमकिन को मुमकिन बनाया जाता है तो क्या ऐसा होने से फ़िरकापरस्ती को बढ़ावा नहीं मिलेगा? खटिया एक तरफ़ से बुनी जाती है, दूसरी तरफ़ तो सिर्फ़ रस्सी खींचना बाक़ी रहता है। यह माँग पूरी करके कुछ लीडर अपनी पीठ भले थपथपा लेंगे कि हमने एक बड़ा काम कर दिया, मगर क्या देश का हिन्दू जनमानस इसे क़बूल करेगा? ब्यूरोक्रेसी इसे अमली जामा पहनाने देगी? हरगिज़ नहीं। उलटे, हिन्दू सम्प्रदायवादियों को बाबरी मस्जिद से भी बड़ा मुद्दा मिल जाएगा। बाबरी मस्जिद ढहाए जाने के बाद ऐसा लगता है कि हिन्दू और मुस्लिम, दोनों तरफ़ से फ़िरकापरस्त नेता मुद्दाविहीन हो गए हैं। दोनों को शिद्दत से तलाश है ऐसे जज़्बाती मुद्दे की, जिस

पर वे अपने राजनीतिक स्वार्थ की रोटियाँ सेंक सकें। टोटल मुस्लिम रिज़र्वेशन की माँग ऐसी ही किसी मिली-जुली साज़िश का परिणाम तो नहीं है?

यह उपदेश या राय नहीं, सवाल है कि क्या भारत के सियासी और मज़हबी मुस्लिम नेताओं को ईसाइयों से सबक़ नहीं लेना चाहिए? ईसाई धर्म में भी तो उसूलन जात-पाँत नहीं है, लेकिन इस कड़वे सत्य को क़बूल करते हुए कि अमलन उनके यहाँ यह फ़र्क़ मौजूद है, उनके नेतृत्व ने अपनी दलित बिरादरियों के लिए आरक्षण की माँग एकजुट होकर की है। यह अफ़सोसनाक बात है कि मुसलमानों के स्थापित मज़हबी और सियासी नेता अपने दलित समाज के लिए कोई पहल नहीं करते। उलटे, वे जिन पार्टियों में हैं, उन पार्टियों के नेताओं को यह समझाते रहे हैं कि ऐसा करने से उनका 'वोट बैंक' बिखर जाएगा। मौजूदा दौर में सामाजिक न्याय की पैरोकार पार्टियाँ और नेता, जिनसे दलित मुसलमानों के साथ हो रही इस नाइंसाफ़ी के ख़िलाफ़ क़दम उठाने की उम्मीद की जाती है, भी ख़ामोश हैं। शायद उन्हें इस बात का डर है कि ऐसा करने से कहीं उनसे फॉरवर्ड मुस्लिम बिदक न जाएँ।

जहाँ एक तरफ़ यह आलम है, वहीं दूसरी तरफ़ 'ऑल इंडिया बिशप कॉन्फ्रेंस' ने ईसाई दलितों की समस्याओं के अध्ययन और समाधान के लिए एक सेल बना रखी है। हाल ही में केन्द्रीय मंत्री ऑस्कर फर्नांडीस के नेतृत्व में ईसाई सांसदों के एक सर्वदलीय प्रतिनिधिमंडल ने प्रधानमंत्री मनमोहन सिंह और कांग्रेस अध्यक्ष सोनिया गांधी से मिलकर दलित ईसाइयों को शेड्यूल्ड कास्ट की सूची में शामिल करने की माँग की है।

बिहार में पसमान्दा मुस्लिम महाज़ जैसे संगठनों के प्रयास से दलित मुस्लिम आरक्षण के पक्ष में एक वातावरण बना है। बिहार विधानमंडल के दोनों सदनों ने सन् 2000 में एक ग़ैर-सरकारी प्रस्ताव के ज़रिये केन्द्र सरकार से दलित मुसलमान जातियों को अनुसूचित जाति का दर्जा देने की माँग की। तेरहवीं लोकसभा के अन्तिम सत्र में रामविलास पासवान, रघुवंश प्रसाद सिंह, पप्पू यादव आदि सांसदों ने संसद में इस सवाल को उठाया था। भा.ज.पा. और शिवसेना के सदस्यों को छोड़ सभी दलों के सांसदों ने दलित मुस्लिम और ईसाई दलित आरक्षण के पक्ष में अपनी राय जताई, लेकिन एन.डी.ए. की सरकार ने इस माँग को मानने से इनकार कर दिया।

ईसाई और मुस्लिम दलितों को शेड्यूल्ड कास्ट का दर्जा एवं सुविधा नहीं देने के पक्ष में एक तर्क यह भी दिया जाता है कि चूँकि छुआछूत की बीमारी सिर्फ़ हिन्दुओं में है, इसलिए सिर्फ़ उन्हें शेड्यूल्ड कास्ट का दर्जा दिया गया। यहाँ हम राष्ट्रपिता महात्मा गांधी को उद्धृत करना चाहते हैं। उन्होंने अपने एक बंगाली शुभचिन्तक को 1941 में लिखा था, 'निस्सन्देह ईसाइयों और मुसलमानों में अस्पृश्यता की बुराई है, यह हिन्दुओं की अत्यधिक संक्रामक बीमारी की कृपा है। हिन्दू अपने भीतर से अस्पृश्यता की बीमारी को समाप्त करके दूसरे सम्प्रदायों की मदद कर सकते

हैं। शेष काम इन सम्प्रदायों को स्वयं करना होगा। (कलेक्टेड वर्क ऑफ़ महात्मा गांधी, खंड 70, पृष्ठ 139)

यह भी सवाल उठता है कि आदिवासी समाज में तो छुआछूत बिलकुल नहीं होता, तब उन्हें क्यों अनुसूचित जनजाति घोषित कर आरक्षण की सुविधा दी गई? इससे तो यह साबित होता है कि अनुसूचित जाति या जनजाति घोषित करने का आधार सिर्फ़ छुआछूत नहीं बल्कि सामाजिक, शैक्षिक और आर्थिक पिछड़ापन भी है। उक्त तीनों कसौटियों पर कसने पर क्या मुस्लिम दलित भी अनुसूचित जाति का दर्जा और सुविधा के हक़दार नहीं बनते?

यहीं पर यह बता देना ज़रूरी है कि कई राज्यों में मुसलमानों के कई क़बीले अनुसूचित जनजाति में शामिल हैं। लोकसभा और विधानमंडल की एस.टी. के लिए आरक्षित सीटों पर वे उम्मीदवार हो सकते हैं। पी.एम. सईद इसी तरह की सीट से जीता करते थे। अभी डॉ.पी. कोया लक्ष्यद्वीप में आरक्षित सीट से जीतकर संसद पहुँचे हैं। सवाल उठता है कि मुसलमानों के लिए जब शेड्यूल्ड ट्राइब में कोई बाड़ नहीं है तो शेड्यूल्ड कास्ट में क्यों? यह भी कि झारखंड सहित कई पठारी और जंगली इलाक़ों में मुसलमानों के कई और ऐसे क़बीले हैं जिन्हें शेड्यूल्ड ट्राइब में शामिल किया जाना चाहिए। देश में लोकसभा की कुल 119 और विधानसभा की 1050 सीटें एस.सी.-एस.टी. के लिए आरक्षित हैं। इनका दरवाज़ा दलित और आदिवासी मुसलमानों के लिए खुलना चाहिए।

मुस्लिम दलितों की पीड़ा और क्रूर वास्तविकताओं से आँख चुरानेवालों अथवा अनजान लोगों के लिए चलिए, थोड़ी देर के लिए यह भी मान लें कि मुस्लिम दलित अपने समाज में ठीक हिन्दू दलितों की तरह छुआछूत का शिकार नहीं होते, पर जिस लोकतंत्र में संख्या बल भी महत्त्वपूर्ण है, वहाँ यह सवाल कैसे दबा रहेगा कि मुस्लिम दलित समाज का दायरा कितना बड़ा है? कुल मुस्लिम आबादी 12 से 14 प्रतिशत के बीच है। बाक़ी आबादी का वह तबक़ा तो मुस्लिम दलितों के साथ भी वही सलूक करता है, जो हिन्दू दलितों के साथ करता आ रहा है। मुस्लिम धोबी, हलालख़ोर, चमार, नट, पासी आदि जातियों को तो अपने पेशे के लिए हिन्दू-मुस्लिम दोनों समुदायों में जाना पड़ता है। इस तरह तो वे भी छुआछूत के शिकार होते हैं।

यहाँ मुस्लिम समाज के अन्दर की बिरादरियत (जात-पाँत से जुड़ी वास्तविकता प्रासंगिक है। अब जबकि 21वीं सदी आ गई, मुस्लिम समाज जहाँ का तहाँ नज़र आता है। कई मायनों से जड़, गतिहीन और यथास्थिति से पीड़ित लेकिन उसी का पोषक। मज़हबी तौर पर इजाज़त होने के बावजूद यहाँ एक प्रतिशत भी अन्तर्जातीय विवाह नहीं होते। जब कभी मुसलमानों के बीच जात-पाँत, ऊँच-नीच के भेदभाव के मुतल्लिक सवाल उठते हैं, तो कुछ लोगों द्वारा क़ुरान की कुछ आयतों का हवाला

देकर यह साबित करने की कोशिश की जाती है कि इस्लाम में इस तरह का भेदभाव नहीं है। क़ुरान पर भला कहाँ बहस है? बहस तो इस बात पर है कि उसूलन ऊँच-नीच का भेदभाव नहीं होते हुए भी अमलन मुस्लिम समाज में यह क्यों मौजूद है?

हिन्दू समाज में वर्ण-व्यवस्था की उसूलन मान्यता है, इसलिए वहाँ जात-पाँत या छुआछूत है, तो यह बात समझ में आती है, मगर जहाँ इस्लाम और उसकी किताब क़ुरान में जात-पाँत की मान्यता नहीं है, वहाँ इसका होना जवाबदेह है? इसको कैसे समाप्त किया जाए? इस पर खुलकर विचार-विमर्श करने के बजाय बीमारी को छिपाने की प्रवृत्ति आज भी मुस्लिम समाज में है। यही नहीं, इन बीमारियों की निशानदेही करनेवालों को इस्लाम का दुश्मन और मुसलमानों में फूट डालनेवाला तक क़रार दिया जाता है। आलोचना और आत्मालोचना की ज़ेहनियत नहीं होने से मुसलमानों की यह बीमारी और बढ़ती गई है।

मुस्लिम और ईसाई दलितों की अनुसूचित जाति में शामिल किए जाने के लिए हिन्दू सम्प्रदायवादियों द्वारा दो बातों का धुआँधार प्रचार किया जाता है। एक यह कि हिन्दू दलितों के अलावा अन्य धर्म के दलितों का शेड्यूल्ड कास्ट में शामिल कर लेने से एक 'फ़्लड गेट' खुल जाएगा, जिसका परिणाम बड़े पैमाने पर धर्मान्तरण के रूप में सामने आ सकता है। पूर्व प्रधानमंत्री अटल बिहारी वाजपेयी ने मुस्लिम आरक्षण को लेकर इसी तरह की बातें की हैं। धर्मान्तरण का मुद्दा संघियों के लिए कोई नया नहीं है। अब वे कह रहे हैं कि आरक्षण पर हिन्दू दलितों का 'एकाधिकार' अगर ख़त्म हो गया तो बड़े पैमाने पर एक बार फिर धर्मान्तरण हो सकता है। एक दिन ऐसा भी आ सकता है जब मुसलमानों, ईसाइयों की आबादी हिन्दुओं को भी पार कर जाए। तब हिन्दू अपने ही देश में अल्पमत में चले जाएँगे।

क्या यह आशंका वास्तविक है या कि फ़र्ज़ी और बेबुनियाद? इतिहास और अनुभव तो यह है कि आदमी का धर्म से रिश्ता, ख़ासकर ग़रीबों का, इतना कमज़ोर नहीं होता कि वह थोड़ी-बहुत आर्थिक सहूलियतों के लिए अपने धर्म का ही त्याग कर दे। फिर ऐसा भी तो नहीं है कि मुस्लिम और ईसाई दलितों को आरक्षण की सुविधा देने से हिन्दू दलित इस सुविधा से वंचित हो जाएँगे। अपने देश में हुए धर्मान्तरण के काल विशेष और कारणों पर जब हम सरसरी नजर डालते हैं तो पता चलता है कि गले में घंटी बाँधने से लेकर कान में पिघला सीसा डालने, आँख फोड़ने, लिंग काटने, इज़्ज़त लूटने; तालाब, कुआँ, घाट पर पानी नहीं भरने देने; मन्दिर प्रवेश पर रोक लगाने, परछाईं से भी दूर भागने तथा तरह-तरह के सामाजिक-आर्थिक उत्पीड़नों से तंग आकर ही मौक़ा मिलने पर हिन्दू दलितों के एक हिस्से ने अपना धर्म बदला। अभी तो ऐसी कोई स्थिति है नहीं। वे तो राज-पाट पर अपना हक़ और क़ब्ज़ा जमाने की दिशा में आगे बढ़ रहे हैं। इसलिए इस दौर में धर्मान्तरण की आशंका बेमानी है। इस तरह की आशंका तो पिछले 57 सालों में भारत के सामाजिक

नज़रिये में आए बदलाव की सकारात्मक दिशा को भी नकारनेवाली दिखती है। हिन्दू दलितों के धर्मान्तरण की बात तो दूर रही, अगर मुस्लिम और ईसाई दलितों को ही लिया जाए तो वास्तविक तसवीर यह है कि आज़ादी के इतने वर्ष बाद भी वे नाइंसाफ़ी के शिकार हैं, लेकिन उन्होंने फटाफट अपना धर्म छोड़ आरक्षण की सुविधा के लिए हिन्दू धर्म क़बूल नहीं कर लिया।

संघ सम्प्रदायवादियों का दूसरा दुष्प्रचार यह है कि अगर मुस्लिम और ईसाई दलित अनुसूचित जाति में शामिल कर लिए जाएँगे तो पहले से जिन दलितों को इसकी सुविधाएँ मिल रही हैं, वे छिन जाएँगी। संघी पत्रकार दीनानाथ मिश्र ने तो हिन्दू दलितों को सावधान करते हुए यहाँ तक लिख दिया कि मुस्लिम आरक्षण से हिन्दू दलितों की गर्दन पर तलवार लटक रही है। ख़ुशी की बात है कि इन संघी दुष्प्रचारों के बहकावे में अभी तक कोई हिन्दू दलित नहीं आया है बल्कि मुसलमानों और ईसाइयों के अन्दर इस तरह के आन्दोलन से हिन्दू दलित काफ़ी ख़ुश हैं। उनकी समझ है कि जब देश में सभी धर्मों के दलित एक हो जाएँगे तो राजसत्ता पर उनका ही क़ब्ज़ा होगा।

राजधानी पटना की दलित बस्तियों के सर्वेक्षण में जिन सात बिरादरियों के नाम आए हैं, उनके अलावा भी कुछ बिरादरियों की स्थिति का ज़िक्र हम यहाँ करना चाहेंगे। हमने अपनी पुस्तक 'मसावात की जंग' में भी इन बिरादरियों के हालत पर रोशनी डाली है। भारतीय संविधान ने अभी तक अनुसूचित जाति-जनजाति, अन्य पिछड़े वर्गों को मिलाकर सरकारी नौकरियों में अधिकतम 50 प्रतिशत आरक्षण का प्रावधान किया है। बावजूद इसके, तमिलनाडु और कई राज्यों ने यह सीमा 60 प्रतिशत से भी ऊपर बढ़ा दी है। इसके लिए उन्होंने अपने यहाँ के आरक्षण प्रावधानों को संविधान की नौवीं अनुसूची में डलवाया है। सवाल उठता है कि समाज में जिन तबक़ों की आबादी 80 प्रतिशत से ज़्यादा है, उनको 50 प्रतिशत ही आरक्षण क्यों मिले? ज़ाहिर है, जब मुस्लिम और ईसाई दलित अनुसूचित जाति में शामिल किए जाएँगे तो आरक्षण की मौजूदा सीमा बढ़ानी ही पड़ेगी।

हक़ीक़त

मेहनती क़ौम : लोग कहते हैं गदहेड़ी

मुसलमानों में एक जाति का प्रचलित नाम 'गदहेड़ी' है, लेकिन यह बहुत ही अपमानजनक शब्द लगता है। इस जाति के लोगों को जब इस नाम से पुकारा जाता है तो इन्हें मर्मान्तक पीड़ा होती है, मगर नगरपालिका आदि दूसरे सरकारी दस्तावेज़ों में इस जाति का नाम 'ईंटफ़रोश' दर्ज है। इस जाति के लोगों ने हाल के वर्षों में अपनी जातीय पंचायत की बैठक के बाद अपना एक सम्मानजनक नाम 'इटपज इब्राहिमी' रख लिया है, मगर यह नाम अभी प्रचलित नहीं हुआ है।

ऐसा लगता है कि इनके पूर्वज सैकड़ों वर्षों तक ईंट बनाने का काम करते रहे इसलिए इनका 'ईंटफ़रोश' पड़ गया। पहले ये लाहौरी ईंट बनाने का काम करते होंगे। घास-फूस से लाहौरी ईंट पकाई जाती थी। बहुत कम पूँजी लगती होगी। यूँ कहें कि सिर्फ़ श्रम लगता होगा। बाद में बड़ी ईंट बनने लगी। यह काम बड़े पैमाने पर ईंट भट्ठे-चिमनियों के ज़रिये होने लगा। इसमें बड़ी पूँजी लगने लगी। कोयले से ये ईंटें पकने लगीं। ऐसी स्थिति में यह उद्योग उक्त जाति के हाथ से निकलकर धनी लोगों के हाथ में चला गया। अब इस जाति के लोग उन्हीं ईंट भट्ठा-चिमनियों द्वारा तैयार ईंट ढोकर मज़दूरी से प्राप्त रकम से अपना भरण-पोषण करते हैं। इसी थ्योरी को थोड़ा आगे बढ़ाने से ऐसा लगता है कि पूर्व में इस जाति के लोग हिन्दू कुम्हार रहे होंगे। कालान्तर में इन्होंने इस्लाम धर्म क़बूल कर लिया होगा, पर इनका पेशा नहीं बदला।

मगर, एच.एच. रिज़ले (Herbert Hope Risley) अपनी पुस्तक 'दि ट्राइब्स एंड कास्ट्स ऑफ़ बंगाल' में जो कुछ लिखते हैं, उससे ईंटफ़रोश या गदहेड़ी जाति की उत्पत्ति का कुछ अन्दाज़ा लगाया जा सकता है। रिसले साहब की पुस्तक दो खंडों में है। वह अपनी पुस्तक के खंड-1 के पृ. 234 पर लिखते हैं कि धोबी की एक उपजाति 'गधाया' (Gadhaya) भी होती है। इसके बारे में वे 'गधाया' (Gadhaya) के बाद कोष्ठक में 'कीप डंकीज' (Keep Donkeys) लिखते हैं। इसी पुस्तक के पृ. 263 पर वह लिखते हैं—

Gadhaya subcaste of Doms in Bihar who are breedens of Donkeys.

रिज़ले साहब की पुस्तक से यह संकेत ग्रहण किया जा सकता है कि 'गधाया' या 'गधेया' से ही 'गदहेड़ा' या 'गदहेड़ी' अपभ्रंश होकर बना होगा। यह सम्भव है कि गदहेड़ी जाति के लोग पहले हिन्दू धोबी या डोम जाति के रहे हों। बाद में जब उन्होंने अपना धर्म बदलकर बराबरी के लिए इस्लाम धर्म क़बूल किया तो उन्हें बराबरी नहीं मिली और वे गदहेड़ी बनकर ही रह गए।

बहरहाल, ये पीछे की बातें हैं। वर्तमान में यह जाति अशिक्षा के घोर अन्धकार में डूबी है। इसमें साक्षरता नहीं के बराबर है। यही वजह है कि सरकारी नौकरियों में इनका प्रतिनिधित्व शून्य है। ये सभी के सभी भूमिहीन हैं। इनमें बहुतेरे किराये के घर में रहते हैं। इनकी सामाजिक स्थिति अत्यन्त ही निम्न है। इन्हें अपमानजनक नाम से पुकारा जाता है। समाज में एक तरह से इनकी स्थिति अछूत जैसी है। आश्चर्य की बात है कि इस जाति का नाम पिछड़े वर्गों की सूची में भी शामिल नहीं था। हाल में इन पंक्तियों के लेखक के प्रयास ने इनका नाम पिछड़े वर्गों की अनुसूची-एक में शामिल किया गया। इनका नाम शामिल करते हुए बिहार राज्य पिछड़ा वर्ग ने माना है कि इनकी स्थिति दलित हिन्दू से भी ख़राब है।

भठियारा : वर्तमान भी इतिहास के कूड़ेदान में

'भठियारा' गाली भी है और एक जाति का नाम भी। रिज़ले अपनी पुस्तक 'दि ट्राइब्स एंड कास्ट्स ऑफ़ बंगाल' में इस जाति के बारे में लिखते हैं कि सम्भवत: 'भाट' से 'भठियारा' बना होगा। जो लोग मुसाफ़िरों के भोजन और ठहरने की व्यवस्था करते थे और तम्बाकू बेचते थे, उन्हें ही इस नाम से पुकारा गया। रिज़ले लिखते हैं कि इनकी महिलाएँ अक्सर सन्दिग्ध चरित्र की होती थीं।

पुराने ज़माने में सड़कों के किनारे मुसाफ़िरों के ठहरने के लिए सराय होते थे। सराय को अभी का बड़ा होटल समझिए। सराय में अच्छे क़िस्म का खाना मिलता था। देह मालिश की व्यवस्था रहती थी। 'सेक्स वर्कर' भी होते थे। घोड़ा रखने के लिए अस्तबल का भी इन्तज़ाम था। मगर सभी मुसाफ़िरों की औक़ात वैसी होती नहीं होगी कि सराय में ठहरते। इस बारे में भोजपुरी में एक बहुत भद्दी कहावत 'झोरी में...ना सराय में डेरा' इस अर्थ में प्रचलित हैं। लिहाज़ा, आम लोग 'लाइन होटल' जैसी जगहों में ठहरते थे जिन्हें उस ज़माने में 'भठियारख़ाना' कहा जाने लगा। इस तरह के छोटे होटल चलानेवालों को 'भठियारा' नाम दे दिया गया। कालान्तर में यह एक जाति बन गई। बिहार, उत्तर प्रदेश आदि कई राज्यों में अब भी इस जाति के लोग हैं। चूँकि इस तरह के होटलों का संचालन अपनी ग़रीबी के कारण परिवार के सभी मर्द, औरत और बच्चे मिलकर करते

थे, इसलिए उनकी महिलाओं को सन्दिग्ध चरित्र का क़रार दिया गया और उन्हें 'भठियारा' जैसे अपमानजनक नाम दे दिया गया। ज़ाहिर है, फ़ाइव स्टार होटलों में जिस्मफ़रोशी का धन्धा हो तो उस पर कोई चूँ-चपड़ नहीं करता और इक्का-दुक्का लाइन होटल में ऐसा होने पर लोग सर पर आसमान उठा लेते हैं।

बिहार में पटना, गया, सासाराम आदि कई शहरों में भठियारा जाति के मुहल्ले आज भी हैं, लेकिन इस जाति के लोगों ने अपनी बिरादरी का परिष्कृत नाम 'फ़ारूक़ी' रख लिया है। अपने नाम के साथ इन लोगों ने 'फ़ारूक़ी' टाइटल शायद इसलिए जोड़ा है कि हज़रत फ़ारूक़ के ज़माने में सड़कों के किनारे मुसाफ़िरख़ाने बहुत बनाए गए थे। वैसे, गया में बड़ी सराय मोहल्ला के मो. कलीम फ़ारूक़ी एडवोकेट का मानना है कि शेरशाह ने उन लोगों को सड़कों के किनारे सरायों में बसाया था। श्री फ़ारूक़ी बताते हैं कि 1980 में उन लोगों ने अपनी बिरादरी की तरक़्क़ी के लिए 'बिहार प्रदेश जमीयतुल फ़ारूक़' के नाम से एक संगठन भी बनाया है। श्री फ़ारूक़ का कहना है कि उनकी बिरादरी की हालत हिन्दू दलितों से भी ख़राब है। श्री फ़ारूक़ी का दावा है कि उनकी बिरादरी के लोगों की आबादी बिहार में तक़रीबन एक लाख है। सबसे अधिक लोग सासाराम में रहते हैं।

इस बिरादरी के बीच शिक्षा पाँच प्रतिशत से भी कम है। गया में इस बिरादरी के एक सौ परिवार हैं, पर इनमें से आज तक किसी को मास्टरी अथवा क्लर्क तक की नौकरी नहीं मिली।

गया के बड़ीसराय मुहल्ले में घूमकर मैंने देखा कि इस बिरादरी की कुछ महिलाएँ आज भी 'टिकिया' बनाने का काम करती हैं। टिकिया कोयले के चूर्ण से बनाया जाता है। टिकिया का इस्तेमाल हुक्का पीने में होता है। पहले बड़े पैमाने पर इस बिरादरी की महिलाएँ टिकिया बनाने का काम करती थीं। मगर हुक्का का प्रचलन लुप्तप्राय हो जाने के कारण रोज़गार का यह अवसर भी सिकुड़ता गया।

ब्रिटिश काल में 'टिकियाफ़रोश' नाम की एक जाति का भी ज़िक्र मिलता है। मुमकिन है कि सरायों और भठियारख़ानों में ठहरने की परिपाटी ख़त्म हो जाने के बाद इसमें काम करनेवाले मज़दूर परिवारों ने टिकिया बनाकर अपना पेट पालना शुरू कर दिया हो। ऐसे में उनका नाम 'टिकियाफ़रोश' पड़ना स्वाभाविक है, मगर अब इस नाम की कोई जाति नहीं है। मो. कलीम फ़ारुक़ी बताते हैं कि जहाँ तक उन्होंने जानकारी इकट्ठा की है, इस बिरादरी के ज़्यादातर मर्द घोड़ागाड़ी चलाते हैं। श्री फ़ारूक़ी का सुझाव है कि रेलवे स्टेशनों पर कैंटीन का ठेका देने तथा जनवितरण प्रणाली की दुकानों के आवंटन में इस बिरादरी को प्राथमिकता मिलनी चाहिए।

गोरकन : क़ब्रखोदू ज़िन्दगी

'गोरकन' क़ब्र खोदनेवाले को कहते हैं। यह फ़ारसी भाषा का शब्द है। कई जगह इन्हें 'क़ब्रखोदू' भी कहा जाता है। बिहार के साईं (फ़क़ीर) बिरादरी के लोग मुख्य रूप से यह काम करते हैं। इस बिरादरी में 'शाह' टाइटलधारी लोग भी हैं। इनमें से कइयों ने कालान्तर में अपने को सैयद भी घोषित कर दिया।

क़ब्र खोदनेवालों के मनोविज्ञान पर कई तरह के क़िस्से-कहानियाँ और अफ़साने लिखे गए हैं। लोगों ने इस तरह का भी अनुमान लगाया है कि गोरकन को क़ब्र खोदने का ऑर्डर मिलने पर ख़ुशी होती है। इसलिए कि इसी से उसकी रोज़ी-रोटी चलती है, मगर यह सच नहीं है। पहली बात यह कि वह इस काम को मजबूरी में करता है। मजबूरी भी दो प्रकार की है—एक तो यह कि ऐसा करना उसका ख़ानदानी और जातीय पेशा मान लिया गया है। मरनी-जीनी से लेकर पर्व-त्योहार तक की रस्मों में उसकी ज़रूरत पड़ती है। इसके एवज़ में उसे भोजन, अनाज, पुराने कपड़े, फ़ितरा, ज़कात की रकम का एक हिस्सा मिलता है। इसलिए, वह सिर्फ़ क़ब्र खोदने का काम चाहकर भी नहीं छोड़ सकता। अगर छोड़ेगा तो उसे सब कुछ (भोजन, अनाज, कपड़े, फ़ितरा-ज़कात) छोड़ना होगा।

दूसरी मजबूरी यह कि वह सिर्फ़ क़ब्र ही नहीं खोदता, क़ब्रिस्तान की रखवाली और देखभाल भी करता है। कोई जानवर किसी मुर्दे को क़ब्र से निकालकर न ले भागे और किसी ज़मीन का भूखा इनसान क़ब्रिस्तान की ज़मीन का कोई हिस्सा न हथिया ले, इसके लिए वह बराबर मुस्तैद रहता है। आम तौर पर क़ब्रिस्तान आबादी से दूर शहर और गाँव से बाहर होते हैं। इसलिए इन बातों का ख़तरा हमेशा बना ही रहता है। यही वजह है कि गोरकन क़ब्रिस्तान के इर्द-गिर्द ही रहता है। कई जगहों पर तो क़ब्रिस्तान के अन्दर उसका ग़रीबख़ाना होता है। जहाँ बहुत लोग दिन के उजाले में भी अकेले जाने से डरते हैं, वहाँ वह रात में बेख़ौफ़ रहता है। जिन क़ब्रों में सूराख़ हो जाता है और वे धँस जाती हैं, उनमें मिट्टी भरने का काम भी वह करता है, जिसके एवज़ में अलग से कुछ रकम (सम्बन्धित परिजनों द्वारा) उसे मिलती है। शबेबरात की रात आम तौर पर लोग क़ब्रिस्तान में फ़ातिहा पढ़ने जाते हैं। इस मौक़े पर गोरकन घास-फूस-काँटे हटाकर क़ब्रिस्तान की विशेष सफ़ाई करता है। वह क़ब्रिस्तान की इंच-इंच ज़मीन से वाक़िफ़ होता है। जनाज़ा के लिए कहाँ की ज़मीन खोदनी है, इसकी परख भला उससे ज़्यादा और किसको होगी।

इतना कुछ करने के बाद मरनेवाले के घर के लोग चालीस दिन तक तो कोई चार ही दिन अपनी औक़ात और ख़्वाहिश के मुताबिक़ गोरकन को एक जून का खाना खिलाते हैं। मुर्दे के कफ़न की ऊपर वाली चादर और नहलाया हुआ कपड़ा

भी गोरकन को मिलता है। मनोज मेहता की एक कविता है—

वह मातमी भीड़ और कुढ़ते हुए मौलवी को
क़यामत की चिन्ता में छोड़
हर जनाज़े के लिए सही जगह
पहले ही परख लेता है
कि कफ़न के किस टुकड़े का बनेगा
उसका कुर्ता, बीवी की साड़ी, बेटी का फ्रॉक

कई जगहों पर गोरकन रमज़ान के महीना में सहरी के लिए रोज़ेदारों को जगाने का भी काम करता है। तभी फ़ितरा और ज़कात की रकम में से एक हिस्सा मिलने की गारंटी होती है। हिन्दू समाज में जो स्थिति कंटहा ब्राह्मण का और श्मशान के डोम की होती है, उससे मिलती-जुलती हालत मुस्लिम समाज में गोरकन (साईं) की होती है।

बड़ी मदनी क़ब्रगाह थाना आलमगंज (पटना) के मो. हनीफ़ साईं (55 वर्ष) बताते हैं, "ख़बर मिलते ही हम लोग नहा-धोकर कुदाल के साथ क़ब्रिस्तान चले जाते हैं। वहाँ मुनासिब ज़मीन पर अल्लाह का नाम लेकर (बिस्मिल्लाह के साथ) क़ब्र की खुदाई शुरू कर देते हैं।" आम तौर पर क़ब्र चार फ़ीट गहरी, सात फ़ीट लम्बी तथा साढ़े तीन फ़ीट चौड़ी खोदी जाती है। लोग जनाज़े का नाप भी दे जाते हैं। बच्चे का जनाज़ा उसकी लम्बाई के मुताबिक़ ही खोदा जाता है। यह पूछे जाने पर कि क़ब्र खोदने के ऑर्डर के साथ जनाज़े की पहली ख़बर जब उन्हें मिलती है तो कैसा लगता है, हनीफ़ साईं कहते हैं—"जैसा सबको लगता है वैसा ही हमको लगता है। जब किसी बच्चे या जवान के मरने तथा हादसे से मौत की ख़बर सुनता हूँ तो मन बहुत दुखी होता है, मगर क्या किया जाए? मौत और ज़िन्दगी अपने हाथ में है नहीं। फिर अपने मज़हब में किसी की मौत पर आँसू बहाना भी तो मना है।" मो. हनीफ़ साईं बिलकुल पढ़े-लिखे नहीं हैं। दीनी तालीम भी नहीं। फिर भी फ़लसफ़ाना अन्दाज़ में सब कुछ कह जाते हैं। वह बताते हैं—"हम लोग दो आदमी मिलकर एक क़ब्र खोदते हैं। 25 वर्ष से क़ब्र खोदने का काम कर रहे हैं। हज़ारों क़ब्रें अब तक खोद चुके हैं। बारह रुपये में भी क़ब्र खोदी है। अब तो डेढ़ सौ रुपया एक क़ब्र का मिलता है। किसी ग़रीब तथा लावारिस की लाश आती है और चन्दा वग़ैरह का कुछ मिला तो सही, वरना मुफ़्त में भी काम कर देते हैं। 10 जनवरी, 1996 दिन जुमा को मेरी माँ का इन्तकाल 110 वर्ष की उम्र में हुआ। अपनी अम्मा की क़ब्र भी मैंने ख़ुद खोदी। दूसरे से खुदवाते तो पैसा देना पड़ता। उतना पैसा लाते कहाँ से?"

हनीफ़ साईं का कहना है, "क़ब्र खोदने के मेहनताना तथा रमज़ान के महीने

में फ़ितरा-ज़कात की कुछ रकम से भला सालों भर घर का ख़र्चा चलता है? पाँच लड़कियाँ हैं और एक लड़का। दो लड़कियों की शादी किसी तरह कर दी। किसी लड़की को पढ़ा नहीं सका। एक लड़का है। उसे पेट काटकर किसी तरह पढ़ाना शुरू किया है। सरकार या समाज के लोग अगर हम गोरकन के लिए कुछ महीना बाँध दें तो क़ब्रिस्तान को हम लोग फुलवारी बना दें। अब ऐसा करना आसान भी है, क्योंकि सरकार सभी क़ब्रिस्तानों की घेराबन्दी (चारदीवारी) करा रही है।"

पीरमुहानी क़ब्रिस्तान के 70 वर्गीय अब्दुल रशीद ने बीमार रहने के कारण इधर कुछ दिनों से क़ब्र खोदना बन्द कर रखा है। अब उनका एकलौता बेटा मो. कासिम साईं गोरकन बन गया है। तीस वर्षीय कासिम को अभी तक ग्यारह बच्चे हो चुके हैं। उसकी बीवी फिर हमल से (गर्भवती) है। रशीद साईं बताते हैं कि इस साल तो मरन हो गया, क्योंकि क़ब्रिस्तान में लम्बे समय तक पानी भरा रहा और इधर का जनाज़ा दूसरे क़ब्रिस्तान में दफ़न के लिए चला गया। बेटा क़ासिम को पढ़ाया है कि नहीं? जवाब मिला, "नहीं।" पोता-पोतियों को पढ़ा रहे हैं कि नहीं? जवाब मिला, "खाने का तो पैसा ही नहीं है, पढ़ाएँ कहाँ से?"

हलालख़ोर : मेहनत की कमाई, पर सजा पाई

'हलालख़ोर' मुसलमानों में एक बिरादरी का नाम है। अरबी का शब्द 'हलाल' और फ़ारसी का 'खुर्दम' शब्द मिलकर बना है 'हलालख़ोर', जिसका अर्थ होता है मेहनत और हक़ की कमाई खानेवाला।

बिहार में हलालख़ोर मुख्य रूप से मेहतर, स्वीपर, भंगी के काम में लगे हुए हैं। मुसलमानों की इन बिरादरियों को हिन्दू दलित के 'हलखोर' का 'काउंटर पार्ट' समझा जाता है। बिहार के पटना, गया, भोजपुर, चम्पारण, नालन्दा, रोहतास में इस बिरादरी की अच्छी-ख़ासी आबादी है। फ्रांसिस बुकानन ने शाहाबाद में हलालख़ोर बिरादरी के 34 परिवारों का उल्लेख किया है।

जैसा कि आम तौर पर लोग मानते हैं कि भारत के ज़्यादातर मुसलमान हिन्दू से मुसलमान बने हैं। हिन्दुओं की जिन जातियों से उनका धर्मान्तरण हुआ, मुसलमानों में भी वे उसी तरह की श्रेणी में फिट हो गए। ऐसा लगता है कि जो हिन्दू दलित किसी भी जानवर का मांस वह भी एक झटके में सर को धड़ से अलग किया हुआ खाते थे, उन्होंने इस्लाम क़बूल करने के बाद उन्हीं जानवरों का ज़िब्ह किया हुआ गोश्त खाना शुरू किया, जिसकी इजाज़त उनका नया धर्म (इस्लाम) देता है, उनका ही नया नाम 'हलालख़ोर' पड़ा होगा। नये धर्म के जोश में शुरू में तो सब कुछ ठीक-ठाक चला होगा अर्थात हलालख़ोरों को मुस्लिम समाज में इज़्ज़त और बराबरी का दर्जा देने की कोशिश की गई होगी, लेकिन कालान्तर में

यह सिलसिला टूट गया होगा। तभी तो 'हलालख़ोर' का अर्थ बदलकर 'सब कुछ भक्षण करनेवाला' हो गया।

'हलालख़ोर' नाम से तो स्पष्ट होता है—हराम का नहीं खानेवाला, मगर एच.एच. रिज़ले ने अपनी पुस्तक 'दि ट्राइब्स एंड कास्ट्स ऑफ़ बंगाल' में इसका उलटा ही अर्थ लगा लिया है—'वन टू हूम ऑल फूड इज़ लॉफुल।' वह जिसके लिए सभी तरह का खाना वाजिब हो। रिज़ले साहब ही क्यों, अपने को उच्च श्रेणी में समझनेवाले दूसरे मुसलमान समुदायों की भी यही सोच इस बिरादरी के बारे में है। बुकानन और रिज़ले ने मुसलमानों के इस दलित व उपेक्षित समुदाय को स्वीपर, मेहतर, भंगी व झाड़ू देनेवालों की श्रेणी में रखा है। संगीत से जुड़े पेशेवर लोग भी इस समुदाय से आते हैं।

बिहार में हलालख़ोर हिन्दू व मुसलमान, दोनों क़ौमों में हैं। हिन्दुओं में इस जाति के लोगों को 'हलख़ोर' कहा जाता है। दोनों का परम्परागत पेशा एक समान है। 1931 के सेंसस के अनुसार मुसलमान-हलालख़ोर की आबादी 1547 दर्ज है। समाज की मुख्यधारा से कटे हलालख़ोरों की उपेक्षित बस्तियाँ ख़ुद-ब-ख़ुद इस दलित बिरादरी की उपेक्षा की कहानी कहती हैं।

बिहार की राजधानी पटना से सटा फुलवारी शरीफ़ मुसलमानों की एक बड़ी आबादी वाला क़स्बा है। यहीं पर इमारत-ए-शरिया, बिहार एंड उड़ीसा का हेडक्वार्टर है। फुलवारी शरीफ़ से बाहर दक्षिण क़रीब सौ घर हलालख़ोर बसते हैं। बस्ती में घर के नाम पर फूस की झोंपड़ियाँ हैं और कुछ खपरैल मकान। पक्का मकान किसी का नहीं है। तालीम की रौशनी यहाँ तक नहीं पहुँच पाई है। सौ परिवारों की इस बस्ती में एक लड़का भी मैट्रिक पास नहीं है। अब लोगों ने अपने बच्चों को पढ़ाना शुरू किया है।

फुलवारी शरीफ़ बस्ती से बाहर पश्चिम-दक्षिण के कोने पर क़रीब साठ घर मुस्लिम नट और बक्खो भी आ बसे हैं। पहले वे खगौल-फुलवारी में बी.एम.पी. सोलह के निकट सड़क के किनारे बसे थे। ज़िला प्रशासन ने उन्हें यहाँ से हटाकर नौशा कर्बला के पास बसा दिया। 1996 की बरसात में नट-बक्खो परिवारों के चार लोग साँप काटने से मर गए। फुलवारी बस्ती से कोई पूछने तक नहीं आया। उलटे बग़ल की सैयद कॉलोनी के कुछ लोग नाक-भौं सिकोड़ते हैं, "नट, बक्खो और हलालख़ोर के बसने से यहाँ का माहौल ख़राब हो गया।"

गया शहर के बड़ीसराय इलाक़े में हलालख़ोरों के कई मुहल्ले हैं। 'कमाऊ पाखाना उन्मूलन' और 'भंगी मुक्ति योजना' लागू होने तथा इस तरह के पेशा को ग़ैरक़ानूनी घोषित किए जाने के बाद भी शहर में बड़ी संख्या में कमाऊ पाखाने आज भी कार्यरत हैं। हलालख़ोर परिवार की कुछ बूढ़ी महिलाएँ आज भी अपना पेट पालने के लिए यह धन्धा करने को विवश हैं। चालीस साल की जमीला ख़ातून

गया नगर निगम में स्वीपर का काम करती है। कई माह से उसको वेतन नहीं मिल सका। वह कहती है—"आप सोच सकते हैं कि हमारा परिवार कैसे चलता है?" साठ साल की खतीजा गया नगरपालिका की रिटायर कर्मचारी है। वह कहती है, "जिस साल इन्दिरा गांधी मरी थीं, उसी साल से रिटायर्ड हूँ। पापी पेट के लिए सब कुछ करना पड़ता है।"

सोगरा को दो वर्ष हुए रिटायर हुए। घर में दो लड़कियाँ कुँवारी हैं। वह पूछती है—"आप बताएँ मैं क्या करूँ?" महजीदन अभी नगर निगम में झाड़ू देने का काम करती है। यह पूछने पर कि बस्ती के लड़के-लड़कियाँ स्कूल पढ़ने जाते हैं या नहीं, एक साथ कई औरत-मर्द कह उठते हैं कि पैसा नहीं है, तो कैसे पढ़ाएँ? आयशा ख़ातून बताती है कि लोग रोज़ा-नमाज़ भर पढ़ते हैं। मर्द लोग रिक्शा-ठेला चलाकर बैंड-बाज़ा बजाकर किसी तरह परिवार चलाते हैं। परिवार के बच्चे, औरतें अगरबत्ती बनाकर कुछ पैसा कमा लेती हैं। एक औरत दिन-भर में एक किलो अगरबत्ती बना सकती है, जिसके लिए उसको पाँच रुपया मज़दूरी मिलती है। इस मुहल्ले के लोग पूछते हैं कि जिस तरह हरिजनों के लिए सरकार पक्का मकान बनाती है, उसी तरह उन लोगों के लिए क्यों नहीं किया जाता?

बक्खो : आशियाना ढूँढ़ते हैं

बक्खो यानी ख़ानाबदोश क़िस्म की एक जाति। यूँ तो ये मुसलमान हैं लेकिन हिन्दू परम्पराओं तथा रस्म-रिवाजों का इन पर ज़बरदस्त असर आज भी देखा जा सकता है। यह पूरी आबादी भूमिहीन ही नहीं बल्कि इनमें से अधिसंख्य लोग बिना घर-बार के हैं। इनके बीच जहालत (अशिक्षा) का आलम यह है कि पूरे सूबे में सिर्फ़ 14 लड़के कॉलेज का मुँह देख पाए हैं, जिनमें एक बी.ए., एक बी.एस-सी., दो इंटर कर चुके हैं। लड़की मध्यमा पास है। अभी तक सरकार के किसी महकमे में किसी पद पर इस बिरादरी के एक भी व्यक्ति को नौकरी नहीं मिली है।

हमारी सरकार और समाज किस क़दर इस आबादी से बेख़बर है, इसका अन्दाज़ा इस बात से भी लगाया जा सकता है कि हाल तक इस बिरादरी का नाम जातियों की किसी सूची में शामिल नहीं था। 'बिहार राज्य पिछड़ा वर्ग आयोग' की सिफ़ारिश पर राज्य सरकार ने अपने संकल्प सं. 183, दिनांक 26.11.96 के ज़रिये इस बिरादरी का नाम पिछड़े वर्गों की अनुसूची-एक में शामिल कर लिया है। आयोग ने बक्खो जाति से सम्बन्धित उपरोक्त तथ्यों को ही आधार मानकर 30 मार्च, 1996 को अपनी सिफ़ारिश सरकार के पास भेजी थी, आयोग ने लिखा, 'जहाँ तक सामाजिक पिछड़ेपन की बात है, मस्जिद में एक साथ नमाज़ पढ़ते हैं, लेकिन शेख़, सैयद, पठान और मलिक लोग इनके साथ बैठकर खाना-पीना नहीं करते हैं। ज़्यादा गन्दे रहने के

कारण लोग इन्हें बावर्ची नहीं बनाते हैं। सरकारी तथा ग़ैर-सरकारी सेवाओं में इस जाति की भागीदारी शून्य है। अत: सामाजिक पिछड़ापन, अन्य मुस्लिम जातियों द्वारा नीच समझने, शैक्षणिक शून्यता और नौकरियों में शून्य भागीदारी के कारण बक्खो जाति को अत्यन्त पिछड़ी जाति शेड्यूल्ड-1 में समावेश के लिए सलाह दी जाती है।'

बिहार में सदियों से इस जाति का अस्तित्व है। 1901 की जनगणना में भी इस जाति का ज़िक्र आता है। इस जाति का मुख्य पेशा है, लोगों के घर बच्चा पैदा होने पर उनके यहाँ जाकर ख़ुशी के गीत गाना। बक्खो हाथ में खँजड़ी तथा बक्खोआइन मचिया के साथ बच्चा पैदा होनेवाले घर पर जाकर बधावा गाते हैं। खँजड़ी और मचिया बक्खो की पहचान है। रिज़ले ने भी अपनी पुस्तक 'दि ट्राइब्स एंड कास्ट्स ऑफ़ बंगाल' में लिखा है—'हिन्दू और मुसलमान' दोनों इस पेशा को अपनाते हैं। बच्चे के जन्म के अवसर पर बक्खो अपने हाथ में खँजड़ी और उसकी पत्नी (बक्खोआइन) मचिया (स्टूल) लेकर जाते हैं और दरवाज़ा पर बैठकर गीत गाते हैं। हिन्दू परिवारों के लिए इनके गीतों के बोल होते हैं, 'आ तो ललना के सारी अयोध्या लगे सूनी एक ललना बिना।' जब ये किसी मुसलमान के घर जाते हैं तो, 'अजी जिये मेरो नबी-ए-रसूल कि अल्लाह ने मुझे बेटा दिया।' जैसे बोल होते हैं। लोग ख़ुश होकर अनाज, कुछ पैसा और नया-पुराना कपड़ा इन्हें देते हैं।

मगर अब इस पेशे में पहले जैसा मज़ा कहाँ रहा? बक्खो जाति के लोगों का कहना है कि अब इस पेशे में नाममात्र की आमदनी होती है। इसलिए इस जाति के अधिसंख्य लोग अब मेहनत-मज़दूरी का दूसरा धन्धा अपनाने लगे हैं। हाल के वर्षों में इस बिरादरी की महिलाओं ने स्टेनलेस स्टील के बर्तन की फेरी का एक नया धन्धा अपनाया है। धीरे-धीरे बक्खो-बक्खोआइन की पहचान खँजड़ी-मचिया की जगह उनके सर पर स्टील के बर्तनों भरी टोकरी ने लेना शुरू कर दिया है।

इस बिरादरी की आबादी पटना, नालन्दा, गया, बेगूसराय, समस्तीपुर, मधुबनी, सहरसा, सुपौल, गोपालगंज, छपरा, सिवान, किशनगंज, अररिया आदि ज़िलों में पाई जाती है। झारखंड में इस जाति की आबादी नहीं है। पहले यह जाति घुमन्तू थी, लेकिन अब जहाँ-तहाँ झोंपड़ियाँ बनाकर बसने लगी हैं। पटना में अदालतगंज के निकट टेलीफ़ोन केन्द्र के पीछे कमला नेहरू नगर में 160 बक्खो परिवार झोंपड़ी बनाकर वर्षों से रह रहे हैं। पटना के शाहगंज दरगाह मुहल्ले में इन्दिरा आवास योजना के अन्तर्गत लालू सरकार ने इस बिरादरी के लोगों को 55 पक्के मकान बनाकर दिये हैं।

नट का लेखा

मरने के बाद जनाज़े को दफ़नाने में भी ऊँच-नीच की भावना काम करती है। जुगल

ख़लीफ़ा का जनाज़ा दोपहर से शाम तक क़ब्रिस्तान में रखा रहा। शेख़ बिरादरी के लोग उसे इसलिए दफ़नाने नहीं दे रहे थे कि वह एक 'नट' का जनाज़ा था। वैशाली ज़िला के गंगा ब्रिज थाने के मोहब्बतपुर गाँव में यह घटना 19 फ़रवरी, 1995 को घटी। ज़िला प्रशासन के हस्तक्षेप और शेख़ बिरादरी के दस लोगों की गिरफ़्तारी के बाद ही जुगल ख़लीफ़ा का जनाज़ा उस क़ब्रिस्तान में दफ़नाया जा सका।

पटना से क़रीब दस किलोमीटर दूर गंगा नदी के उस पार गांधी सेतु के नीचे आम, लीची और केले के बाग़ों के बीच शेरपुर गाँव बसा है। इस गाँव में 15 मुस्लिम नट परिवार भी रहते हैं। इन्हीं में से एक बुज़ुर्ग थे जुगल ख़लीफ़ा। गांधी सेतु पर ही उस दिन एक दुर्घटना में उनकी मृत्यु हो गई थी। पोस्टमॉर्टम के बाद जनाज़े को घर लाकर उसे ग़ुस्ल (स्नान) कराने और दफ़नाने की तैयारी शुरू हुई। उधर कुछ लोग बग़ल के गाँव मोहब्बतपुर के क़ब्रिस्तान में मरहूम के लिए क़ब्र खोदने लगे, मगर मोहब्बतपुर गाँव के शेख़ बिरादरी के लोगों ने वहाँ किसी नट का जनाज़ा दफ़नाए जाने का विरोध किया। इस विरोध में बाग़ टोला, कनपुरा के शेख़ मुसलमान भी शामिल हो गए। हज़ारों का मजमा जुट गया। भीड़ से आवाज़ आई—"देखते हैं साले नट कैसे यहाँ अपना जनाज़ा दफ़नाते हैं?"

मरहूम जुगल ख़लीफ़ा के बड़े पुत्र भतन ख़लीफ़ा उस दिन को याद करते हुए बताते हैं, 'उन गाँवों में शेख़ बिरादरी के कुछ ऐसे समझदार लोग भी थे जो अपने लोगों को यह समझाने का प्रयास कर रहे थे कि किसी जनाज़े को किसी क़ब्रगाह में दफ़नाए जाने से रोकना किसी भी तरह जायज़ नहीं है। जहाँ तक हिन्दू आबादी का सवाल है, उनमें से कुछ लोग जहाँ इसे मुसलमानों का आपसी मामला मानकर ख़ामोश थे, वहीं हिन्दू दलित खुलकर हम लोगों के पक्ष में खड़े हो गए। दोनों तरफ़ से तनातनी का माहौल था। बी.डी.ओ. को ख़बर लगी तो वह फ़ोर्स लेकर चले आए। बातचीत से उन्होंने मामले को सुलटाने की कोशिश की लेकिन शेख़ बिरादरी के ज़्यादातर लोग किसी भी क़ीमत पर मेरे पिता का जनाज़ा वहाँ दफ़नाने देने को तैयार नहीं थे। बाद में उन्होंने कहना शुरू किया कि यह क़ब्रिस्तान उनकी जाती जागीर है। शेख़ों के दावों की जाँच के लिए सरकारी अमीन को बुलाया गया। तब तक घटनास्थल पर हाज़ीपुर के एस.डी.ओ. और डी.एस.पी. भी पहुँच चुके थे। सरकारी अमीन ने खाता-खतौनी के आधार पर नाप-जोख कर बता दिया कि क़ब्रिस्तान की ज़मीन सरकारी है। इसके बाद भी जब शेख़ बिरादरी के लोग अपनी ज़िद पर अड़े रहे तो एस.डी.ओ. के आदेश पर बल प्रयोग करते हुए शेख़ बिरादरी के दस लोगों को हाजत में बन्द किया गया। तब कहीं जाकर जनाज़ा को दफ़नाया जा सका।"

स्व. जुगल ख़लीफ़ा की छोटी पतोहू साजदा ख़ातून बताती है कि इस घटना के बाद से लोगों का दिमाग़ ठंडा हो गया। अब वे जनाज़ा दफ़नाने से नहीं रोकते। उधर शेख़ मोहम्मद शमी आलम पूछने पर ईमानदारी से इस बात को क़बूल करते

हैं कि 'ज़िद और ग़ुस्से' की वजह से ऐसा हुआ। बाद में समझ आई कि हम लोग ग़लत रास्ते पर थे। मोहब्बतपुर गाँव के आलम साहब की हाज़ीपुर शहर में लेथ मशीन है। अपनी दुकान में बातचीत के दौरान वह बड़े ही साफ़गोई से कहते हैं कि इस्लाम में जात-पाँत नहीं होते हुए भी इस तरह की ज़ेहनियत की कमी नहीं है।

शेरपुर गाँव के नट परिवार मुझे दूसरे जगहों के नटों से काफ़ी साफ़-सुथरे लगे, लेकिन अभी तक यहाँ शिक्षा की रोशनी और बिजली की लाइन, दोनों नहीं पहुँची हैं। पानी पीने के लिए एक भी सरकारी चाँपाकल नहीं है। इनके बच्चे पढ़ते ही नहीं, इसलिए सरकारी नौकरी मिलने का सवाल कहाँ है? नटों का पारम्परिक पेशा करतब दिखाना, कुश्ती लड़ना तथा पशुपालन है, मगर जो नट स्थायी तौर पर कहीं बस जाते हैं, उनसे करतब (मदारी) दिखाने का काम छूट जाता है। इसके लिए घुमन्तू होना पड़ता है। शेरपुर में बसे नट परिवारों में से कुछ खस्सी-बकरी ज़िबह कर मांस बेचने का धन्धा करते हैं तो भतन ख़लीफ़ा हाज़ीपुर शहर में रिक्शा चलाकर ही अपना भरण-पोषण कर लेता है। पशुपालन तो ये परिवार करते ही हैं।

हिन्दुआना नाम रखने की मजबूरी : कई जगह पढ़े-लिखे नट मुसलमानों में अपने सर्टिफ़िकेट का नाम हिन्दुआना रखने की प्रवृत्ति देखी जा रही है। ऐसा वे सरकारी नौकरी पाने के लालच में करते हैं। पटना से 31 किलोमीटर दूर वैशाली ज़िला में एक गाँव है, चकसिकन्दर। चट्टीनुमा इस गाँव के बाज़ार से सटे सड़क के किनारे क़रीब 50 घर मुस्लिम नटों के हैं। बिहार में शायद मुस्लिम नटों की ऐसी बहुत कम बस्तियाँ होंगी जहाँ के तीन युवक सरकारी नौकरी, वह भी पुलिस और सेना में बहाल हों। यहाँ के एक युवक को असम राइफल, दूसरे को भारतीय सेना तथा तीसरे को बिहार पुलिस में जमादार की नौकरी मिली है।

ज़ाहिर है, यहाँ के मुस्लिम नटों ने पढ़ाई-लिखाई की तरफ़ अपेक्षाकृत ज़्यादा ध्यान दिया है। इस बस्ती में एक युवक मिला विनोद ख़लीफ़ा। इसने हिस्ट्री ऑनर्स से 1986 में बी.ए. पास किया है और अभी नौकरी की तलाश में है। यहाँ के कम-से-कम दस और लड़कों ने भी मैट्रिक से लेकर आई.ए. तक पास किया है। इन सभी युवकों के पुकार के नाम भले ही मुसलमानी हों, मगर सर्टिफ़िकेट के नाम हिन्दुआना हैं। सर्टिफ़िकेट में इनके नाम के साथ 'ख़लीफ़ा' की जगह 'नट' टाइटल जुड़ा होता है, मगर यही मजबूरी लड़कियों या बिना पढ़े-लिखे लोगों के साथ नहीं है। जिस बरामदे में बैठकर विनोद ख़लीफ़ा से बात हो रही थी, वहीं दो बच्चियों ने पूछने पर अपना नाम सोबरातन ख़ातून, पिता का नाम रमज़ान ख़लीफ़ा; अफ़साना ख़ातून, पिता का नाम ज़ाकिर ख़लीफ़ा बताया। खेतों में मज़दूरी कर अपना जीवनयापन करनेवाले ज़मीर ख़लीफ़ा भी यहीं मिले। कहना न होगा कि पढ़े-लिखे मुस्लिम नट अपना हिन्दुआना नाम क्यों रखते हैं? हिन्दू नट अनुसूचित जाति में शामिल हैं। इस जाति का सर्टिफ़िकेट होने से नौकरी अपेक्षाकृत आसानी से मिलती है।

मज़हबी नहीं, दुनियावी उधेड़बुन : सुरमी देवी को सलमा ख़ातून बने अभी तीन महीने ही हुए थे कि उसका एक सत्रह साल का बेटा तथा दूसरा ग्यारह साल का बेटा मर गया और एक लड़का घर से भाग गया। सलमा (उम्र क़रीब 55 साल) ख़ुद इन हादसों का ज़िक्र करते हुए बताती है—"गाँव-टोला के लोग कहलन कि तू धरम बदल लेले एही से तोरा पर देवता कुपित हो गइल बाड़न। लोग सलाह दिहलन कि तू फेर से अपना पुराना धरम में लौट आव अउर पूजा-पाठ करके गृह देवता के मना ले। ना त तोरा घर में कोई दीया बारे वाला ना रही। मगर हम कहनी कि हमार अउर हमार दु गो लइकन के जान काहे न चल जाए लेकिन हम इस्लाम ना छोड़ब।"

(गाँव टोला के लोगों ने कहा कि तुमने अपना धर्म बदल लिया, इसलिए तुम्हारे घर के देवता कुपित हो गए हैं।)

(लोगों ने सलाह दी कि तुम फिर से अपने पुराने धर्म में लौट आओ और पूजा-पाठ के ज़रिये गृह-देवता को मना लो वरना तुम्हारे घर में कोई चिराग़ जलानेवाला भी नहीं रहेगा।)

(मगर हमने कहा कि मेरी और मेरे दो और लड़कों की जान क्यों न चली जाए, लेकिन मैं इस्लाम नहीं छोड़ूँगी।)

मैंने फ़िल्मों और कहानियों में ही इस तरह की बातें देखी और सुनी थी, लेकिन उस दिन साक्षात् एक माँ को इस तरह दिलेरी की बातें कहते सुना और देखा।

बक्सर ज़िले के सिमरी थाना में एक गाँव है, सहियार। इसी गाँव के नटुआ टोला की यह बात है। गाँव के दक्षिण क़रीब 50 घरों का यह टोला है। इसमें हिन्दू नट भी हैं और मुस्लिम नट भी। वर्षों पहले बास मनी और महावीर नाम के दो हिन्दू नटों का परिवार कहीं से आकर यहाँ बस गया था। इन्हीं दो परिवारों से आबादी बढ़ते-बढ़ते अब पूरा एक टोला बस गया है। 1996 में ज़िला प्रशासन ने इनके रहने के लिए पक्के मकान भी बनवा दिये हैं। मकान बनवाने में यहाँ हिन्दू नट या मुस्लिम नट में कोई भेद नहीं किया गया।

सलमा ख़ातून इतनी पक्की मुसलमान कैसे बनी? इस बात की तहक़ीक़ात के क्रम में पता चला कि उसका बेटा अब्दुल रहीम कछोछाशरीफ़ (फ़ैज़ाबाद) मज़ार पर रहता है। वहीं पर उसने उर्दू की कुछ तालीम हासिल की है और मौलवी बन गया है। उस दिन गाँव में मो. हदीस अंसारी के यहाँ मिलाद में उसे हमने हज़रत पैग़म्बर मुहम्मद की शान में नातिया क़लाम पढ़ते देखा। अब्दुल रहीम का पुराना नाम शिवजी है, मगर इस नटुआ टोला के सभी मुसलमान उतने पक्के मुसलमान नहीं हैं। कोई रोज़ा-नमाज़ (ईद-बक़रीद) करता तो कोई नहीं भी करता। फिर भी अपने को मुसलमान कहते हैं। हिन्दू और मुसलमान, दोनों का पर्व-त्योहार मनाना तो इनके बीच आम बात है। अवतारो नटिन कहती है—"देखिए न, कई लोगों ने अपने बेटों

का ख़तना भी कराया है, मगर उनके मुँह से भगवान-भगवान की रट नहीं छूटती।" टोला के लोगों ने ख़ुद बताया कि पिछले आठ-दस साल से हम लोग इस उधेड़बुन में हैं कि हिन्दू रहें या मुसलमान बनें? इस उधेड़बुन का कारण क्या है, एक कारण तो युवती नज़मा की बातों से स्पष्ट हो जाता है। नज़मा कहती है, "लोग डरते हैं कि मुसलमान हो जाएँगे तो भूमिहार फिरंट हो जाएँगे। इसलिए चलो भाई, आधा हिन्दू और आधा मुसलमान। तुम भी ख़ुश हम भी ख़ुश।" इस उधेड़बुन के दूसरे कारण का पता युवक अब्दुल्ला की बातों से चलता है। इस नटुआ टोला में जो दो मैट्रिक पास युवक हैं, उनमें अब्दुल्ला भी एक है, मगर सर्टिफ़िकेट में उसका नाम गोपाल है। ऐसा इसलिए कि सरकारी नौकरी मिलने में सहूलियत हो। हिन्दू नट शेड्यूल्ड कास्ट की सूची में हैं जबकि मुस्लिम नट का नाम ओ.बी.सी. में आता है।

मगर इतना करने के बाद भी इन्हें नौकरी कहाँ मिलती है? हट्टा-कट्टा, गोरा-चिट्टा युवक खटमल नट आज से दस साल पहले धनबाद जाकर नौकरी के लिए फ़िज़िकल टेस्ट में कामयाब भी हो गया, पर मेडिकल टेस्ट के लिए उसका पत्र उसे नहीं मिलने दिया गया और उसके नाम (खटमल नट) पर ही अन्य युवक की बहाली पुलिस में हो गई। यह तो अनुसंधान का एक अलग विषय है कि इस तरह के तन्दुरुस्त युवकों के नाम पर बिहार में दूसरे कितने लोग पुलिस की नौकरियों में घुसे हैं? नटों के बीच ठगे जाने के लिए इस तरह के हट्टे-कट्टे युवक आसानी से मिल जाते हैं।

श्री भगवान नट मज़बूती से कहता है कि हम हिन्दू हैं, मगर वह यह भी कहता है कि यहाँ हराम (सूअर) खानेवाला कोई नहीं है। रामा नट भी इसी तरह की बात कहता है। टोला के हिन्दू नट हों या मुस्लिम, सभी का पेशा, रहन-सहन, खान-पान, आर्थिक व सामाजिक स्थिति एक तरह की है। लकड़ी काटना, मधु चुआना, मवेशियों की ख़रीद-बिक्री तथा खेतों में मज़दूरी यहाँ के मर्दों का पेशा है। औरतें मनिहारी का सामान फेरी में बेचकर पैसे कमाती हैं। टोला के लोगों ने बताया कि हाल के वर्षों में यहाँ की लड़कियों, महिलाओं को ज़बरन उठा ले जाने के लिए इस टोले पर रात के समय हमला हुआ, मगर इधर भी जगरम हो गया। जमकर मारपीट हुई। इसमें गाँव के ही दबंग व्यक्ति का हम लोगों ने सर फोड़ दिया। बाद में उन लोगों ने धावा बोलकर हमारे छप्पर पीट डाले और झोंपड़ियाँ उजाड़ दीं। जो मिला, उसकी पिटाई भी की। बधारी नट कहता है कि उसकी जान पर ख़तरा है। मई, 1997 की घटना है। वह और फागू नट भैंस लेकर जा रहे थे कि रास्ते में लोगों ने घेर लिया। वह तो किसी तरह भागने में सफल हो गया, लेकिन फागू की जमकर पिटाई कर दी गई। उसका सिर फट गया। पूछने पर टोला के सभी हिन्दू-मुसलमान नट एक स्वर से कहते हैं कि उन्हें वोट डालने नहीं दिया जाता। नटुआ टोला से सटे ही गाँव का मिडिल स्कूल है। हमेशा पोलिंग बूथ यहीं रहता है। फागू कहता है, "हम लोग टुकुर-टुकुर ताकते रहते हैं मगर वोट डालने नहीं दिया जाता। जब गाँव के बाबू लोग आपस में ही लड़

जाते हैं और फ़ाक़ा मिलता है तो हम लोगों में से इक्का-दुक्का लोगों को वोट देकर गदहा जन्म छुड़ा लेने का मौक़ा मिल जाता है।"

पमरिया : दो गज़ ज़मीन भी न मिली

भोजपुर ज़िला में एक मुस्लिम बहुल गाँव है, दावां। दिल्ली-हावड़ा मेन लाइन पर बिहियाँ स्टेशन से तीन किलोमीटर दक्षिण यह गाँव बसा हुआ है। इस गाँव में क़रीब एक सौ घर पठानों के, सत्तर घर पमरिया के, साईं-डफाली-दर्ज़ी के दस-दस घर तथा दो जुलाहों के हैं। हिन्दुओं में हरिजन और कुर्मी जाति के परिवार भी यहाँ बसते हैं।

यहाँ के पठान परिवार धनी किसान हैं। कई परिवारों के पास 50 बीघा से ऊपर ज़मीन है। इन परिवारों के दो दर्जन से अधिक लोग पुलिस और भारतीय सेना की नौकरियों में हैं। इसलिए गाँव पर इन्हीं परिवारों का रोब-दाब चलता है। उधर मुसलमानों की दूसरी बिरादरियों के लोग भूमिहीन तथा खेतिहर मज़दूर हैं। लगन में कुछ लोग गाना बजाना, बरात में खाना बनाने तथा कई लोग भीख माँगकर अपनी ज़िन्दगी बसर करते हैं। कुछ लोग राज मिस्त्री और दर्ज़ी का भी काम करते हैं। इन परिवारों में से मुश्किल से एक दर्जन लोग साक्षर हैं। पमरिया बिरादरी एक युवक, ज़ाकिर हुसैन न सिर्फ़ मैट्रिक पास हैं बल्कि राजनीतिक रूप से भी काफ़ी सजग है। इधर तो वह अपने ग्राम पंचायत का मुखिया भी चुन लिये गए।

गाँव में एक मस्जिद है। मस्जिद के लिए चन्दा उगाही को लेकर 1995 में विवाद हुआ था। पठान परिवारों के लोग चाहते थे कि घर पीछे (प्रति घर) चन्दा की रकम तय कर दी जाए, जिसे देना सबके लिए ज़रूरी हो। इधर, दलित मुसलमान चाहते थे कि चन्दे की रकम परिवार की औक़ात के आधार पर तय हो। ज़ाकिर हुसैन बताते हैं कि इस पर पठानों ने धमकी दे डाली कि उनके द्वारा तय की गई चन्दे की रकम जो नहीं देगा उसे मस्जिद में घुसने नहीं दिया जाएगा। फिर उन लोगों ने यह भी कहा कि वे लोग अपना अलग इमाम रख लें। जिस इमाम के पीछे हम नमाज़ पढ़ेंगे, उनके पीछे तुम लोग नमाज़ नहीं पढ़ सकते। ज़ाकिर हुसैन बताते हैं कि पहले तो हम लोगों ने सोचा कि क्यों न अपनी अलग मस्जिद ही बना ली जाए। फिर दूसरे ही क्षण ख़याल आया कि ज़मीन कहाँ से आएगी? उस पर मस्जिद बनाने के लिए पैसा कहाँ है? इतना ही पैसा होता तो ख़ाँ साहब लोगों द्वारा तय चन्दा की रकम ही देना क्यों न मंज़ूर कर लेते? ऐसे में ख़याल आया कि क्यों न पार्टी में शामिल हो जाया जाए? पार्टी यानी सी.पी.आई. (एम.एल.) यानी माले। इस पार्टी से तो धनी लोग डरते हैं। यही सोचकर हम लोग माले के सदस्य बन गए और गाँव में मीटिंग वग़ैरह कराई। फिर क्या था? सचमुच पठान लोगों का दिमाग़ थोड़ा ठंडा हुआ। जहाँ पहले मस्जिद में आगे बैठने पर हम लोगों को पीछे

हटा दिया जाता था, ईद-बक़रीद की नमाज़ के मौक़े पर भी हमारे बच्चों के साछ डाँट-फटकार की जाती थी, अब ऐसा कुछ नहीं होता।

ज़ाकिर कहते हैं कि मरहूम डॉ. अमानतुल्ला ख़ाँ तो कहते थे, "पमरिया जात तो पाँव की जूती है।"

गाँव में पठानों का क़ब्रिस्तान अलग है। पमरिया बिरादरी के लोग अपने मुर्दे अलग दफ़नाते हैं। साईं, दर्ज़ी का क़ब्रिस्तान भी अलग है। एक ही गाँव में अलग-अलग क़ब्रिस्तान क्यों है? इस सवाल के जवाब में ज़ाकिर बताते हैं—"पठानों ने हमारे पूर्वजनों को अपने साथ दफ़न नहीं होने दिया होगा। इसलिए मजबूरी में उन्हें अपना अलग क़ब्रिस्तान बनाना पड़ा होगा।"

वह बताते हैं कि पठानों का क़ब्रिस्तान सरकारी ज़मीन में है जबकि उनका रैयती ज़मीन में। ज़ाकिर सवाल करते हैं, 'अब आप ही बताइए। जिनको रहने के लिए अपना घर नहीं है, एक ही घर में टाट (बोरे का परदा) लगाकर एक तरफ़ माँ-बाप रहते हैं और दूसरी तरफ़ उनके जवान बेटा-पतोहू। ऐसे में कोई अपनी रैयती ज़मीन में क़ब्रिस्तान क्यों बनाएगा?"

सचमुच इन परिवारों को रहने की बहुत दिक़्क़त है। मैं जब पटना से पमरिया बिरादरी के एक युवा नेता, नूरहसन आज़ाद को साथ लेकर ज़ाकिर हुसैन के घर पहुँचा तो उनके घर में हम लोगों को बिठाने भर की जगह नहीं थी। लिहाज़ा, वह मुहल्ले के दूसरे आदमी के दालान में हम लोगों को बिठाने के लिए ले गये। यहाँ के शदीक मियाँ, जहाँगीर मियाँ एवं अन्य कई लोग इकट्ठा हो गए। सभी ने ज़ाकिर हुसैन की बातों की ताईद की और ऊपर से घर की किल्लत का रोना रोया। 50 वर्षीय शदीक मियाँ ने तो कलपते हुए कहा—"मेरे परिवार में कुल नौ व्यक्ति हैं, लेकिन अपना घर नहीं है।" मुझे सरकारी आदमी समझकर वह कह रहे थे कि मैं उनका नाम लिख लूँ ताकि हरिजनों की तरह उन्हें भी घर मिल जाए। पूछने पर ज़ाकिर हुसैन ने बताया कि पठान लोग आम तौर पर उन लोगों के साथ ईद-बक़रीद अथवा शादी-ब्याह के मौक़े पर खान-पान नहीं रखते हैं, लेकिन इधर इक्का-दुक्का लोगों ने इस तरह की पहल की है।

ज़ाकिर हुसैन ने जो कुछ भी बताया, वह भोजपुर अथवा मध्य बिहार के सिर्फ़ एक गाँव की कहानी नहीं है। उत्तर बिहार हो अथवा दक्षिण बिहार, जहाँ गाँवों में इस तरह ऊँच-नीच का भेदभाव है, वहाँ दलित और पिछड़े वर्ग के मुसलमानों को और कहीं पनाह नहीं मिली। और दूसरा कोई रास्ता कहीं दिखा तो वे नक्सली संगठनों से जुड़ गए। सिवान में हिन्दू-मुसलमान सामन्ती तत्त्वों ने वहाँ के सांसद शहाबुद्दीन को भले अपना सरताज बना लिया हो, लेकिन दलित-पिछड़े मुसलमानों के मन में उनके लिए अपनापे का भाव क़तई नहीं है। उसी तरह चम्पारण हो या भोजपुर के दूसरे गाँव अथवा गया का इमामगंज-उमरिया इलाक़ा, दलित मुसलमानों का युवा तबक़ा माले

से लेकर एम.सी.सी. जैसे संगठनों के सम्पर्क में है। इससे पहले के दौर में ये तबक़े सी.पी.आई. और सी.पी.एम. के सम्पर्क में थे। 1990-95 के मंडल उभार के दौर में सामाजिक इंसाफ़ के नारे को लेकर ये तबक़े जनता दल और लालू यादव के साथ भी चले गए। कई इलाक़ों में वे आज भी इन पार्टियों के सम्पर्क में हैं।

पटना के नूर हसन आज़ाद 'दलित मुस्लिम पमरिया (अब्बासी) संघ' नाम से एक संगठन चलाते हैं। उनका कहना है कि उनकी बिरादरी के साथ कई गाँवों में बहुत ख़राब सुलूक किया जाता है। मिसाल के तौर पर, लोहरदगा ज़िला, झारखंड के मकाते गाँव में पमरियों के 150 घर हैं। यहाँ जुमा की नमाज़ में इस जाति के लोगों को पीछे धकेल दिया जाता है। मदरसे में भी इनके बच्चों के साथ छुआछूत बरती ज़ाती है। इसके लिए झगड़ा हुआ और एक बार तो गोली चलने की नौबत आ गई थी। इसलिए पमरिया जाति के लोग अलग ही नमाज़ पढ़ते हैं।

लोहरदगा ज़िला में एक गाँव है, पंडरा। नूर हसन आज़ाद ने मकांदू और पंडरा गाँवों का दौरा किया है। वह बताते हैं कि पंडरा गाँव में तो अंसारी और कलाल जाति के लोग भी इस तरह का ज़ुल्म करते हैं। मस्जिद में अगली सफ़ में बैठने पर पमरिया बिरादरी के लोगों को उठाने के लिए मारपीट भी हो चुकी है। उसके बाद से पमरिया जाति के लोगों ने अपनी अलग मस्जिद और मदरसा बना लिया है। हज़ारीबाग़ के प्रो. अनवर हुसैन ने तहक़ीक़ात के बाद इस तथ्य की पुष्टि करते हुए कहा है कि पमरिया संघ की शिकायत सही है।

मुज़फ़्फ़रपुर ज़िलान्तर्गत औराई प्रखंड के ग्राम बेउडर के मो. सुल्तान पासी ने पटना आकर मुझे बताया कि उनकी बिरादरी के लोगों के साथ भी मस्जिद में ऐसा ही सुलूक होता है। मो. सुल्तान बताते हैं कि उनकी बिरादरी के लोग ताड़ और खजूर के पेड़ से ताड़ी चुआने का काम करते हैं। जब उनकी बिरादरी के लोग ईद-बक़रीद की नमाज़ पढ़ने जाते हैं तो बग़ल में बैठा देखकर बाक़ी लोग बदन महकने की शिकायत करते हुए नाक-भौं सिकोड़ने लगते हैं। हम लोगों को सबसे पीछे की सफ़ में धकेल दिया जाता है। इसलिए उनकी बिरादरी के बहुत लोग तो नमाज़ पढ़ने जाते ही नहीं। मो. सुल्तान पासी ख़ुद कहते हैं, "हम लोग तो सिर्फ़ नाम के मुसलमान रह गए हैं।" उनकी यह भी शिकायत है कि जातियों की सूची में मुस्लिम पासी जाति का नाम भी दर्ज नहीं है।

लालबेग़ी : झाड़ू ज़िन्दगी

यारपुर डोमख़ाना नम्बर-एक। यहाँ जलती है इस्लाम की लौ और यहाँ है सद्‌भाव का मन्दिर।

यारपुर डोमख़ाना में एक लालबेग़ी मुस्लिम परिवार भी बसता है, यह कम

लोगों को पता है। बिहार विधानसभा के दक्षिणी गेट के ठीक सामने गुमटी के पास यारपुर मुहल्ले के बीच है—यारपुर डोमख़ाना। पचास-साठ वर्ष पहले पटना नगर निगम ने अपने सफ़ाई मज़दूरों को दड़बानुमा एक-एक कमरा देकर बसाया था। उन्हीं मज़दूरों में अब्दुल गनी मियाँ भी एक थे। वह दो भाई थे। हिन्दू डोमों के बीच बसा था इकलौता मुस्लिम लालबेग़ी परिवार।

चार युग बीत गए—नई पीढ़ियाँ आ गईं, पर लालबेग़ी परिवार वहीं है जहाँ पहले था—युगों पहले।

लालबेग़ी मुसलमान झाड़ू देनेवाले स्वीपर लोगों का एक ऐसा वर्ग है, जो उत्तरी भारत से आते हैं। इनमें से कुछ सिपाही रेज़िमेंट से जुड़े लोग हैं तो कुछ अन्य ऐसे भी हैं, जो काम की तलाश में भटकते रहते हैं। लालबेग़ी झाड़ू देनेवाले नौकरों के रूप में यूरोपीय परिवारों के यहाँ काम करते थे और अन्य नौकर उन्हें 'जमादार' कहते थे।

रिज़ले लिखते हैं, "लालबेग़ियों के धार्मिक रीति-रिवाज आधे हिन्दुओं की तरह तो आधे मुसलमानों की तरह होते हैं...लालबेग़ी रमज़ान के मौक़े पर रोज़ा रखते हैं। बावजूद इसके, वे सार्वजनिक मस्जिदों में घुसने का साहस नहीं करते। इनके मृतक को मुसलमानों के क़ब्रिस्तान में नहीं दफ़नाया जाता बल्कि किसी बंजर भू-भाग अथवा जंगल में दफ़ना दिया जाता है।"

अब्दुल गनी मियाँ का यारपुर डोमख़ाना में बसा परिवार मुस्लिम समुदायों से कटा हुआ परिवार है, पर इस्लाम से नहीं, लेकिन ख़ुदा के इस बन्दे के पास मुसलमान कहाँ फटकते हैं?

गनी मियाँ के पाँच बेटे हुए—मो. हनीफ़, मो. सलीम, मो. मनीफ़, मो. हन्नू, मो. अब्बास तथा चार बेटियाँ। अभी एक बेटी की शादी नहीं हुई है। एक दामाद शौक़त भी यहाँ रहता है। और उसका परिवार भी। ये लोग सिर्फ़ नाम के मुसलमान नहीं हैं, बल्कि रोज़ा रखते हैं, ईद-बक़रीद में नमाज़ पढ़ते हैं। फ़ातिहा-नियाज़ करते हैं तथा अपने बेटों का ख़तना भी कराते हैं। मरने पर क़ब्रिस्तान में दफ़न करते हैं। उन्हें यह नहीं पता कि वे कहाँ से आकर बस गए, पर वे यह ज़रूर जानते हैं कि वे लालबेग़ी मेस्तर जाति के हैं और उनका शादी-ब्याह लालबेग़ी मेस्तर जाति में ही होता है।

अब्दुल गनी मियाँ के नाम जो कमरा अलॉट हुआ था, उसकी छत ढह गई है। दोनों भाइयों का इतना बड़ा परिवार इसी कमरे के इर्द-गिर्द झोंपड़ी लगाकर रहता है। इनके चारों तरफ़ इसी तरह के हिन्दू डोम परिवारों के क्वार्टर और झोंपड़ियाँ हैं। अग़ल-बग़ल सूअरबाड़े और गन्दगी का अम्बार है और नाली बजबजाती रहती है। इसके बीच ही जल रही है इस्लाम की लौ। गरचे सच्चा इस्लाम तो यह कहता है कि जिन लोगों ने विपरीत परिस्थितियों में भी इस्लाम की लौ को अपने अन्दर जलाए

रखा, उनके हाथ चूम लिये जाएँ, उनको गले लगा लिया जाए। मगर ऐसा कहाँ होता है? पटना के दूसरे मुसलमान इन दलित मुसलमानों की ख़बर कहाँ लेते हैं? ग़नी मियाँ की विधवा जैबुन ख़ातून कहती है कि औरों की बात कौन करे, अपने रिश्तेदार तक यहाँ आने में हिचकते हैं। वह लम्बी साँस भरती है, "बस अल्लाह ही सहारा है। सोते-जागते, उठते-बैठते, अल्लाह का नाम लेकर ही दिन गुज़ार रही हूँ।" हन्नू मियाँ की बीवी परवीन बानो फुलवारी शरीफ़ से ब्याहकर इस घर में आई है। वह कहती है—"अपने मज़हब के लोग भले हम लोगों से परहेज़ करें, लेकिन आस-पड़ोस के हिन्दू (डोम) तो हमारे यहाँ शादी-ब्याह, मरनी-जीनी, पर्व-त्योहार में ज़रूर शरीक़ होते हैं।" परवीन को याद नहीं कि कभी दंगा-फ़साद की बातों को लेकर उन्हें कोई चिन्ता हुई। इन पंक्तियों का लेखक जिस दिन उक्त बस्ती में जाकर मुस्लिम परिवार के सदस्यों से बातचीत कर रहा था, उस दिन सामने पड़ोस के कई हिन्दू डोम परिवार के लोग भी आकर खड़े हो गए। उनके चेहरे के भाव देखकर लगा कि वे ख़ुश थे। एक महिला ने मुस्लिम डोम परिवार की तरफ़ इशारा करते हुए कहा, "पहली बार इनकी जाति का कोई बाहरी आदमी इनकी खोज-ख़बर लेने आया है।" "काश! ऐसा होता कि बाक़ी दूसरे मुसलमान भी इन लालबेग़ी मेस्तरों को अपनी जाति-बिरादरी का ही समझते।" चलने के समय रज़िया ख़ातून पर नज़र पड़ी। वह हमल से थी और उसकी आँखें भयानक रूप से पीली दिखाई पड़ रही थीं। मेरे मुँह से अनायास निकल गया, "दवा कराओ और डिलिवरी के समय फ़ैमिली प्लानिंग का ऑपरेशन करा लो।" वह तो कुछ नहीं बोली, लेकिन उसका शौहर बोला, "हम लोग मुसलमान हैं। भला ऑपरेशन कैसे करा सकते हैं।"

इस बस्ती से लौटकर जब मैंने एक स्थानीय हिन्दी अख़बार में एक रपट लिखी और हिन्दू-मुस्लिम एकता के इस मन्दिर के बारे में लोगों का परिचय कराया, तो मोमिनों की एक नवगठित संस्था 'इमारते-अहले-अंसार' का ध्यान इस तरफ़ गया। इस संस्था ने उस परिवार को सर ढकने के लिए चार कराकट शीट तथा परिवार के एक बेरोज़गार युवक को कमाने के लिए एक रिक्शा-ठेला तथा बच्चों को पढ़ाने के लिए स्लेट, काग़ज़, क़लम तथा किताब देने की पेशकश करते हुए अगले दिन उन्हें आलमगंज बुलाया, जहाँ से वे इन चीज़ों को ले जा सकें। वायदा करके भी यह मुस्लिम परिवार तयशुदा दिन सामान लेने नहीं पहुँच सका। जब इसकी ख़बर मिली तो दूसरे दिन मैं ख़ुद इस बस्ती में गया। रास्ते में सोच रहा था—बेचारे ज़रूर किसी मुसीबत में फँस गए होंगे। वहाँ जाने पर मो. अब्बास ने, जिसे रिक्शा-ठेला दिया जाना था, जो कुछ बताया उसका आशय यह था कि वह इस उधेड़बुन में पड़ गया है कि एक तो उसकी उम्र (15 वर्ष) कम है और दूसरा कि वह रिक्शा चलाना जानता नहीं। इसलिए भारी बोझ वह कैसे खींच पाएगा? ऐसा बताते हुए यह भी कहा गया कि अगर रिक्शा-ठेले की जगह उसे हाथ-ठेला मिल जाता तो

उस पर फल-सब्ज़ी वग़ैरह बेचकर वह कुछ कमा लेता। वहीं पर एक ग़ैरमुस्लिम युवक खड़ा सभी बातें सुन रहा था। उसने तपाक-से कहा कि भारी बुड़बक है। रिक्शा-ठेला क्यों नहीं ले लिया? बाद में उसे बेचकर उसी पैसे से हाथ-ठेला ख़रीद लेता। इस सुझाव पर अब्बास तो चुप रहा, लेकिन उसकी बहन नूरैसा ख़ातून ने कहा, "मालिक, हम मुसलमान हैं, झूठ बोलकर रिक्शा ठेला कैसे लेते?" काश, दूसरे मुसलमान भी इन्हें पक्का मुसलमान मानते।

जात का पहरा : जात का प्रहार

बिहार के मुस्लिम समाज में तीन ऐसी घटनाएँ मंज़रे-आम पर आई हैं जिन्हें जातीय नफ़रत की इन्तिहा कहा जाए तो अतिशयोक्ति नहीं होगी। वैशाली ज़िला में एक दर्ज़ी बिरादरी के लड़के को इसलिए बर्बरतापूर्ण तरीक़े से पीटा गया कि उसने एक शेख़ बिरादरी की लड़की से मोहब्बत करने की हिमाक़त की। जहानाबाद से ख़बर आई है कि वहाँ के क़ब्रिस्तान में पिछड़ी जाति के मुसलमानों को दफ़न किए जाने से रोका गया है। वैशाली ज़िला में ही एक मस्जिद के इमाम को बिजली के खम्भे में बाँधकर पीटा गया है।

जहाँ तक मज़हबे इस्लाम का ताल्लुक़ है, किसी दर्ज़ी के बेटे और शेख़ की बेटी के बीच शादी की कोई मनाही नहीं है। किसी मुसलमान के जनाज़े को किसी क़ब्रिस्तान में दफ़न करने से रोकना तो इस्लामी शरीअत के मुताबिक़ सरासर जुर्म है। किसी मस्जिद के इमाम को बिजली के खम्भे से बाँधकर पीटने की घटना कभी सुनी नहीं गई थी, मगर इन तीनों ग़ैर इस्लामी वारदातों पर 'ऑल इंडिया मुस्लिम पर्सनल लॉ बोर्ड' के ओहदेदारों या किसी दूसरे उलेमा का न कोई बयान आया और इस्लाम विरोधी घटनाओं के लिए किसी तरह की पहल की गई।

इसे महज़ संयोग ही कहा जाएगा कि दर्ज़ी लड़का शेख़ लड़की वाली घटना गुज़रे साल 14 फ़रवरी यानी वेलेंटाइन डे को घटी। मगर लड़का-लड़की पढ़े-लिखे नहीं हैं। इसलिए इस ख़ास दिन का उनके लिए कोई महत्त्व हो, ऐसी बात नहीं है। वैसे, प्रेम की भाषा इनसान से लेकर जानवर तक में कौन नहीं समझता?

वैशाली ज़िला के महुआ थानान्तर्गत हसनपुर ओस्ती गाँव में 20 वर्षीय युवक अकबर अपने घर में चैन की नींद सो रहा था कि आधी रात को गाँव के ही मो. राजेश वग़ैरह क़रीब आठ लोगों ने घर का दरवाज़ा खुलवाया और अकबर को घसीटते हुए घर से बाहर ले गए। अकबर का बूढ़ा पिता मो. हदीस और उसकी माँ चीख़ती-चिल्लाती रही, लेकिन आततायियों पर इसका कोई असर नहीं हुआ। आततायी अकबर पर यह आरोप लगा रहे थे कि उसने उनके घर की लड़की को भगाकर कहीं छिपा दिया है। उसने लड़की को कहाँ छिपा रखा है, यह पूछने के लिए उन लोगों ने

अकबर को अपने दरवाज़े के सामने एक पेड़ से बाँध दिया और उसे हॉकी स्टिक से पीटना शुरू किया। अकबर बार-बार कहता रहा कि वह नाज़नीन (नाम बदल दिया गया है) के बारे में कुछ नहीं जानता, कि उसने उसे नहीं भगाया है। बावजूद इसके अकबर को पीटते-पीटते हॉकी के दो स्टिक टूट गए और सुबह होने को आई। अब तो अकबर कुछ बोलने के क़ाबिल भी नहीं रहा। बोल तो सिर्फ़ आततायी रहे थे। एक दर्ज़ी की यह मजाल कि शेख़ की बेटी से इश्क़ लड़ाए, उसको अगवा करा दे। सूर्य की पहली किरण भी निकल आई। अकबर ने अब तक कुछ नहीं उगला। तब शेख़ साहब के घर से एक ने प्लॉस खोजकर निकाला और उससे अकबर के हाथ के नाख़ून नोच डाले। इतने पर भी अकबर ने जब नाज़नीन के बारे में कुछ नहीं बताया तो ब्लेड से उसके पैर जगह-जगह से चीर दिये गए और उसमें नमक मल दिया गया। बताते हैं कि इसी बीच नाज़नीन कहीं से दौड़ती हुई वहाँ आ पहुँची। उसने अकबर को बचाने का यह कहते हुए प्रयास किया कि वह ख़ुद अपनी माँ और भाई द्वारा अकबर को लगातार गाली देने से तंग आकर घर से भागकर बग़ल के गाँव के अपने रिश्तेदार के यहाँ चली गई थी। तब जाकर कहीं शेख़ों ने अकबर को पेड़ से खोलकर छोड़ा। इसके बाद अकबर के परिवार के लोग उसे लाद-फाँद कर अपने घर ले गए। ले जाते वक़्त उन्हें धमकी दी गई दवा कराने गाँव से बाहर ले गए तो पूरे परिवार के साथ ऐसा ही सुलूक किया जाएगा।

मगर इसके पहले अकबर की माँ आमना ख़ातून गाँव से निकलकर पुलिस को ख़बर करने महुआ थाना चली गई थी। वहाँ से थानेदार आए भी लेकिन शेख़ साहब से उपकृत होकर तथा अकबर से सादे काग़ज़ पर दस्तख़त लेकर लौट गए। इस गाँव में पाँच-छह घर इदरीसिया बिरादरी (दर्ज़ी) के तथा 150 घर शेख़ों के हैं। अकबर के एक रिश्तेदार वैशाली ज़िला मुख्यालय हाज़ीपुर में रहते हैं। वह सामाजिक कार्यकर्ता हैं। उन्हें जब इस घटना की सूचना मिली तो वह किसी तरह चोरी-छिपे अकबर को हाज़ीपुर लाए। 27 फ़रवरी को सी.जी.एम. वैशाली के यहाँ धारा 147, 323, 342, 300, 387 और 34 के अन्तर्गत मुक़दमा दायर किया गया।

इस गाँव के दर्ज़ियों पर शेख़ों के ज़ुल्म की यह पहली घटना नहीं है। अकबर के बड़े भाई 24 वर्षीय अयूब बताते हैं, "ढाई साल पहले गाँव के एक शेख़ साहब मेरी शादी ज़बरदस्ती बेगूसराय के विथान गाँव में कराना चाहते थे। वे लोग थे तो दर्ज़ी जात के ही लेकिन शेख़ साहब ने शादी कराने के नाम पर उनसे कुछ घूस खा लिया था। मैंने यह शादी नहीं की और घर से भाग गया। वे लोग मेरे अब्बा-अम्मा को ज़बरदस्ती मुझे खोजने के लिए भेजा करते थे। ख़ुद भी इधर-उधर मेरी तलाश में रहते थे। मैंने सोचा कि कभी-न-कभी वे लोग मुझे पकड़ लेंगे और मेरे गले उसी लड़की को मढ़ देंगे। इसलिए मैंने घर से बाहर रहते हुए अपने पसन्द की शादी कर ली। जब मैं अपनी बीवी को लेकर घर पहुँचा तो वे लोग मेरे घर पर चढ़ आए

और मुझे और मेरे माँ-बाप को भद्दी-भद्दी गालियाँ दीं। इस घटना के बाद से मैं अपनी बीवी को लेकर हाज़ीपुर में ही रहता हूँ।"

अयूब बताता है, "आठ साल पहले की बात है। हमारे घर की बकरी एक शेख़ का खेत चर गई। इस पर उन लोगों ने मेरे चाचा मो. हलीम को बुरी तरह पीटा। हम लोग कुछ नहीं बोले। इसी के बाद से उन लोगों का मन चढ़ता गया। फिर उन लोगों ने मेरी 15 साल की एक भतीजी को भी लप्पड़-थप्पड़ कर दिया।" अयूब को इस तरह की घटनाओं का एक कारण तो यह समझ में आता है कि उनका बढ़िया कपड़ा पहनना और खाना शेख़ों को अच्छा नहीं लगता है। शेख़ कहते हैं कि साला सीना तानकर चलता है।

अकबर-नाज़नीन के प्रेम-सम्बन्धों के बारे में पूछे जाने पर अयूब बताता है कि हम लोगों को तो बाद में उनके प्रेम-सम्बन्धों के बारे में पता चला। अकबर घंटों नाज़नीन के घर टी.वी. देखा करता था। उन लोगों को शुरू में ही इसकी मनाही कर देनी चाहिए थी।

एक प्रेमी युवक पर जातीय नफ़रत से ओत-प्रोत आदिम बर्बरता की इस कहानी को सबसे पहले प्रकाश में लाने का श्रेय पटना के 'हिन्दुस्तान टाइम्स' और 'हिन्दुस्तान' अख़बार को जाता है, मगर पटना से ही निकलनेवाले एक उर्दू दैनिक की तो इसमें घिनौनी भूमिका रही। 'लड़की के साथ ज़ोर-ज़बरदस्ती महँगी पड़ी' शीर्षक से इस अख़बार ने अपने 28 फ़रवरी के अंक में लिखा—'एक नौजवान को बुरी नीयत से दोशीजा (जवान लड़की) को मोबईना (चुपचाप) तौर पर भगाने और उसके साथ ज़ोर-ज़बरदस्ती करने के बाद बुरी तरह पीटा गया और बेहोश हो जाने पर उठाकर सड़क पर फेंक दिया गया। इस सिलसिले में उक्त गाँव के मो. अकबर ने 27 फ़रवरी को सी.जी.एम. की अदालत में एक मामला दर्ज कराया है।'

बस इतना ही। यह भी लिखने की ज़रूरत नहीं समझी कि मो. अकबर ने जो मामला दर्ज कराया है, उसमें क्या कहा गया है? यही है उर्दू सहाफत। वैसे तो ये उर्दू अख़बार और अपने को आलाजात समझनेवाले लोग 'मुसलमानों में जात-पाँत कहाँ है' जैसे जुमले दोहराते अक्सर ले जाते हैं, लेकिन जब ऊँची जात का मामला आता है तो उसके पक्ष में बेशर्मी से खड़े हो जाते हैं। इनके शातिर दिमाग़ का आलम यह है कि जब पिछड़ी जाति का कोई लड़का आई.ए.एस., आई.पी.एस., इंजीनियर, डॉक्टर या किसी अन्य बड़ी नौकरी में चला जाता है तो वैसे लड़कों से अगड़े मुसलमान अपनी लड़कियों की शादी रचा देते हैं, मगर औसत क़िस्म के लड़कों के मामले में जात-पाँत की बात खड़ी कर देते हैं। पिछड़ी जाति की लड़कियों को तो ऊँची जाति के मुसलमान अपने घरों में बहू बनाकर हरगिज़ नहीं ले जाते। ऐसा करने से उनकी नस्ल ख़राब होने लगती है।

दूसरी घटना जहानाबाद शहर की है। वहाँ उंटामदारपुर कर्बला-क़ब्रिस्तान में

पिछले कई वर्षों से पिछड़ी जातियों के मुर्दों को दफ़न होने नहीं दिया जा रहा था। स्व. मो. सलीम अंसारी, महल्ला गड़ेरिया खंड (जहानाबाद) ने कर्बला के क़ब्रिस्तान में दफ़न होने की वसीयत कर रखी थी, लेकिन उनका जनाज़ा वहाँ दफ़न नहीं होने दिया गया। इसी तरह जहानाबाद बिचली महल्ला के स्व. महमूद आलम (ड्राइवर), मो. मुश्ताक़ (बाँस दुकान) की बेटी के जनाज़े को वहाँ दफ़नाने से जब रोका गया तो लोग आक्रोश में आ गए और जबरिया उस क़ब्रिस्तान में जनाज़े को दफ़न किया गया। इसके बाद बाज़ाब्ते जहानाबाद की तमाम मस्जिदों में ऐलान कर आम मुसलमानों की एक बैठक बुलाई गई और उसमें कर्बला-क़ब्रिस्तान के ठीक-ठाक इन्तज़ाम के लिए एक नई कमेटी का गठन कर दिया गया। इस कमेटी के सदर असलम अंसारी और सचिव मो. मुश्ताक़ कलाल बनाए गए। इस कमेटी ने बिहार सरकार के अल्पसंख्यक कल्याण मंत्री शक़ील अहमद ख़ाँ को 18 जनवरी, 2003 को गया में एक ज्ञापन देकर आरोप लगाया कि जहानाबाद ज़िला औकाफ कमेटी के कथित सेक्रेटरी बदरू रहमान उर्फ़ बादो सलमानों के बीच नफ़रत पैदा कर कर्बला क़ब्रिस्तान पर नाजायज़ ढंग से क़ब्ज़ा करना चाहते हैं। उन्होंने क़ब्रिस्तान के हरे शीशम के पेड़ों को कटवाकर बेच दिया है और उसके हज़ारों रुपये हजम कर गए हैं। अल्पसंख्यक कल्याण मंत्री ने जहानाबाद के इस आमजन के ज्ञापन पर क्या किया, यह तो पता नहीं है, लेकिन आरोपी बदरू रहमान ने एस.डी.ओ. के मेल से क़ब्रिस्तान कर्बला कमेटी के पदाधिकारियों पर 107 का मुक़दमा ज़रूर ठोंक दिया।

एक अन्य घटना का भी ज़िक्र करना चाहता हूँ जो कम शर्मनाक नहीं है। घटना यह है कि मौलाना मो. रहमतुल्ला अंसारी मस्जिद के इमाम पर झूठा आरोप लगाकर उन्हें एक शेख़ परिवार के लोगों ने मस्जिद के पोल में बाँधकर पीटा। इस घटना की विशेषता यह है कि इसमें गाँव के सभी हिन्दू-मुसलमान यहाँ तक कि शेख़ बिरादरी के दूसरे लोग भी मस्जिद के इमाम के पक्ष में खड़े हो गए। मुहल्ले वालों ने पुलिस को ख़बर की और 307 आदि दफा लगाकर मिंटू सहित जुल्मी परिवार के तीन लोगों को जेल भेज दिया गया। मिंटू ने मौलाना पर अपने घर की लड़की के साथ छेड़खानी का आरोप लगाया था जबकि मुहल्ले के लोगों का कहना है कि मौलाना जुआ खेलने, ताड़ी पीने वग़ैरह बुरे कामों पर रोक लगा रहे थे। इसलिए झूठे आरोप लगाकर उनकी पिटाई की गई। इस मामले का एक दु:खद पहलू यह भी है कि जिस मज़हबी इदारा इमारत-ए-शरिया, फुलवारी शरीफ़ के कहने पर ये मौलाना इस गाँव में आए थे, उस इदारे के किसी ओहदेदार ने इस घटना की निन्दा तक नहीं की।

इस तरह हम देते हैं कि प्यार-निकाह से लेकर मस्जिद-क़ब्रिस्तान तक हर जगह जात का पहरा लगा हुआ है। जिस अस्बियत और नशाबियत (ऊँच-नीच का भेदभाव) को हमारे पैग़म्बर साहब ने अपने पैरों तले रौंद दिया था, उसे आज लोग अपने सर का ताज बनाए फिर रहे हैं।

राज्यसभा में भाषण और मुद्दे

सभी मज़हबों के दलितों के साथ एक जैसा सुलूक क्यों नहीं

(11 अगस्त, 2006)

महोदय, पिछली 28 जुलाई जब इस ग़ैर सरकारी विधेयक पर बहस हो रही थी, तो संयोग से आप ही चेयर पर थे और आपको याद होगा कि बहस के दरम्यान माननीय सदस्य मौलाना ओबेदुल्लाह ख़ान आज़मी साहब और मेरे बीच थोड़ी नोक-झोंक हो गई थी और बैठक बीच में 5 मिनट पहले ख़त्म करनी पड़ी। मुझे याद है कि आपने मुझसे पूछा था यह नोक-झोंक किस बात पर हुई? शायद भाषा के चलते आपको यह दिक़्क़त हो रही थी। महोदय, आज भी उसी तरह की नोक-झोंक व्यास जी और नारायणसामी जी के बीच में हुई है।

अभी यहाँ ईसाई समुदाय की बातें आई हैं। आम तौर पर लोग यह समझते हैं कि मुसलमानों के बीच और ईसाइयों के बीच कोई जातीय भेदभाव नहीं है, ऊँच-नीच का कोई फ़र्क़ नहीं है। महोदय, मैं मुसलमान समाज के बारे में अपने ज़ाती तजुर्बे की बुनियाद पर कहना चाहता हूँ क्योंकि मैंने इस विषय पर अध्ययन किया है। मैंने इस पर कई किताबें लिखी हैं। उससे भी एक क़दम आगे बढ़कर कहूँ तो मैंने वह जीवन जिया है। इस बुनियाद पर मैं कहना चाहता हूँ कि उसूल इस्लाम के अन्दर कोई तफ़रीक़ या भेदभाव नहीं है, लेकिन अमलन (व्यवहार में) मुस्लिम समाज के अन्दर भी यह भेदभाव मौजूद है। मुझे यह कहने में कोई हिचक नहीं हो रही है कि कई जगहों पर भेदभाव हिन्दू समाज से भी ज़्यादा है। हिन्दू समाज में तो उस भेदभाव के ख़िलाफ़ हज़ारों साल की लड़ाई का इतिहास है। अगर वहाँ वर्ण-व्यवस्था है, छुआछूत है तो उसके ख़िलाफ़ लड़ाई भी लड़ी गई है और हिन्दू समाज अपनी इस बीमारी को छुपाता भी नहीं है। उनके यहाँ कई ऐसे समाज सुधारक पैदा हुए जिन्होंने इस बीमारी के ख़िलाफ़ आवाज़ उठाई, लड़ाई लड़ी और अपनी ज़िन्दगी को वक्फ़ कर दिया। लेकिन माइनॉरिटी के अन्दर शायद 'साइकी' भी होती है कि वह अपनी कमज़ोरी को छुपाने की कोशिश करता है और शायद इस

नाते से मुस्लिम समाज में भी इस बीमारी को अब तक छुपाने की कोशिश की है।

मैं कहना चाहता हूँ कि अब वह ज़ख़्म नासूर का रूप ले चुका है और इसलिए यह बात सामने आ रही है जिस पर गम्भीरता से विचार करने की ज़रूरत है। इसलिए यह जो बिल आया है, इसका हम अपनी तरफ़ और अपनी पार्टी जनता दल (यू) की तरफ़ से पुरज़ोर समर्थन करते हैं। हमारे नेता नीतीश कुमार ने भी मुख्यमंत्री बनने से पहले पार्लियामेंट में अपना आख़िरी खुत्बा इसी सवाल पर किया था कि ईसाइयों और मुसलमानों को भी शेड्यूल्ड कास्ट का दर्जा मिलना चाहिए। उनके अन्दर भी जात-पाँत, छुआछूत का भेदभाव है, सामाजिक वर्गीकरण है। इसलिए उनको भी वही स्टेटस और दर्जा मिलना चाहिए। महोदय, मैं इन्हीं बातों को आगे बढ़ाना चाहता हूँ। यह कोई अभी की बात नहीं है। मैं यहाँ 1901 की जनगणना रिपोर्ट का हवाला देना चाहता हूँ जिसमें 133 जातियों की पहचान की गई थी, जो पूरी तरह या आंशिक रूप से मुसलमान थे। रिपोर्ट के अनुसार, भारत में मुस्लिम समाज मुख्य रूप से तीन भागों में विभक्त है—अशराफ़, अज़लाफ़ और अरज़ाल। पहले भाग में कुलीन तथा उच्च परिवार के लोग आते हैं। इसमें भी दो भाग हैं—पहले वे जिनका ख़ून विदेशी है और जो अरब, पर्शिया, तुर्की या अफ़गानिस्तान से आकर यहाँ बस गए। दूसरे वे सवर्ण हिन्दू, जो धर्म बदलकर मुसलमान बन गए। अज़लाफ़ में हिन्दुओं की नीची जाति से धर्म-परिवर्तन कर मुसलमान लोग आते हैं। मुसलमानों की तीसरी श्रेणी, जिसके बारे में 1901 की जनगणना रिपोर्ट कहती है, कुछ स्थानों पर तीसरा वर्ग भी है, जो अरज़ाल अथवा नीची जातियों में भी सबसे नीचे आते हैं। इनमें हलालख़ोर, लालबेग़ी, अबदाल और बेदिया आदि शामिल हैं। इनके साथ कोई दूसरा मुसलमान सम्बन्ध नहीं जोड़ता और जिन्हें मस्जिदों में जाने की मनाही है। ये सार्वजनिक दफ़नगाह का भी प्रयोग नहीं कर सकते हैं।

महोदय, यह मौक़ा नहीं है, लेकिन मैंने इस पर अध्ययन किया है। कई जगह मस्जिदें भी अलग-अलग हैं, क़ब्रिस्तान अलग-अलग है। यह सिर्फ़ मुसलमान समाज की ही बीमारी नहीं है, ईसाई समाज में भी जो दलित ईसाई हैं, उनके भी चर्च कई जगह अलग-अलग हैं, उनके भी क़ब्रिस्तान अलग-अलग हैं। इसलिए नाम भी मिलता-जुलता है, जहाँ तक मुसलमानों का ताल्लुक़ है, उधर एक मुस्लिम धोबी है, तो इधर हिन्दू धोबी। हिन्दू धोबी शेड्यूल्ड कास्ट है, तो मुसलमान धोबी शेड्यूल्ड कास्ट क्यों नहीं होगा? कपड़े वह भी धोता है, कपड़े यह भी धोता है। उनका नाम श्याम रजक है, वह मंत्री बनता है और यहाँ रहमान रजक है, जो धोबी घाट पर गधे के साथ कपड़ा धोते-धोते वहीं मर जाता है। वहाँ आई.ए.एस. होता है, वहाँ आई.पी.एस. होता है और यहाँ एक किरानी हो जाता है, तो पूरे इलाक़े में तहलका मचता है कि एक मुस्लिम धोबी का बेटा किरानी हो गया।

मुसलमानों में हलालख़ोर हैं, तो हिन्दुओं में हलख़ोर हैं। महोदय, मैंने अपने

अध्ययन में पाया, मैंने उनके साथ कई रातें गुज़ारीं और मैंने देखा कि उनके मर्द, उनकी औरतें, उनके बच्चे और उनके जवान नगरपालिका में काम करते हैं, कॉरपोरेशन में काम करते हैं। सरकार ने भले ही कमाऊ पाखाने को क़ानून की किताब में ख़त्म कर दिया है, लेकिन वह अमल में है। वे अपने माथे पर मैला का कनस्तर लेकर, टीन लेकर घूमते हैं। उनको वह सहूलियत क्यों नहीं मिलनी चाहिए, उनको लाल राशन कार्ड क्यों नहीं मिलना चाहिए, उनको इन्दिरा आवास क्यों नहीं मिलना चाहिए? सिर्फ़ मुसलमान होने के नाते या सिर्फ़ ईसाई होने के चलते उनको इन अधिकारों से वंचित क्यों किया जाता है? यह तो वही बात हुई कि आप मज़हब के नाम पर, धर्म के नाम पर भेदभाव कर रहे हैं। इस तरह का भेदभाव नहीं होना चाहिए। यह एक तल्ख़ हक़ीक़त है। यह एक छुपी हुई बात थी, लेकिन अब ये सामने चली आई है। वह नासूर वाली बात हमने कही है, वही बात हो गई है।

महोदय, मैं कहना चाहता हूँ कि आप देखिए। यह सिर्फ़ 1901 की जनगणना की बात नहीं है। आप बुकानन साहब को जानते हैं। बुकानन साहब लिखते हैं कि मुसलमान में मुल्लाज़ादा नाम की एक जाति है। यह जाति ग़ुलाम की ज़िन्दगी बसर करती है। किसी भी स्वतंत्र व्यक्ति और ग़ुलाम के बीच अन्तर्विवाह की अनुमति नहीं है। यहाँ तक कि एक मालिक और एक ग़ुलाम स्त्री के संसर्ग से जब कोई बच्चा पैदा होता है तो उस बच्चे को भी ग़ुलामी की अवस्था से छुटकारा नहीं मिल पाता। ऐसी हालत में उस बच्चे के पिता का प्रयास होता है कि किसी तरह से उसका विवाह उसी जाति की खोटी नस्ल के परिवार में कर दिया जाए। इस तरह के बेटे-बेटियों की ख़रीद-बिक्री भी होती है। युवा महिलाओं की क़ीमत एक पुरुष के मुक़ाबले कहीं ज़्यादा लगाई जाती है। इस तरह से जन्मे पुरुष बच्चों की क़ीमत जहाँ पाँच रुपये मिलती है, वहीं एक लड़की 20 रुपये तक में बेची जाती है। मुसलमानों के क़तार में इन ग़ुलाम महिलाओं का इस्तेमाल सिर्फ़ भोग-विलास के लिए होता है।

महोदय, यह सिर्फ़ बुकानन साहब की बात नहीं है। मैं राष्ट्रपिता महात्मा गांधीजी को कोट करना चाहता हूँ। उन्होंने इस तल्ख़ हक़ीक़त को देखा, उसको समझा। बाबा साहेब आम्बेडकर ने भी समझा। मैं महात्मा गांधी जी को कोट कर रहा हूँ, जो उन्होंने 'हरिजन' पत्रिका में 26.12.1936 को लिखा है। वे क्या लिखते हैं? 'Whether a Harijan is nominally a Christian, Muslim, or Hindu and now Sikh, he is still a Harijan. He cannot change his spots inherited from Hindusism so called. He may change his garb and call himself a Catholic Harijan or Muslim Harijan or Neo-Muslim or Neo-Sikh, his untouchability will haunt him during his lifetime.'

महोदय, आप देखेंगे कि जब हिन्दुस्तान का संविधान बन रहा था, उस समय सिर्फ़ हिन्दू को शेड्यूल्ड कास्ट का दर्जा था। हिन्दुस्तान की संविधान सभा में सिखों

ने यह आवाज़ उठाई थी कि उनके अन्दर भी दलित हैं, लेकिन उस समय यह बात नहीं मानी गई। बाद में उनकी बात को माना गया और तस्लीम किया गया, उनको शेड्यूल्ड कास्ट में शामिल किया गया। उसी तरह से आप देखेंगे, जब वी.पी. सिंह साहब की सरकार थी, तो उन्होंने नव-बौद्ध को वह स्टेटस दिया। अब सवाल यह है कि पार्लियामेंट में जो बिल लाकर के रखा था, नरसिंह राव जी के समय में, क्रिश्चियन को शेड्यूल्ड कास्ट का दर्जा देने के लिए, उस बिल को ठंडे बस्ते में क्यों डाल दिया गया? मुसलमान ओ.बी.सी. हैं, मुसलमान जनरल कैटेगरी में हैं, मुसलमान शेड्यूल्ड कास्ट की जातियाँ हैं, उनको शेड्यूल्ड कास्ट बनाना होगा। इसलिए हम बिल का समर्थन करते हैं।

महोदय, मुसलमानों में जात-पाँत की तफ़सील में नहीं जाना चाहता। मुसलमानों में यह कोई बीमारी हिन्दुस्तान में नहीं है, यह बीमारी उसके उद्‌गम में भी है, उसके ओरिजन में भी है और यह कोई अनहोनी बात भी नहीं है। दुनिया के तमाम मुल्कों में, मज़हबों में ऊँच-नीच का विभेद होता है, उसका नाम भले ही अलग-अलग हो। मैं उद्धृत कर सकता हूँ, 'हिदाया' से यह किताब 593 हिजरी की है। उस समय तो हिन्दुस्तान से इस्लाम का कोई ताल्लुक़ नहीं था। मैं कहना चाहता हूँ कि तीन शब्द हैं—अशराफ़, अज़लाफ़, अरज़ाल। महोदय, ये उर्दू के शब्द नहीं हैं, ये फ़ारसी के शब्द नहीं हैं, ये ख़ालिस अरबी के शब्द हैं। इसलिए उनके समाज में जब इस तरह की बीमारी नहीं थी, तो उनके शब्दकोश में ये शब्द कहाँ से आए? यह कोई अनहोनी बात नहीं है। हमारे पैग़म्बर, हमारे आख़िरी नबी ने इसकी लड़ाई लड़ी। उनका आख़िरी ख़ुत्बा जो है, वह हज्ज़तुल-विदा का ख़ुत्बा है। मौलाना ओबेदुल्लाह ख़ान आज़मी साहब यहाँ नहीं हैं। हम उनको बताना चाहते थे कि हमारे आख़िरी नबी ने यह हिदायत दी थी कि न गोरे को काले पर, न काले को गोरे पर, न अरबी को अजमी पर, न अजमी को अरबी पर कोई फ़ौकियत या कोई उच्चता हासिल है। अगर है, तो तकवा की बुनियाद पर, लेकिन जिस चीज़ को यानी हसब-नसब के मामले को, जातीय गौरव के मामले को, ग़रूर के मामले को, हमारे नबी ने अपने पैर से रौंद दिया, उसको कुछ लोग अपने सर का ताज बनाकर घूमते हैं। ऐसे लोगों ने हिन्दुस्तान में भेदभाव को बनाकर रखा है। हम कहना चाहते हैं कि समाज में इस तरह का भेदभाव होता है, लेकिन जो सरकारें होती हैं, जो हुकूमतें होती हैं, जो समाज के प्रबुद्ध न्यायप्रिय लोग होते हैं, उनको इन सारी बातों पर ध्यान देना चाहिए।

महोदय, हमारे यहाँ एक बिरादरी का नाम है, भठियारा। आपको यह सुनकर भी हैरत होगी कि यह 'डेरोगेटरी' (गालीनुमा) शब्द है। हमारे यहाँ यह किसी बोलचाल की भाषा में नहीं आता है। जो अदर बैकवर्ड क्लासेज़ की लिस्ट है, उसमें यह दर्ज है। एक बार पंडित नेहरू ने पटना में 'भठियारा' शब्द का इस्तेमाल किया जब उनकी पार्टी के लोग आपस में लड़ रहे थे। उन्होंने कह दिया कि क्यों भठियारों

की तरह लड़ रहे हो? हमारे बिहार में सुर्ख़ियों में यह अख़बार में छपा था। तो यह गाली-गलौज का शब्द है, लेकिन आप जानते हैं कि यह एक मुसलमानों की बिरादरी है। आप उसे शेड्यूल्ड कास्ट का दर्जा क्यों नहीं देंगे? इसी तरह एक बिरादरी है गदहेड़ी। हमारी मंत्री महोदया बैठी हुई हैं (मीरा कुमार) सासाराम से चुनकर आई हैं, सासाराम की गलियों में जाती होंगी तो देखती होंगी कि पौ फटने से पहले गधे की पीठ पर माटी, ईंट, मकान का मलबा लेकर खिच-खिच करते उस बिरादरी के लोग चलते हैं। ये जो ईंट, माटी, बालू ढोने का काम करते हैं, इनका नाम 'गदहेड़ी' है। यहाँ शाहिद सिद्दीक़ी साहब अभी नहीं हैं। उनके मोहल्ले के बग़ल में एक गदहेड़ी बिरादरी का आदमी धनी हो गया, कमा लिया, हज़ करके आया, तो हमारे समाज के लोगों ने उसका नाम रख दिया, हाज़ी गदहा। तो यह एक सोच है और आपको इस पर विचार करना पड़ेगा।

महोदय, हम बताना चाहते हैं कि मुल्लाज़ादा क्या है? वह मुल्लाज़ादा, जो मुग़ल थे, जो नवाब थे, जो क़ाज़ी थे, जो अमीर-उमरा थे, उनकी जो रखैलें थीं, उनसे उनके जो नाजायज़ औलादें थीं, उनकी एक जाति बना दी और आज वे शर्म से अपनी जाति का नाम भी नहीं बताते। मैं जब गया हाजीपुर, बिहार में और वहाँ मैंने कहा कि इस मुहल्ले में हम जाना चाहते हैं तो लोगों ने कहा कि तौबा-तौबा, कहाँ जा रहे हैं? उधर तो हरमबल्ला है। उस मोहल्ले का ही नाम हरमबल्ला है, यानी...की औलाद यहाँ रहती हैं। इस तरह का भेदभाव है। क्या वह मुल्लाज़ादा शेड्यूल्ड कास्ट में नहीं रहेगा, जिसको समाज इस तरह लांछित और अपमानित करता है? हलालख़ोर की बात हुई, हलालख़ोर को कई नामों से जाना जाता है—कहीं 'हेला' कहा जाता है, कहीं 'होलैया' कहा जाता है, कहीं 'हेलवा' कहा जाता है। उस नाम पर मोहल्ले बने हुए हैं। यह क्या है? यह हेलाना मोहल्ला है। तो महोदय, यह हलालख़ोर बिरादरी के लोग हैं, ये...हैं, इनको शेड्यूल्ड कास्ट का स्टेटस क्यों नहीं मिलेगा? उनको लालबेग़ी भी कहा जाता है। कुमार सुरेश सिंह, देश के इतने बड़े मानवविज्ञानी हुए हैं, अभी हाल ही में उनका इन्तकाल हुआ है, उन्होंने अपनी किताब में लिखा है और उनसे मेरी जब व्यक्तिगत बातचीत हो रही थी, तब बता रहे थे कि ये लालबेग़ी जम्मू-कश्मीर में शेड्यूल्ड कास्ट में हैं तो वे बिहार में, उत्तर प्रदेश में, मध्य प्रदेश में और दिल्ली में शेड्यूल्ड कास्ट क्यों नहीं होंगे? महोदय, कम-से-कम इस मामले में अंग्रेज़ हमारे से ज़्यादा ईमानदार थे और इस हक़ीक़त और सच्चाई को आम्बेडकर साहब ने समझा था। कुछ लोग आम्बेडकर साहब पर अंग्रेज़ों की तरफ़दारी का इल्ज़ाम लगाते हैं। उन लोगों से कहना चाहते हैं कि 1935 में जो गवर्नमेंट ऑफ़ इंडिया एक्ट था, उसमें धोबी, हलालख़ोर, नट, बक्खों, पँवरिया, मदारी, भठियारा, ये तमाम बिरादरियों के लोग शेड्यूल्ड कास्ट में थे। जब हमारा संविधान बना, उनको इससे बाहर कर दिया गया। अनुच्छेद 341

में इस तरह की बात नहीं है, 1950 का जो राष्ट्रपति का आदेश है, उसको वापस ले लिया जाए तो सारे मज़हबों के दलित एक हो जाएँगे और इससे देश तरक़्क़ी करेगा और आगे बढ़ेगा।

महोदय, यहाँ ऑस्कर फ़र्नांडिस साहब बैठे हुए थे, शायद चले गए या पीछे बैठे हुए हैं, मैं कहना चाहता हूँ, मैंने अख़बार में पढ़ा था कि ऑस्कर फर्नांडिस साहब पार्लियामेंट्री ईसाई मेम्बर्स का एक वफद लेकर प्रधानमंत्री से मिलने गए थे कि उनके दलितों को शेड्यूल्ड कास्ट का हक़ मिलना चाहिए। हम अगर देखें तो दक्षिण भारत के कई हमारे साथियों ने इस बिल का समर्थन किया है, लेकिन हमें अफ़सोस होता है कि लोकसभा में 36 मुसलमान एम.पी. हैं, यहाँ भी मुसलमान एम.पी. हैं और उनके समाज में यह दर्द, यह घाव और यह अपमान पल रहा है, लेकिन वे क्यों आवाज़ नहीं उठाते? हमारे उलेमा-ए-दीन हमारे धार्मिक नेता इस बात को क्यों नहीं उठाते, इसलिए हम सरकार से कहना चाहते हैं कि सरकार इस सवाल को उठाए और इसे प्राइवेट मेम्बर बिल की जगह सरकारी बिल क़बूल किया जाए, जिसे हम भी और सरकार भी पास करे।

महोदय, आप जानते हैं कि इस सवाल पर और कई राज्यों में आन्दोलन भी चल रहे हैं और आप यह भी जानते हैं कि ईसाई समुदाय के लोगों ने सुप्रीम कोर्ट में एक जनहित याचिका इस सम्बन्ध में दायर की है और उस जनहित याचिका के तहत फ़ैसला होगा, होनेवाला था और जिस तरह से कमेंट्स आ रहे थे उससे ऐसा लग रहा था कि ईसाई दलित के हक़ में फ़ैसला होगा, मुस्लिम दलित के हक़ में फ़ैसला होगा, लेकिन ऐन मौक़े पर सरकार के अटॉर्नी जनरल ने कहा कि इस काम को हम करेंगे। यह सेंसेटिव मामला है, हमको करने दीजिए आप कोई फ़ैसला मत दीजिए और उसने रंगनाथ मिश्र कमीशन के हवाले इस काम को दे दिया। माननीय मंत्री महोदया यहाँ पर बैठी हुई हैं, सामाजिक न्याय मंत्री यहाँ पर बैठी हुई हैं। हम उनसे यह कहना चाहते हैं कि रंगनाथ मिश्र कमीशन का जो टर्म्स ऑफ़ रेफ़रेंस है, वह ग़लत है, वह ग़ैर-संवैधानिक है। जिस कमीशन का टर्म्स ऑफ़ रेफ़रेंस ग़ैर-संवैधानिक है उसका कोई भी फ़ैसला ग़ैर-संवैधानिक ही होगा। उसका टर्म ऑफ़ रिफ़रेंस क्या है? उसका टर्म्स ऑफ़ रेफ़रेंस है कि मुसलमानों के अन्दर जो आर्थिक रूप से बैकवर्ड हैं, जो एजुकेशनली बैकवर्ड हैं, हम उनको रिज़र्वेशन देने पर विचार करेंगे। बहुत सारे संविधानविद् यहाँ हैं। हम मंत्री जी से कहना चाहते हैं कि जो सिर्फ़ इकोनॉमिकली बैकवर्ड है, संविधान में कहीं भी उसके लिए रिज़र्वेशन का प्रावधान नहीं है। यह सरकार मामले को डायल्यूट करने की कोशिश कर रही है। जिस कमीशन को दलित मुसलमानों का मामला रेफ़र किया गया है, हमें उस रंगनाथ मिश्र कमीशन से क़तई उम्मीद नहीं है कि कहीं हमें उससे न्याय मिलेगा, इसलिए इस बारे में सरकार को एक अलग बिल जाना चाहिए।

महोदय, मैं कहना चाहता हूँ कि कुछ लोग इस माँग को दबाने के लिए, हालाँकि अब यह माँग दबनेवाली नहीं है, टोटल मुस्लिम रिज़र्वेशन की बात करते हैं और कहते हैं कि सारे मुसलमान पसमान्दा हैं, सारे मुसलमानों को ओ.बी.सी. में लाइए। हम इस माँग की भी मुख़ालफ़त करते हैं। इस मुल्क के जो दलित मुसलमान और दलित ईसाई हैं, वे समझ रहे हैं कि मज़हब की बुनियाद पर आरक्षण नहीं मिलेगा। आन्ध्र प्रदेश में भी कांग्रेस की ही सरकार है। वहाँ पर आपकी सरकार ने मुसलमानों को पाँच प्रतिशत रिज़र्वेशन अलग से दिया है, लेकिन आपने देखा कि हाईकोर्ट ने उस आदेश को रद्द कर दिया और एक बार नहीं, दो-दो बार रद्द कर दिया। सुप्रीम कोर्ट में आए तो सुप्रीम कोर्ट ने भी उस मामले पर रोक नहीं लगाई है। इसलिए यह बात संविधान के ख़िलाफ़ है और आप अपना क़दम पीछे हटाइए, जो लोग भी टोटल मुस्लिम रिज़र्वेशन की बात करते हैं, सारे मुसलमानों को रिज़र्वेशन देने की बात करते हैं, हम उसके ख़िलाफ़ हैं और यह हमारी माँग को दबाने के लिए है। उनकी नीयत में कहीं-न-कहीं खोट है।

महोदय, दलित मुसलमानों और दलित ईसाइयों की माँग जो पकड़ रही है, तो इस माँग को दबाने के लिए कुछ लोग टोटल मुस्लिम रिज़र्वेशन का राग आलाप रहे हैं। इसमें और भी बहुत सारी बातें हैं और इसकी पीड़ा, इसकी वेदना कई तरह से उठ रही है। यह दीवार पर लिखी हुई एक इबारत है। इसी सवाल ने बिहार में सत्ता-परिवर्तन कर दिया है। हम कांग्रेस के भाइयों से कहना चाहते हैं कि दीवार पर लिखी हुई इस इबारत को आप पढ़ लीजिए और समझ लीजिए, यू.पी. में और पूरे देश में भी यह सभी मुसलमानों को आरक्षण देने का जो लॉलीपॉप आप दिखा रहे हैं, वह नहीं होनेवाला है और वह संविधान के ख़िलाफ़ है। कम-से-कम पिछड़े और दलित मुसलमान इसे बर्दाश्त करनेवाले नहीं हैं। अगर आम मुसलमानों की चिन्ता यह है कि पार्लियामेंट में उनकी नुमाइंदगी घट रही है, सरकारी नौकरियों में उनकी नुमाइंदगी घट रही है, तो धोबी, हलालख़ोर, नट, बक्खों, पँवरिया, भठियारा, ये लोग भी मुसलमान हैं। अगर इनको शेड्यूल्ड कास्ट का स्टेटस मिलेगा तो ये लोग भी रिज़र्व्ड सीट से खड़े होंगे, ये भी आई.ए.एस. और आई.पी.एस. बनेंगे और जब तक समाज का सबसे निचला आदमी आगे नहीं बढ़ता है, किसी भी समाज की तरक़्क़ी नहीं हो सकती है। इसलिए मैं कहना चाहता हूँ कि सरकार इसे गम्भीरता से ले और मंत्री महोदया आज ही इस सदन में इस बिल को सपोर्ट करें और इसे पारित करें ताकि जो दलित मुसलमान एवं ईसाई हैं, उनको शेड्यूल्ड कास्ट का स्टेटस दिया जाए।

[राज्यसभा में दिया गया पहला भाषण, जिसे 'मेडन स्पीच' कहा जाता है।]

सच्चर कमेटी पर कार्रवाई रिपोर्ट क्यों नहीं

(17 फ़रवरी, 2009)

महोदया, मैं दूसरी बात यह कहना चाहता हूँ कि राष्ट्रपति महोदया ने सच्चर कमेटी की चर्चा की। अभी कई माननीय सदस्य ने भी सच्चर कमेटी की रिपोर्ट के बारे में कहा। मैं आपसे यह अर्ज़ करना चाहता हूँ कि इसी यू.पी.ए. सरकार ने सच्चर कमेटी बनाई। यह कमेटी एन.डी.ए. की बनाई हुई नहीं है। यू.पी.ए. सरकार ने रंगनाथ मिश्र कमीशन बनाया। सच्चर कमेटी की रिपोर्ट आए हुए दो साल हो गए। आप इस हाउस में, लोअर हाउस में उस पर चर्चा कराने के लिए तैयार नहीं हैं। आप यह कह रहे हैं कि इतनी छात्रवृत्ति दी है, इतना क़र्ज़ दिया है। इतनी बड़ी रिहर्सल करने की, इतने लोगों को बिठाकर इतनी ज़्यादा मेहनत कराने की ज़रूरत क्या थी? जब कुछ ही लोगों को वज़ीफ़ा देना था, कुछ बैंकों से क़र्ज़ ही देना था तो इसे आप ऐसे ही दे सकते थे। आप क्या दे रहे हैं, इसका लेखा-जोखा कहाँ होगा? क्या आप भाग रहे हैं? लोकसभा में भी आपने सच्चर कमेटी पर कोई चर्चा नहीं कराई। मैं हर सेशन में यह माँग करता रहा हूँ कि उस पर चर्चा होनी चाहिए।

दूसरी बात यह है कि आपने रंगनाथ मिश्र कमीशन बनाया। वह दलित ईसाइयों, दलित मुसलमानों से मुतल्लिक़ है, दूसरे मज़हबों में जो दलित हैं, उनसे सम्बन्धित मामला है। सुप्रीम कोर्ट के निर्देश पर यह टर्म्स ऑफ़ रेफ़रेंस जोड़ा गया। महोदय, उसकी रिपोर्ट को आए डेढ़ साल का समय हो गया है, आप उसे हाउस में ले नहीं रहे हैं। कैसे मंज़र-ए-आम पर आएगा, कैसे देश की जनता जानेगी रंगनाथ मिश्र कमीशन के बारे में?

रंगनाथ मिश्र कमीशन आपने कमीशन ऑफ़ एन्क्वायरी एक्ट के तहत गठित करवाया। उसकी एक लीगल वैलिडिटी है। सच्चर कमेटी तो फिर भी प्रधानमंत्री द्वारा गठित हाई पॉवर कमेटी है। मानो तो शिव, नहीं तो पत्थर, लेकिन इसकी तो एक लीगल वैलिडिटी है। चीफ़ जस्टिस ऑफ़ इंडिया जो आदमी रह चुका है, उसने यह रिपोर्ट दी है। आपने शेड्यूल्ड कास्ट कमीशन से राय माँगी,

शेड्यूल्ड कास्ट कमीशन ने कहा कि यह ठीक है, दलित मुसलमानों को मिलना चाहिए।

(समय की घंटी)

...महोदय, यह तो उचित नहीं है। अभी तो हमने शुरू ही किया है।

(व्यवधान)

उपसभापति (प्रो. पी.जे. कुरियन) : सुनिए, ठीक है, ठीक है। हम आपको टाइम देंगे, लेकिन आप जान लीजिए कि आपकी पार्टी का टाइम 15 मिनट है और आपने 13 मिनट ख़त्म कर दिया है, So take five more minutes. देखिए।

दूसरे लोगों से मिलाकर देखिए।...

(व्यवधान)

...इस पर और कोई बोलनेवाला नहीं है।...

(व्यवधान)

उपसभापति : 5 मिनट के अन्दर ख़त्म करें। और लोगों को बोलना है।

अली अनवर : महोदय, मैं यह कह रहा था कि यह दलित मुसलमानों और दलित ईसाइयों का सवाल है। इसके लिए देशभर में आन्दोलन हो रहा है। आप क्यों नहीं सुन रहे हैं, आपकी क्या मजबूरी है? जो ज्यूडीशियल लॉ, शेड्यूल्ड कास्ट कमीशन है, उसने कह दिया है कि और तमाम दलित पार्टियों के नेता भी कह रहे हैं और कांग्रेस के मैनिफ़ेस्टो में भी था। हमारे मुख्यमंत्री श्री नीतीश कुमार जब लोकसभा के सदस्य थे, तब उहोंने इस बात के लिए माँग की थी। अब मुलायम सिंह जी कह रहे हैं, लालू प्रसाद जी कह रहे हैं और रामविलास पासवान जी भी कह रहे हैं। हम रामविलास जी, लालू जी और जो कांग्रेस के लोग हैं, उनसे भी कहना चाहते हैं कि यह आप ही का बनाया हुआ है। इसमें आपकी रज़ामन्दी है, आप इसको लागू क्यों नहीं कर रहे हैं? आपकी क्या मजबूरी है और आप किस बात से डर रहे हैं? अब तो हुज़ूर, चला-चली की बेला है। आप जा रहे हैं, आपकी बिदाई हो रही है। आप जाते-जाते एक काम तो नेक करते जाइए। इनके साथ नाइंसाफ़ी हो रही है, इनके साथ भेदभाव हो रहा है।

उपसभापति : सुनिए, अब आपका एक ही मिनट है। छह बजे ख़त्म करना है।

अली अनवर : महोदय, हम धर्म के नाम पर कोई रिज़र्वेशन नहीं माँग रहे हैं।

संविधान में कहीं भी धर्म के नाम पर रिज़र्वेशन नहीं है और संविधान में आर्थिक आधार पर भी रिज़र्वेशन नहीं है। मोइनुल हसन साहब, संविधान में अगर रिज़र्वेशन के सिलसिले में कोई शब्द आता है तो सामाजिक, पसमांदगी और तालीमी पसमांदगी जो सामाजिक रूप से पिछड़ा है, सामाजिक रूप से पिछड़े का मतलब जो जात से हीन है, जिसको ज़माने-ज़माने से कमज़ोर समझा गया है, इस बात को आप समझिए। अगर आप टोटल रिज़र्वेशन के पचड़े में पड़िएगा, सुप्रीम कोर्ट आएगा, कम्युनल पोलराइज़ेशन होगा। इसलिए मेहरबानी करके आप इस ख़तरनाक खेल को मत खेलिए।

[यह राष्ट्रपति के अभिभाषण के बाद धन्यवाद प्रस्ताव पर दिये गए भाषण का अंश है। इस भाषण में कई अन्य मुद्दे भी उठाए गए जो अलग-अलग विषयों से सम्बन्धित थे।]

रंगनाथ मिश्र कमीशन की रिपोर्ट नुमायाँ क्यों नहीं

(08 जुलाई, 2009)

उपसभापति महोदय, सरकार ने अक्टूबर, 2004 में नेशनल कमीशन फॉर रिलिजिअस एंड लिंग्विस्टिक माइनॉरिटीज का गठन किया। इसके चेयरमैन सुप्रीम कोर्ट के मुख्य न्यायाधीश रह चुके श्री रंगनाथ मिश्र बनाए गए। कमीशन ऑफ़ इन्क्वायरी एक्ट के तहत हुए इस मिशन ने मई, 2007 में अपनी रिपोर्ट दी। महोदय, जब यह मिशन बना तो एक साल तक यह नॉन फ़ंक्शनल रहा। सरकार ने इसको कोई सहयोग नहीं दिया। उसके बाद दो साल के अन्दर इस कमीशन ने अपनी रिपोर्ट सरकार को दी।

सर, इसी हाउस में कई बार मैंने और दूसरे कई माननीय सदस्यों ने भी इस कमीशन की रिपोर्ट को सदन में रखने तथा उस पर बहस कराने की माँग की, लेकिन आज तक यह रिपोर्ट इस सदन में नहीं रखी गई। महोदय, यह बड़ी तकलीफ़ की बात है कि इस बीच में पता चला कि जो सूचना आयोग है, जहाँ पर 10 रुपये का टिकट लगाकर कोई भी सिटिज़न जाकर एक दरख़्वास्त देता है और कोई सूचना लेता है, वहाँ पर तो इस सम्बन्ध में सूचना मिल गई। इस प्रकार सदन को नज़रअन्दाज़ किया गया। मैं इसे एक तरह से हाउस अवमानना मानता हूँ। इसको नज़रअन्दाज़ करके बाहर यह सूचना जारी कर दी जाती है, लेकिन सदन में यह नहीं रखी गई है। महोदय, हम यह कहना चाहते हैं कि सुप्रीम कोर्ट का भी निर्देश था कि अन्य धर्म में दलितों की पहचान की जाए। अख़बार में इसकी रिपोर्ट छपी है तथा सूचना आयोग के ज़रिये वह बाहर आई है, उसमें यह कहा गया है कि मुसलमानों में भी दलित हैं और ईसाइयों में भी दलित हैं। हम यह कह रहे हैं कि मुसलमान और ईसाई में जो दलित हैं, वे कमज़ोर तबक़े के लोग हैं, ये बेज़बान और मज़लूम लोग हैं, इसलिए सरकार इस रिपोर्ट को सदन में नहीं रख रही है? हम कहना चाहते हैं कि इसको हाउस में लाइए और 'एक्शन टेकेन' रिपोर्ट के साथ इसे यहाँ पेश करिए तथा इस पर बहस कराइए। महोदय, यह काम इसी सत्र में होना चाहिए। आपका भी अ

धिकार है। चेयर को भी अपने अधिकार का प्रयोग करना चाहिए। आप सरकार को निर्देश कीजिए कि इसी हफ़्ते सरकार इस रिपोर्ट को सदन में पेश करे...

(समय की घंटी)

तथा अगले हफ़्ते वह इस पर बहस कराए। वह एक्शन टेकेन रिपोर्ट के साथ आए।

(व्यवधान)

हम यह कहना चाहते हैं कि यह दलित मुसलमानों और दलित ईसाइयों का सवाल है, जिनके साथ नाइंसाफ़ी हो रही है। उनके साथ लम्बे समय से नाइंसाफ़ी हो रही है।...

मेव को शेड्यूल्ड ट्राइब का दर्जा मिले

(27 जुलाई, 2009)

महोदय, मेरा विशेष उल्लेख मेव को मीणा जाति के समान अनुसूचित जनजाति का दर्जा दिलाने के सम्बन्ध में है। महोदय, ऐतिहासिक साक्ष्यों के मुताबिक़ मेव और मेवासी जातियाँ मेवाती की तरह आदिवासी समूह हैं।

मेवातियों को जहाँ जनजाति का दर्जा मिला हुआ है, वहीं मुस्लिम होने के कारण मेव और मेवासी इस सुविधा से वंचित हैं। महोदय, ये तीनों जातियाँ मीणा की तरह जनजातियाँ हैं। अकबर के काल तक तो मेव और मीणा में विवाह सम्बन्ध भी होते थे। चन्दबरदाई ने 'पृथ्वीराज रासो' में मेवासी जाति का उल्लेख किया है। इमरत ख़ाँ ने 'तारीख़-ए-मेव' में लिखा है कि मेव और मीणा क़ौम के पूर्वज एक ही थे, जिनका पेशा नाव चलाना था। अंग्रेज़ों ने जनजाति अपराध क़ानून के तहत मेव और मीणा, दोनों जातियों को अपराधी जनजातियों की सूची में डाला था। आज़ादी के बाद वह क़ानून रद्द हो गया। मीणा को जहाँ जनजातियों की सुविधा दी गई, वहीं मुस्लिम होने के कारण मेव और मेवासियों को यह लाभ नहीं मिला। यह ख़ेदजनक और दुखद है कि एक समान सामाजिक-आर्थिक पृष्ठभूमि और ऐतिहासिक सन्दर्भ के बावजूद जहाँ एक ओर मीणा जनजाति का दर्जा पाकर सरकारी सेवा में विभिन्न पदों पर आसीन हैं, वहीं दूसरी ओर मेव अभी भी घोर सरकारी उपेक्षा के शिकार हैं। उन्हें मुख्यधारा में लाने के लिए, उन्हें विकसित करने के लिए समान आर्थिक-राजनैतिक अवसर दिये जाने की आवश्यकता है।

महोदय, संविधान के अनुच्छेद 16(4) के तहत सरकार ग़ैर-हिन्दुओं को भी आरक्षण का लाभ दे सकती है। अत: मैं सरकार से माँग करता हूँ कि मेव और मेवासी जाति के पिछड़ेपन को देखते हुए उन्हें भी संविधान के अनुच्छेद 342 के तहत अनुसूचित जनजाति का दर्जा दिया जाए।

जाति जनगणना का सवाल

1

18 दिसम्बर, 2009

महोदय, आपका ध्यान देश में जातिवार जनगणना की ज़रूरत तथा इसके राष्ट्रीय महत्त्व की ओर दिलाना चाहता हूँ। सन् 1931 के बाद देश में जातिवार जनगणना नहीं हुई है। इस बीच विभिन्न जातियों की जनसंख्या, इनके सामाजिक, आर्थिक और शैक्षणिक स्तर आदि में व्यापक बदलाव आए हैं, लेकिन इससे सम्बन्धित विश्वसनीय एवं ठोस आँकड़ों के अभाव में हम एक वास्तविक निष्कर्ष तक नहीं पहुँच सकते हैं। साथ ही, सरकार द्वारा चलाई जानेवाली विभिन्न योजनाओं एवं कार्यक्रमों का लाभ वांछितों तक नहीं पहुँच रहा है।

महोदय, कुछ समय पहले उच्चतम न्यायालय ने भी इसकी ज़रूरत पर बल देते हुए सरकार को विश्वसनीय एवं ठोस आँकड़े एकत्रित करने के लिए कहा था, ताकि वास्तविक विकास के लक्ष्य को पूरा किया जा सके। ग्यारहवीं पंचवर्षीय योजना के दौरान अन्य पिछड़े वर्ग के आँकड़े सम्बन्धी ज़रूरतों पर बल दिया गया है।

सामाजिक न्याय एवं अधिकारिता मंत्रालय पर गठित चौदहवीं लोकसभा की स्थायी समिति ने भी अपनी पन्द्रहवीं रिपोर्ट (2005-06) में यह माना है कि सरकार के पास पिछड़े वर्ग की कुल जनसंख्या तथा ग़रीबी रेखा से नीचे रहनेवाले अन्य पिछड़ा वर्ग की जनसंख्या से सम्बन्धित कोई आँकड़े उपलब्ध नहीं हैं। नतीजतन, मंत्रालय अन्य पिछड़े वर्ग के लिए चलाई जानेवाली विभिन्न कल्याणकारी योजनाओं के लक्ष्य को पूरा नहीं कर सकता।

अत: मैं सरकार से माँग करता हूँ कि सामान्य जनगणना-2011 के साथ जातिवार जनगणना भी कराई जाए।

2

9 मार्च, 2011

उपसभापति महोदय, हम इस बात को लेकर चिन्तित हैं कि 2011 की जनगणना में जाति को शामिल नहीं किया जा रहा है। पिछले साल इस सवाल पर देश में और संसद में काफ़ी चर्चा हुई थी और इस बात पर सहमति बन गई थी कि 2011 की जनगणना में जाति को शामिल किया जाएगा। ऐसे मौक़े कम आते हैं जब पक्ष और विपक्ष का भेद मिट जाता है। जनगणना में जाति को शामिल करने को लेकर हुई बहस में यही हुआ। कांग्रेस और बीजेपी के साथ ही वामपन्थी दलों और तमाम राष्ट्रीय और क्षेत्रीय दलों के प्रतिनिधियों ने इस बात का समर्थन किया कि जनगणना में जाति को शामिल करना अब ज़रूरी हो गया है। इसके बाद प्रधानमंत्री डॉ. मनमोहन सिंह ने आश्वासन दिया कि सदस्यों की भावना से सरकार वाक़िफ़ है और इस बारे में कैबिनेट फ़ैसला करेगी। उनके इस घोषणा का ज़ोरदार स्वागत हुआ है और इसे सामाजिक न्याय की दिशा में एक बड़े क़दम के रूप में देखा गया।

लेकिन अब सरकार ने इसे जनगणना अधिनियम, 1948 से अलग करते हुए सामान्य जनगणना जून से सितम्बर, 2011 के बीच करने का फ़ैसला किया है। इस तरह सिर्फ़ जातियों की संख्या का पता चलेगा। उनकी सामाजिक, आर्थिक एवं शैक्षणिक परिस्थितियों के बारे में कोई जानकारी नहीं मिल पाएगी। यह इस सम्बन्ध में बनी सहमति का और इस तरह भारतीय लोकतंत्र और जनता की भावनाओं का अपमान है।

हम यह माँग करते हैं कि सरकार जातिवार जनगणना की सम्पूर्ण प्रक्रिया और इसकी वास्तविक स्थिति से सदन को अवगत कराए तथा इसे जनगणना से अलग न कर जनगणना अधिनियम, 1948 के तहत ही किया जाए। साथ ही, इसमें विभिन्न जातियों के सामाजिक, आर्थिक एवं शैक्षणिक आँकड़े एकत्रित करते हुए, इसे सामान्य जनगणना, 2011 का तीसरा चरण घोषित किया जाए।

पदोन्नति में आरक्षण : 117वाँ संविधान संशोधन विधेयक

(17 दिसम्बर, 2012)

महोदय, सबसे पहले मैं दिल की बेइंतहा गहराइयों से इस संविधान संशोधन का समर्थन करता हूँ। मुझे फ़ख़्र हो रहा है कि हमारे बिहार ने, हमारे नेता नीतीश कुमार ने अपने राज्य में इसको पहले ही लागू कर दिया। महोदय, मैं आपको बताऊँ कि जब हमारे नेता नीतीश कुमार जी सांसद थे, तब उन्होंने लोकसभा में एक बात कही थी कि मज़हब तब्दील करने से इनसान की सामाजिक स्थिति नहीं बदलती है। महोदय, हमारे उपेन्द्र जी बोल रहे थे, वे हमारे अच्छे साथी हैं, उनके लिए मैं कह रहा हूँ कि मुसलमानों और ईसाइयों में भी दलित हैं। अगर हिन्दू धोबी हैं, तो मुसलमान धोबी भी हैं, जिन्हें 'मुसलमानिया धोबी' कहा जाता है। अगर हिन्दू में हलख़ोर हैं, तो मुसलमान में हलालख़ोर हैं, जो आज भी मैला ढोने का काम करते हैं। उनको कहीं 'हेला' कहा जाता है और कहीं उनको 'होलाइया' कहा जाता है, लेकिन पेशा वही है। महोदय, अगर हिन्दू में मोची है, चमड़ा सुखाने, चमड़ा पकाने, चमड़ा छीलने, जूता बनाने का काम करता है तो मुस्लिम मोची भी है, जो वही काम करता है। उनके मोहल्ले में आप बदबू के कारण रह नहीं सकते हैं। मुसलमानों में एक बिरादरी है जिसका नाम है—भठियारा, यह सरकार की सूची में है, सिर्फ़ बोलचाल में नहीं है। अदीब साहब, आप भी यह जान लीजिए, हम सभी मुसलमानों के आरक्षण की बात नहीं कर रहे। सभी मुसलमानों का धर्म की बुनियाद पर आरक्षण नहीं हो सकता है। प्रो. रामगोपाल यादव जी बैठे हैं, ये मुसलमानों को 18 प्रतिशत आरक्षण देने की बात करते हैं। रामविलास जी 10 प्रतिशत की बात करते हैं। हम जो मुसलमान दलित हैं, जो मुसलमान पसमान्दा हैं, वे इस बात से वाक़िफ़ हैं कि हमारा संविधान इस बात की इजाज़त नहीं देता है। हम आप लोगों से यह कहना चाहते हैं कि ईसाइयों में भी दलित हैं, मुसलमानों में भी दलित हैं, उनकी मस्जिदें अलग-अलग हैं। उनके साथ छुआछूत का व्यवहार होता है। दलित नेताओं से भी हम कहना चाहते हैं कि आप ज़रा दिल बड़ा कीजिए। हम लोग भी दलित हैं, हम लोग भी मारे गए हैं, आप इस बात पर विचार कीजिए। महोदय, हम

कहना चाहते हैं, यहाँ प्रधानमंत्री जी हैं, आपने सच्चर कमेटी बनाई, रंगनाथ मिश्र कमीशन आपने बनाया, यू.पी.ए.-1 ने बनाया, उनकी रिपोर्ट आकर रखी हुई है। रंगनाथ मिश्र कमीशन ने क्या कहा है? रंगनाथ मिश्र कमीशन ने कहा है कि मज़हब के बुनियाद पर भेदभाव करना संविधान विरोधी है। 1950 में जो 341 धारा है, उस पर जो निषेधात्मक प्रतिबन्ध लगाया गया।...

(व्यवधान)

उपसभापति : अब आप ख़त्म कीजिए।

अली अनवर : उसको आप फ़ौरन ख़त्म कर दीजिए, हटा दीजिए। आप क्यों नहीं कर रहे हैं?

(व्यवधान)

उपसभापति : समय हो गया।

अली अनवर : महोदय, हम ख़त्म कर रहे हैं। इसलिए हम कहना चाहते हैं कि आप उसको रिवोक कीजिए। इस बात को सच्चर कमेटी ने भी कहा है। एक बात हमारे कई लोग कहते हैं कि मुसलमानों की हालत दलितों की हालत से भी ख़राब है। हम ऐसा नहीं मानते हैं। सच्चर कमेटी ने ऐसा नहीं कहा है, रंगनाथ मिश्र कमीशन ने ऐसा नहीं कहा है।

उपसभापति : समाप्त कीजिए।

अली अनवर : मुसलमान समाज के अन्दर, ईसाइयों के अन्दर, जिनकी हालत हिन्दू दलितों से भी ख़राब है, ऐसा कहा।

(व्यवधान)

उपसभापति : बस, समाप्त कीजिए।

अली अनवर : हम इस पक्ष से भी कहना चाहते हैं कि हमारे साथ संवैधानिक रूप से अन्याय हो रहा है। हम मुसलमान हैं, हम ईसाई हैं, इसलिए हमारे साथ अन्याय हो रहा है। हम दलित हैं, हम पहले दलित हैं, उसके बाद हम ईसाई बने हैं। हम पहले दलित हैं, उसके बाद मुस्लिम बने हैं। हम पहले दलित हैं।

(व्यवधान)

उपसभापति : आपने वायदा किया था, दो मिनट के लिए।

अली अनवर : मैं अपनी बात समाप्त करता हूँ। बहुत-बहुत शुक्रिया।

मेव-मीणा एक समान

(24 फ़रवरी, 2015)

उपसभापति महोदय, मुझे समय देने के लिए आपको शुक्रिया। सबसे पहले तो मैं माननीय मंत्री जी को धन्यवाद देता हूँ कि उन्होंने यह बिल पेश किया है। यह अच्छा बिल है। इसका हम लोग समर्थन करते हैं। अलग-अलग नाम से एक ही जाति के लोग कई राज्यों में पुकारे जाते हैं। इसमें कुछ भ्रान्ति हो जाने से कई जातियाँ छूट जाती हैं। उर्दू में एक मसल है कि 'नुक़्ते के फ़र्क़ से ख़ुदा, जुदा हो जाता है।' कभी-कभी नुक़्ते के फ़र्क़ से बेचारे लोग छूट जाते हैं।

महोदय, जटिया साहब, कवि भी हैं। उन्होंने बड़े अच्छे अन्दाज़ में बातें रखी हैं। पूनिया साहब, तो शेड्यूल्ड कास्ट कमीशन के चेयरमैन हैं और उन्होंने बहुत अच्छी बातें बताई हैं। मैं एक बात आपके माध्यम से मंत्री जी से कहना चाहता हूँ कि Piecemeal में आप ये सब चीज़ें ला रहे हैं। आप एक बड़े दायरे में चीज़ों को देखिए। और भी कई नीतिगत मामले हैं। संविधान की धारा 341 में शेड्यूल्ड कास्ट के रिज़र्वेशन का मामला आता है और 342 में शेड्यूल्ड ट्राइब का मामला आता है। इस मामले में सच्चर कमेटी और रंगनाथ मिश्र कमीशन की भी सिफ़ारिश आई है और आम सहमति भी बनी है। पिछले सदन में भी किसी-न-किसी रूप में यह मामला आया था। वह मामला यह है कि जिस तरह से शेड्यूल्ड कास्ट्स की लिस्ट में पूरे देश में कुछ लोगों को जोड़ने की ज़रूरत है, वैसे ही शेड्यूल्ड ट्राइब्स की लिस्ट में भी जोड़ने की ज़रूरत है और इसमें तो रिलिज़न का कोई बन्धन नहीं है।

महोदय, हरियाणा की बात यहाँ की जा रही है। मैं आपको बताना चाहता हूँ कि हरियाणा में एक क़बीला 'मेव' है। जिस प्रकार से मीणा शेड्यूल्ड ट्राइब्स में आते हैं, वैसे ही मेव क़बीला है।

वहाँ तो कहा ही जाता है कि 'मेव-मीणा एक समान, हिन्दू हो या मुसलमान'। अंग्रेज़ों ने मेव और मीणा, दोनों को जरायम-पेशा क़बीला घोषित किया था, क्रिमिनल ट्राइब घोषित किया हुआ था, लेकिन आज़ादी के बाद आपने मीणा को तो शेड्यूल्ड

ट्राइब्स में शामिल कर दिया, अच्छी बात है, वे डिज़र्व करते हैं, लेकिन मेव को आपने छाँट दिया। सिर्फ़ इस बुनियाद पर कि वे मुसलमान हैं, उन्होंने इस्लाम धर्म को क़बूल किया है। उनका गोत्र, पाल, खान-पान, रहन-सहन और नाक-नक़्श सारी चीज़ें एक तरह की हैं, लेकिन आपने उन्हें शेड्यूल्ड ट्राइब घोषित नहीं किया। वह ऐसा क़बीला है कि जिसने आज़ादी की लड़ाई में बढ़-चढ़कर भाग लिया, उसका कोई दूसरा सानी नहीं है। 1527 ई. में 12,000 मेवाती मुसलमानों ने बाबर की सेना से लड़ाई लड़ी, जिसके बारे में आपके मोहन भागवत जी ने बयान दिया है। आप भी वहाँ थे। मेव क़बीले ने बाबर की सेना के ख़िलाफ़ लड़ाई लड़ी और उसमें वे शहीद हुए थे। उसके बाद आप इतनी बड़ी नाइंसाफ़ी कर रहे हैं। आप बड़ा दिल दिखलाइए। मीणा पहले से हैं, मेव को भी, जो एक ट्राइब है, उसको भी उसमें शामिल कीजिए।

महोदय, दूसरी बात हम कहना चाहते हैं कि सच्चर कमेटी ने, रंगनाथ मिश्र कमीशन ने, माइनॉरिटी कमीशन ने अध्ययन किया है और जितनी भी दलित पार्टियाँ हैं, तमाम लोगों ने, शेड्यूल्ड कास्ट्स कमीशन ने भी माना है कि अंग्रेज़ी काल में शेड्यूल्ड कास्ट्स के मामले में धर्म का कोई भेद नहीं था। उस समय हिन्दू धोबी, हिन्दू भंगी, उसी तरह से मुसलमान धोबी और मुसलमान हलालख़ोर भी, इस तरह नट, बक्खो, पँवरिया, भठियारा, गदहेड़ी—इस तरह की जो जातियाँ हैं, वे भी शेड्यूल्ड कास्ट की लिस्ट में थी। लेकिन 1950 में एक ऑर्डिनेंस के ज़रिये धर्म का बन्धन लगा दिया गया। रंगनाथ मिश्र कमीशन उनका जो टर्म्स ऑफ़ रिफ़रेंस थी, इसी बुनियाद पर थी कि आप तय करके बताइए और उपाय बताइए, तो आप बड़ा दिल दिखलाइए। आप अगर वास्तव में देश को यह सन्देश देना चाहते हैं कि हम धर्म के आधार पर कोई भेदभाव नहीं करते हैं तो ईसाइयों में जो दलित हैं, मुसलमानों में जो दलित हैं और कई राज्यों में जो दलित हैं, हालत तो यह है कि हरियाणा में आपने जुलाहे को लिया है, लेकिन दूसरे राज्यों के जुलाहे, झारखंड के जुलाहे कहाँ जाएँगे? उनके नाक-नक्श देखिए, उनका खान-पान देखिए, उनकी औरतें तो अपने बच्चे को पीठ पर लेकर जंगल में लकड़ी काटने जाती हैं।

(समय की घंटी)

वे अपनी पीठ पर बच्चे को लेकर रोपनी और सोहनी करती हैं।

उपसभापति : ओ.के., ऑलराइट।

अली अनवर : उनके साथ आप अन्याय क्यों कर रहे हैं?

उपसभापति : ओ.के., ऑलराइट।

अली अनवर : हेला हैं, हलालख़ोर हैं, वही है, जो मैला साफ़ करता है, सिर पर ढोता है, वह मुसलमान है।

उपसभापति : अंसारी जी, समाप्त कीजिए। कन्क्लूड कीजिए।

अली अनवर : महोदय, अलग-अलग क़ब्रगाह हैं, अलग-अलग गिरजाघर हैं। जो हिन्दू दलित से मुसलमान बना है, जो हिन्दू पहले था और ईसाई धर्म जिसने क़बूल किया है, उसके साथ आप भेदभाव क्यों कर रहे हैं? आप बड़ा दिल दिखलाइए।

(समय की घंटी)

संकीर्ण सोच से आप इतने बड़े देश का संचालन नहीं कर सकते हैं, इसलिए महोदय, आपका यह छोटा-सा काम है, यह सही है, लेकिन हम उम्मीद कर सकते हैं कि आप भविष्य में बड़ा दिल दिखलाकर इन लोगों को भी समाहित करेंगे। बहुत-बहुत शुक्रिया।

मुस्लिम मल्लाहों की स्थिति

(11 मार्च, 2015)

महोदय, दिल्ली, उत्तर प्रदेश, हरियाणा की सीमा से होकर बहती नदी के किनारे बसी दलित मुस्लिम मल्लाह जाति नाव चलाकर, मछली पकड़कर अपने परिवार का पालन-पोषण करती है। नदी में जगह-जगह पुल बनने, पानी कम एवं गन्दा होने के चलते इनका धन्धा समाप्त हो गया है।

एक सर्वे के अनुसार, मात्र 5 प्रतिशत साक्षरता दर वाले ये लोग मछुआ 'आवास कल्याण योजना' से वंचित हैं। ये यमुना नदी की ख़ाली पड़ी रेतीली ज़मीन ठेके पर लेकर उसमें तरबूज़-ख़रबूज़, सब्ज़ी बोकर बियाबान जगह में प्लास्टिक का कनात लगाकर सपरिवार गुज़र-बसर करते हैं।

पिछले दिनों बेमौसम बरसात से नदी में आई बाढ़ के चलते इनकी फ़सल बरबाद हो गई है। इसका असर उत्तर प्रदेश के जनपद सहारनपुर के गाँव व ज़िला शामली, बागपत, ग़ाज़ियाबाद, हरियाणा के सोनीपत, पानीपत, करनाल, यमुनानगर, दिल्ली के पल्ला, जगतपुर, बुराड़ी, सन्तनगर, बख़्तारपुर, आदि इलाक़ों के क़रीब पाँच हज़ार परिवारों की लगभग 200 करोड़ रुपये की फ़सल बर्बाद हुई है।

वर्ष 2001, 2004, 2007, 2010 में भी ऐसा ही हुआ था। कभी इन्हें मुआवज़ा और सरकारी सहायता नहीं मिली। क़र्ज़ के बोझ से दबकर भुखमरी के कगार पर पहुँचे इन परिवारों की बहन-बेटियों की शादियाँ नहीं हो रही हैं। रेत खनन के ठेके भी इनके हाथों से फिसलकर खनन माफ़ियाओं के क़ब्ज़े में चले गए हैं। दिल्ली सहित कई राज्यों में हिन्दू मल्लाहों को एस.सी. का दर्जा प्राप्त है, लेकिन मुस्लिम मल्लाह इससे वंचित हैं। भारत सरकार के कृषि मंत्रालय तथा राज्यों के मत्स्य विभागों द्वारा संचालित योजनाओं का भी लाभ इन्हें नहीं मिलता। अत: हम सरकार से माँग करते हैं कि इन्हें एस.सी. का दर्जा देते हुए सरकारी योजनाओं में इन्हें उचित मुआवज़ा एवं सहायता दी जाए।

वन-गुज्जर

(12 मई, 2015)

महोदय, उत्तराखंड, उत्तर प्रदेश के वन-गुज्जर जम्मू-कश्मीर से स्थानान्तरित हुए हैं। महाराजा सिरमौर के कहने पर इन्हें ज़बरदस्ती उच्चकोटि के दूध की आपूर्ति करने के लिए भेजा गया था। इनमें से कुछ वन-गुज्जर 1947 में देशभक्त होने के कारण पाकिस्तान न जाकर हिमाचल, उत्तराखंड के जंगलों में आकर बस गए। यह क़बीला आज भी वनों में रहता है। इनकी बोली गोजरी है। ये खटाना, चेची, भड़ाना, कसाना आदि गोत्र के हैं। इनके रस्म-रिवाज, खान-पान भी दूसरों से अलग हैं।

वन-गुज्जर एक घुमन्तू जनजाति है, जिसे जम्मू-कश्मीर, हिमाचल प्रदेश में एस.टी. का दर्जा मिला हुआ है, लेकिन इन्हीं वन-गुज्जरों को उत्तराखंड, उत्तर प्रदेश में एस.टी. की श्रेणी में नहीं रखा गया है। उत्तराखंड में वन-गुज्जरों की संख्या लगभग डेढ़ लाख तथा उत्तर प्रदेश में 5 हज़ार है, जिनमें से 98 प्रतिशत अनपढ़ हैं।

वर्ष 1994 में जब उत्तराखंड, उत्तर प्रदेश का ही भाग था, तब उत्तर प्रदेश सरकार ने वन-गुज्जरों को एस.टी. में शामिल करने के लिए प्रस्ताव भारत सरकार को भेजा था। उस प्रस्ताव पर भारत सरकार के द्वारा कोई कार्यवाही नहीं की गई। इसके बाद राष्ट्रीय अल्पसंख्यक आयोग के चेयरमैन ने भी उत्तराखंड के मुख्यमंत्री तथा केन्द्र सरकार से भी इन वन-गुज्जरों को एस.टी. में शामिल करने की सिफ़ारिश भेजी, लेकिन वन-गुज्जरों को उनके अधिकार न तो उत्तराखंड, उत्तर प्रदेश में दिये गए और न ही उन्हें जम्मू-कश्मीर में बसाने की कोई सरकारी योजना बनाई गई।

मैं भारत सरकार से माँग करता हूँ कि इन वन-गुज्जरों को उत्तराखंड, उत्तर प्रदेश में भी जम्मू-कश्मीर और हिमाचल प्रदेश की तरह एस.टी. का दर्जा दिया जाए तथा उन्हें वनों से बाहर सुरक्षित जगहों पर बसाया जाए। इन वन-गुज्जरों को कश्मीरी पंडितों की तरह जम्मू-कश्मीर में भी कॉलोनियाँ बनाकर बसाया जा सकता है।

आम्बेडकर जन्मशती वर्ष

(01 दिसम्बर, 2015)

सर, माननीय मंत्री, जेटली साहब ने इस बहस को इनीशिएट किया है और जस्टिस रंगनाथ मिश्र कमीशन का हवाला देते हुए कुछ बातें कही हैं। महोदय, बिहार के चुनाव के समय भी ख़ुद माननीय प्रधानमंत्री जी ने हमारे नेता, नीतीश कुमार जी के वर्ष 2006 की एक स्पीच का हवाला देकर दलितों और मुसलमानों को लड़ाने का प्रयास किया। उन्होंने हिन्दुओं और दलितों को यह कहकर डराने का प्रयास किया कि नीतीश कुमार आरक्षण छीनकर मुसलमानों को देना चाहते हैं।

महोदय, उन्होंने ज़िक्र किया, इसलिए आज मैं उसका जवाब देने के लिए खड़ा हुआ हूँ। नीतीश कुमार जी ने क्या कहा था? उन्होंने कहा था, "धर्म बदलने से, इनसान की सामाजिक स्थिति नहीं बदलती है।" उन्होंने यह भी कहा—"इस देश के अन्दर दलित मुसलमान हैं, दलित ईसाई हैं, उनके साथ संवैधानिक रूप से नाइंसाफ़ी हो रही है, उनको इंसाफ़ मिलना चाहिए।" प्रधानमंत्री जी ने हवा में दोनों हाथ लहराते हुए डराने का काम किया था। क्या हाल हुआ? दलितों ने हम लोगों को और जमकर वोट दिया और हमारे गठबन्धन को जिताया, लेकिन हमको लगता है कि उससे बीजेपी के लोगों ने सबक़ नहीं सीखा, तभी जेटली साहब ने उस मामले को फिर उठाया।

महोदय, चूँकि आज बाबा साहेब भीमराव आम्बेडकर पर ही बहस हो रही है, इसलिए मैं उन्हीं को कोट करते हुए बताना चाहता हूँ। 'भारत विभाजन के गुनहगार', पृष्ठ संख्या 229 से 233 पर बाबा साहेब लिखते हैं, 'ग़ुलामी भले ही विदा हो गई हो, जाति तो मुसलमानों में कायम है ही।' सन् 1901 के सेशंस सुपरिंटेंडेंट के हवाले से बाबा साहेब ने अपनी बात कही है, 'मुसलमानों का चार वर्ग—शेख़, सैयद, मुग़ल और पठान में परम्परागत विभाजन इस सिद्धान्त में प्रायः लागू नहीं है। मुसलमान मुख्य सामाजिक विभक्ति मानते हैं—अशराफ़ अथवा शरफ़ और दूसरा अज़लाफ़। अशराफ़ से तात्पर्य है, कुलीन और इसमें विदेशियों के वंशज तथा ऊँची जाति के धर्मान्तरित हिन्दू शामिल हैं। व्यावसायिक वर्ग और निचली जातियों

के धर्मान्तरित शेष अन्य मुसलमान अज़लाफ़ अर्थात नीच अथवा निकृष्ट व्यक्ति माने जाते हैं। उन्हें कमीना अथवा इतर कमीना या रासिल, जो रिज़ाल का विकृत रूप है, 'बेकार' कहा जाता है। कुछ स्थानों पर एक तीसरा वर्ग 'अरज़ाल' भी है, जिसमें आनेवाले व्यक्ति सबसे नीचे समझे जाते हैं उनके साथ कोई भी अन्य मुसलमान मिलेगा-जुलेगा नहीं और उन्हें मस्जिद और सार्वजनिक क़ब्रिस्तानों में नहीं प्रवेश करने दिया जाता है।

(समय की घंटी)

उपसभापति : अब आप समाप्त कीजिए।

अली अनवर : महोदय, बाबा साहेब ने हर कैटेगरी के बारे में बताया है कि किसमें कौन-कौन-सी जातियाँ आती हैं। 'अरज़ाल' में मानार, हलालख़ोर, हिजड़ा, क़स्बी, लालबेग़ी, मोगता, मेहतर, भठियारा और मुस्लिम धोबी हैं।

(समय की घंटी)

उपसभापति : कई लोगों को बोलना है।

अली अनवर : इसके लिए नीतीश जी ने आवाज़ उठाई थी।

(समय की घंटी)

उपसभापति : ठीक है, अब आप बैठिए।

अली अनवर : इसके लिए बहन मायावती जी ने...*(व्यवधान)*...इलेक्शन में...

...*(व्यवधान)*...स्थापित किया था।...*(व्यवधान)*...इसके लिए तीन असेम्बलीज़ बिहार असेम्बली, उत्तर प्रदेश असेम्बली और आन्ध्र प्रदेश असेम्बली ने प्रस्ताव पास किया है।

(व्यवधान)

उपसभापति : ठीक है, अब आप बैठिए।

अली अनवर : महोदय, बाबा साहेब को सच्ची और निष्ठापूर्ण श्रद्धांजलि तभी होगी जो धारा 341 के द्वारा प्रतिबन्ध लगाया गया है, उसे समाप्त किया जाए।

इस सदन की संवेदना मर गई है

(19 अगस्त, 2017)

सर, मैनुअल स्कैवेंज़िंग...*(व्यवधान)*...कृपया सुनिए।...*(व्यवधान)*...सिर पर मैला ढोने की यह अमानवीय प्रथा हज़ारों साल से जारी है। मैनुअल स्कैवेंज़िंग को सरकार ने ग़ैर-क़ानूनी घोषित किया है।...*(व्यवधान)*...देखिए, सिर पर मैला ढोने की प्रथा...*(व्यवधान)*...सिर पर मैला ढोनी की प्र...*(व्यवधान)*...सर, एक मिनट।...*(व्यवधान)*...मैला ढोने की जो प्रथा है, इसे सरकार ने ग़ैर-क़ानूनी घोषित किया हुआ है। इसके बावजूद भी यह बदस्तूर जारी है। सर, दिल्ली के नज़दीक घिटोरनी में पिछले शनिवार को चार लोग सैप्टिक टैंक में उतरते हैं और ज़हरीली गैस से उनकी मृत्यु हो जाती है।

(व्यवधान)...वे चारों दलित थे।

(व्यवधान)

सर, पिछले ढाई साल में देश में ढाई हज़ार दलितों की इसी तरह से मृत्यु हुई है, लेकिन किसी के ख़िलाफ़ एक भी मुक़दमा दर्ज नहीं किया गया है, मुआवज़ा भी नहीं दिया जाता। सर, यह क़ानून सिर्फ़ क़ानून की किताब की शोभा बन रहा है।

(व्यवधान)

सर, यह एक राज्य की बात नहीं है, पूरे देश में इस तरह की घटनाएँ हो रही हैं और उसके लिए सरकार के अन्दर कोई संवेदना नहीं है। यह सरकार दलित की बात करती है और दलितों को लेकर बहुत ढिंढोरा पीटती है। पिछली सरकार से भी हमारी शिकायत रही है, इस पूरी व्यवस्था से शिकायत है, उनकी बात कोई नहीं सुनता है। जब एक मानव दूसरे मानव का मैला सिर पर ढोता है, नाले की सफ़ाई करता है तो उसकी नाक ख़त्म हो जाती है, डेड हो जाती है।...*(व्यवधान)*...

ज़हरीली गैस से मर रहा है, कोई मशीन नहीं है, कोई यंत्र नहीं है। ये क्या करते हैं, लेकिन एक इनसान, जिसमें हिन्दू भी हैं, मुसलमान भी हैं, हिन्दू का हलालख़ोर है तो मुसलमान का हलालख़ोर भी यह काम करता है, उनके सम्बन्ध में हमारी संवेदनाएँ मर गई हैं। लोग मर रहे हैं, लेकिन उनकी कोई सुननेवाला नहीं है। इसलिए हम चाहेंगे, पूरे हाउस से अपील करेंगे कि यह क़ानून केवल क़ानून की किताब की शोभा बढ़ाने के लिए नहीं है, इस पर अमल किया जाए। आख़िर कितने लोग और मरेंगे? पिछले ढाई साल में ढाई हज़ार लोग मर चुके हैं।

(समय की घंटी)

तारीख़ और तवारीख़

सच्चर कमेटी और रंगनाथ मिश्र आयोग का गठन

सच्चर कमेटी का गठन 9 मार्च, 2005 को यू.पी.ए.-1 की सरकार में किया गया। भारत में मुस्लिम समाज की सामाजिक, आर्थिक और शैक्षणिक स्थिति पर इस समिति को 15 महीने के अन्दर अपनी रिपोर्ट देनी थी। इस समिति का नाम 'प्रधानमंत्री की उच्च स्तरीय समिति' रखा गया। समिति के अध्यक्ष दिल्ली हाईकोर्ट के अवकाश-प्राप्त मुख्य न्यायाधीश राजिन्दर सच्चर बनाए गए। अध्यक्ष सहित समिति के कुल सात सदस्य सरकार द्वारा नियुक्त किए गए। इनमें सईद हमीद, डॉ. टी.के. उमेन, श्री एम.ए. वशिष्ठ, डॉ. राकेश बसन्त, डॉ. अख़्तर मज़ीद, डॉ. अबु सालेह शरीफ़ (सदस्य सचिव) बनाए गए। यहाँ यह बताते चलें कि इनमें से कोई पसमान्दा मुस्लिम समाज के नहीं थे। निर्धारित समय तक काम नहीं पूरा होने की वजह से उस समिति का कार्यकाल कुछ बढ़ाना पड़ा। इस समिति ने 17 नवम्बर, 2006 को प्रधानमंत्री को अपनी रिपोर्ट सौंप दी। इसके पहले इस समिति उत्तर प्रदेश, बिहार, मध्य प्रदेश सहित देश के अनेक राज्यों का दौरा भी किया। बिहार दौरा के समय इस समिति के सामने एक दुर्भाग्यपूर्ण घटना भी हुई, जिसका हम अलग से ज़िक्र करेंगे।

रंगनाथ मिश्र आयोग गठित करने का निर्णय यूँ तो अक्तूबर, 2004 में जारी किया गया, लेकिन मार्च, 2005 में जाकर इसके गठन की अधिसूचना जारी की जा सकी। इस समिति का टर्म्स ऑफ़ रेफ़रेंस (विचारणीय विषय) में संविधान की धारा 341 पर एक अध्यादेश के ज़रिये 1950 में एक उपधारा जोड़कर धार्मिक प्रतिबन्ध लगाने के औचित्य पर भी था। इस आयोग को अन्य धर्मों यानी हिन्दू, सिख, बौद्ध के अलावा, मुस्लिम, ईसाई आदि धर्मों में भी दलित जातियों की पहचान करनी थी और उनके उत्थान के लिए उपाय सुझाने की ज़िम्मेदारी थी। इस आयोग का नाम 'राष्ट्रीय धार्मिक और भाषीय अल्पसंख्यक आयोग' रखा गया। इस आयोग का गठन सुप्रीम कोर्ट के अवकाश-प्राप्त न्यायाधीश रंगनाथ मिश्र की अध्यक्षता में किया गया। इसके अलावा इसके तीन सदस्य—प्रो. डॉ. ताहिर महमूद, डॉ. अनिल विल्सन तथा डॉ. मोहिन्दर सिंह बनाए गए। बाद में श्रीमती आशा दास को इसका सदस्य सचिव नियुक्त किया गया। इस आयोग ने भारत सरकार को अपनी रिपोर्ट 10 मई, 2007 को सुपुर्दगी की यह रिपोर्ट सर्वसम्मति से नहीं बनी। श्रीमती आशा

दास (सदस्य सचिव) ने अपना डिसेंट नोट दर्ज कराया। यहाँ यह भी बताते चलें कि इस आयोग में भी किसी पसमान्दा सदस्य को शामिल नहीं किया गया था।

अगर हम सच्चर कमेटी की बात करें तो इसकी रिपोर्ट जल्द ही सदन की मेज़ पर रख दी गई और उस पर सदन में हल्की-फुल्की बहस भी हुई, लेकिन रंगनाथ मिश्र आयोग की रिपोर्ट क़रीब सवा दो साल बाद सदन की मेज़ पर रखी गई। इसके लिए राज्य सभा में किस तरह का हंगामा हुआ, इसका ज़िक्र हम आगे अलग से करेंगे। रंगनाथ मिश्र आयोग की रिपोर्ट पर किसी सदन में बहस नहीं हुई।

मेरी राय में जहाँ सच्चर कमेटी की रिपोर्ट मुस्लिम समाज की एक्स-रे रिपोर्ट की तरह है, वहीं रंगनाथ मिश्र आयोग की सिफ़ारिशों में मुस्लिम और ईसाई समाज की बीमारियों का ठोस इलाज भी सुझाया गया है। सच्चर कमेटी की रिपोर्ट में जहाँ सभी के लिए 'समान अवसर आयोग' बनाने तथा दूसरी महत्त्वपूर्ण सिफ़ारिश सरकार से की है वहीं रंगनाथ मिश्र आयोग संविधान की धारा 341 को पूरी तरह 'रिलिज़न न्यूट्रल' बनाने की सिफ़ारिश करता है। धारा 341 के साथ 1950 में उपधारा जोड़कर धार्मिक प्रतिबन्ध लगाने को धर्म के आधार पर भेदभाव मानते हुए उसे फ़ौरन हटाने की तजवीज़ पेश करता है।

सच्चर कमेटी की फिर से बात करें तो शायद आज़ादी के बाद यह देश की पहली सरकारी रिपोर्ट है, जिसमें मुसलमानों के बीच जातीय आधार पर तीन तरह के वर्गीकरण—अशराफ़, अज़लाफ़, अरज़ाल की बात की गई है। बाद में रंगनाथ मिश्र आयोग ने भी अपनी रिपोर्ट में इस वर्गीकरण का ज़िक्र किया है।

जैसा कि मैंने ऊपर कहा है कि रंगनाथ मिश्र की रिपोर्ट सरकारी अलमारी में दबाकर बन्द कर दी गई थी, जिसे बाहर निकालने के लिए मुझे न सिर्फ़ भारी मशक़्क़त करनी पड़ी बल्कि इसके लिए अपनी पत्रकारिता के हथियार, जुगाड़ टेक्नोलॉजी का सहारा लेना पड़ा।

यह रिपोर्ट 'चौथी दुनिया' (पत्रिका) जिसके सम्पादक सन्तोष भारती थे, में कवर स्टोरी के रूप में छप गई। फिर मैंने राज्यसभा में शून्यकाल के दौरान इस सवाल को उठा दिया। और इस रिपोर्ट को फ़ौरन सदन में पेश करने की माँग करने लगे। सरकार इसके लिए तैयार नहीं थी। सरकार की तरफ़ से यह कहा गया कि प्रधानमंत्री देश से बाहर 'कोपेनहेगेन' के दौरे पर हैं। मेरा कहना था कि सरकार सदन को आश्वासन दे कि प्रधानमंत्री के विदेश से वापस लौटने के फ़ौरन बाद इस रिपोर्ट को सदन में रखा जाएगा। सरकार की तरफ़ से इस पर कोई जवाब नहीं आ रहा था, जिसको लेकर अकेले मैंने बेल में जाकर इतना हंगामा किया कि सभापति को दो बार सदन की बैठक कुछ समय के लिए स्थगित करनी पड़ी। दस मिनट बाद दूसरी बार जब सदन की कार्यवाही शुरू हुई तो मैं फिर बेल में आ गया। फिर मेरे पक्ष में सबसे पहले सीपीआई के सांसद अज़ीज़ पाशा, इसके बाद साबिर अली

उतरे। ठीक उसी समय एक दूसरे मुस्लिम सदस्य जो धारा 341 की बात बहुत करते रहते थे, मैंने देखा कि सदन से उठकर चले गए। इसके बाद सभी विपक्षी दलों के नेताओं ने मेरी माँग का समर्थन करते हुए सदन में अपनी बात रखी। यहाँ तक कि भा.ज.पा. के मुख्य सचेतक अहलूवालिया साहब ने भी हमारा समर्थन किया, मगर अहलूवालिया साहब ने यह भी कहा कि रिपोर्ट को सदन में पेश की जानी चाहिए, लेकिन इस पर अमल नहीं होना चाहिए।

इसके बाद संसदीय कार्यमंत्री राजीव शुक्ला ने सदन को आश्वासन दिया कि प्रधानमंत्री के स्वदेश लौटने के बाद इस रिपोर्ट को सदन की मेज़ पर रखा जाएगा।

यहाँ पर मैं बताता चलूँ कि मेरी पुस्तक 'मसावात की जंग' शीर्षक से 2001 प्रकाशित हो चुकी थी। 1998 में ही हमने 'ऑल इंडिया पसमान्दा मुस्लिम समाज बिहार' नाम से एक संगठन भी बना लिया था। 2004 में इस संगठन का अखिल भारतीय स्वरूप भी दे दिया गया। 2004 में ही मेरी एक पुस्तिका 'बिहार के दलित मुसलमान' भी प्रकाशित हो चुकी थी। हमारे संगठन के लिए ये दोनों पुस्तकें हथियार का काम करने लगी थीं। पटना, लखनऊ से लेकर दिल्ली तक पसमान्दा दलित मुसलमानों के बीच बेदारी (जागरूकता) का अभियान शुरू हो गया था। जगह-जगह इसके लिए सेमिनार, सम्मेलन, सभा, प्रदर्शन होने लगे थे। राजनीतिक दलों के विमर्श में भी यह सवाल आने लगा।

इन तमाम बातों को लेकर सत्तारूढ़ दल में चर्चा शुरू हो गई। इसके बाद ही सच्चर कमेटी और रंगनाथ मिश्र आयोग का गठन यह बताता है कि हमारा संगठन बहुत छोटा भले रहा हो, लेकिन उसके सन्देश दूर तक पहुँचने लगे थे।

हरामख़ोर और हलालख़ोर

बाज़ लोग ठीक ही कहते हैं कि जब देश-दुनिया में किसी सामाजिक-राजनीतिक मसले पर कोई किताब आती है या कोई घटना होती है तो फ़ौरन जे.एन.यू. में छात्रों-शिक्षकों के बीच इस पर चर्चा-परिचर्चा शुरू हो जाती है। 2001 ई. में जब मेरी पुस्तक 'मसावात की जंग' प्रकाशित हुई तो जे.एन.यू. के छात्र सुनील कुमार सुमन ने उस किताब में दिये गए फ़ोन लाइन पर मुझसे सम्पर्क किया और मुझे जे.एन.यू. आने की दावत दी। निर्धारित समय पर मैं वहाँ 'कावेरी हॉस्टल' स्थित 162 नं. उनके कमरे में पहुँचा। वहाँ जाकर मुझे पता चला कि सुनील जी ने 'मसावात की जंग' की 100 प्रतियाँ ख़रीदकर जे.एन.यू. में बहुजन शिक्षक-छात्रों को बेचा है। किसी लेखक के लिए इससे बढ़कर कोई और ख़ुशी क्या हो सकती है, तब जबकि पहली किताब का लेखक नौसिखिया हो। सुनील कुमार सुमन 'यूनाइटेड दलित स्टूडेंट फ़ोरम' (यू.डी.एस.एफ.) नाम के वैचारिक छात्र-संगठन का नेतृत्व कर रहे थे।

यहाँ पर चम्पारण के ग़ुलाम रब्बानी, यू.पी. के वसीम अख़्तर और दूसरे छात्रों से पहली बार मुलाक़ात की और देर रात तक चर्चा होती रही। रात में वहीं सोया भी। इसी मुलाक़ात के बाद जे.एन.यू. कैम्पस में अगले कुछ महीने बाद एक सभा करने का तय हुआ। इस सभा में जे.एन.यू. के प्रो. एस.एन. मालाकार भी शामिल हुए। तब से जे.एन.यू. के साथ जो रिश्ता बना, आज तक विभिन्न दलित, पिछड़े, अति पिछड़े तथा वामपंथी छात्र संगठनों के बीच आने-जाने सभा-गोष्ठियों का सिलसिला जारी है।

आदिवासी समाज से आनेवाले डॉ. सुनील कुमार सुमन अब महात्मा गांधी अन्तरराष्ट्रीय हिन्दी विश्वविद्यालय में पढ़ाते हैं। जे.एन.यू. की सभा के कुछ महीने बाद जे.एन.यू. के ही प्रो. इम्तियाज़ अहमद साहब का फ़ोन आया कि बॉम्बे यूनिवर्सिटी में इसी विषय पर एक सेमिनार आयोजित हो रहा है जिसमें आपको बोलना है। उन्होंने बताया कि इस सेमिनार में देश भर के विभिन्न विश्वविद्यालयों से प्रोफ़ेसर हाज़रात बोलेंगे। यह सुनकर मैं बहुत घबराया। कारण तीन थे—पहला यह कि मैं तो कोई प्रोफ़ेसर या डॉक्टरेट की डिग्री वाला नहीं हूँ। सिम्पली ग्रेजुएट

हूँ। अंग्रेज़ी बोलना भी नहीं आता। दूसरी बात यह थी कि मैं कभी बॉम्बे नहीं गया था। तीसरा सवाल आने-जाने के ख़र्च को लेकर था। इस पर प्रो. इम्तियाज़ अहमद साहब ने कहा कि बरख़ुरदार प्रोफ़ेसर और किसी डिग्री तथा अंग्रेज़ी बोलने से क्या होता है? आपकी किताब के विषय पर ही यह चर्चा होनी है। आने-जाने, ठहरने सबका इन्तज़ाम यूनिवर्सिटी करेगी। फिर हम लोग भी वहाँ रहेंगे न? बम्बई जाकर गगनचुम्बी इमारतें देख अपनी आँखें खुली की खुली रह गईं। यहाँ सेमिनार में बोलने और सवालों के जवाब देने में जे.एन.यू. का अनुभव काम आया।

फिर कोई एक साल बाद जे.एन.यू. के प्रो. इम्तियाज़ अहमद साहब ने ही मुझे सूचना दी कि दिल्ली के इंडिया इंटरनेशनल सेंटर में इसी किताब पर एक सेमिनार हो रहा है, जिसमें आपको शुरुआती भाषण (की नोट ऐड्रेस) देना है। इस सेमिनार में सैयद शहाबुद्दीन, आरिफ़ मोहम्मद ख़ाँ सरीखे सियासी लोगों के अलावा कई मुस्लिम दानिश्वर भी बोलेंगे। मुझे याद है कि इस सम्मेलन में मैंने हलालख़ोर, मुस्लिम धोबी आदि कोई एक दर्जन दलित मुस्लिम बिरादरियों का ज़िक्र करते हुए उनके साथ बाक़ी मुसलमानों द्वारा छुआछूत बरतने का सवाल उठाया था। इस सम्मेलन में सैयद शहाबुद्दीन साहब ने हमारी कई बातों से एतराज़ ज़ाहिर करते हुए इतना ज़रूर स्वीकार किया था कि पूरी मुस्लिम आबादी में पसमान्दा (पिछड़े) मुसलमानों की आबादी 80 फीसदी है। सभी वक्ताओं में ज़्यादा खुलकर आरिफ़ मोहम्मद ख़ाँ ने जाति की बुनियाद पर छुआछूत-भेदभाव की लगभग सभी बातों की तस्दीक़ की। सेमिनार के दूसरे दिन उन्होंने अपने घर पर मुझे और मेरे दो-तीन साथियों को दावत पर भी बुलाया।

सेमिनार ख़त्म होने के बाद जब हम लोग चाय-नाश्ता की टेबल पर गए तो वहाँ देश की एक मशहूर यूनिवर्सिटी के वीसी रहे (जो अब इस दुनिया में नहीं हैं।) उन्होंने मेरी तरफ़ मुख़ातिब होते हुए कहा, "मैंने तो मुसलमानों में पहली बार हलालख़ोर बिरादरी का नाम सुना है।" मुझे लगा कि इतने बड़े दानिश्वर हैं। भला इस बात की जानकारी इन्हें कैसे नहीं होगी? लिहाज़ा, मैंने शायद ग़लती से यह समझ लिया कि वह तंज़ (व्यंग्य) कर रहे हैं। मैंने भी हँसते हुए इसके जवाब में उनसे कह दिया कि सर, दुनिया में दो ही बिरादरी न होती है—एक हलालख़ोर और दूसरे हरामख़ोर। फिर उन्होंने तुरन्त कहा कि नहीं भाई, मैं सचमुच नहीं जानता था। मैंने उनसे तुरन्त मज़ारत (माफ़ी) कर ली।

बाद के दिनों में इसी तरह की एक घटना बिहार के तब के मुख्यमंत्री लालू प्रसाद यादव के सामने का भी यहाँ ज़िक्र कर ही देना चाहता हूँ। उस दिन मैं अपने एक साथी के साथ लालू जी से पटना में उनके सरकारी आवास पर शाम को गया था। वहाँ पर खुली जगह पर वह कुर्सी लगाकर कुछ मंत्रियों और दूसरे लोगों के साथ बैठे हुए थे। वहाँ जाकर मैंने अपने साथियों का नाम बताकर परिचय कराया,

जिसमें एक साथी के नाम में 'हलालख़ोर' लगा था। यह शब्द सुनकर उन्होंने तंज़िया लहजे में पूछा, "यह हलालख़ोर क्या होता है अनवर भाई?" मैंने भी इसी अन्दाज़ में उनको जवाब भी दे डाला कि दुनिया में दो ही तरह के लोग न होते हैं, एक हलालख़ोर और दूसरा हरामख़ोर। लालू जी अपने एक मुस्लिम मंत्री की तरफ़ देखते हुए इस क़दर हँसे मानो उनको चिढ़ा रहे हों। कम-से-कम मुझे तो ऐसा ही लगा। बेचारे मंत्री जी थोड़ा झेंप गए।

‘भारतरत्न’ बना दलित मुसलमान

उन दिनों अपने क़स्बाई नगर डुमराँव (बक्सर ज़िला) में रहकर ‘जनशक्ति और दूसरे अख़बारों के लिए मुफ़स्सिल संवाददाता के रूप में काम शुरू किया था। साथ में हाईस्कूल-कॉलेज की पढ़ाई भी चल रही थी। कई वर्षों बाद मशहूर शहनाई वादक बिस्मिल्लाह ख़ाँ डुमराँव आए थे, ‘गंगा मइया तोहे पियरी चढ़इबो’ फ़िल्म की शूटिंग नगर के बड़े बाग़ में होनी थी। बचपन से सुन रखा था कि बिस्मिल्लाह ख़ाँ का आबाई (पैतृक) घर डुमराँव ही है, मगर वह अब बनारस जाकर वहीं के होकर रह गए हैं। वर्षों बाद वह अपने पैतृक नगर आए थे। मैंने उनको कभी देखा नहीं था। रेडियो पर उनकी शहनाई की धुन अक्सर सुनता था। साथ ही, एनाउंसर यह भी बताते थे कि वह बनारस के रहनेवाले हैं।

बिस्मिल्लाह चाचा के डुमराँव आने की ख़बर मिली तो मैं ‘आज’ के संवाददाता शिवजी पाठक और विजय कुमार गुप्ता (गीता स्टूडियो) तथा विजय कुमार नामक अपने एक सहपाठी जिसके पास रेडियोनुमा टेपरिकॉर्डर था, को लेकर उनसे राजा जी के बड़का बग़ीचा में मिलने चला गया, जहाँ फ़िल्म की शूटिंग होनी थी।

वहाँ जाकर देखा कि चचा जान पालथी मारकर बग़ीचे में घास पर बैठे हुए हैं। उधर शूटिंग करने की तैयारी चल रही है। सलाम कर हम लोग भी उनके पास बैठ गए। चचा जान के कान में सोने की एक बाली लटक रही थी। लम्बे-गोरे, तन्दुरुस्त क़द-काठी, मुँह और ललाट चौड़ा, कुर्ता-पाजामा पहने चचा जान का व्यक्तित्व बहुत आकर्षक लग रहा था। ऊपर से उनकी मुस्कान किसी का भी मन मोह लेनेवाली थी। हम लोगों ने बताया कि डुमराँव के ही रहनेवाले हैं तो मुस्कुराते हुए बहुत ख़ुश हुए। इधर हम लोग तो ठहरे नौसिखिया पत्रकार। उनकी संगीत और साज़ के बारे में पूछने के लिए हम लोगों के पास कुछ तो था नहीं। अगर थी तो बस एक शिकायत कि आपका आबाई (पैतृक) घर तो डुमराँव है, फिर रेडियो से एनाउंसर क्यों आपको बनारस का रहनेवाला बताता है? उस पर हँसते हुए चचा जान ने कहा कि चूँकि मैं लम्बे समय से बनारस में ही रहता हूँ, इसलिए वे लोग बोल देते हैं। इस पर मैंने उनसे पूछा कि आप उन लोगों को सही बात क्यों नहीं बताते? फिर उन्होंने मुस्कुराते हुए कहा कि ठीक है बेटा, इस बार उन लोगों से कहेंगे। फिर

मैंने उनसे पूछा कि क्या आपको अपने पुराने घर और यहाँ के लोगों की याद नहीं आती? आप बराबर यहाँ क्यों नहीं आते? इस पर उन्होंने कहा कि क्या करें बेटा, अब पुराने जानने-पहचाननेवाले दोस्त-साथी तो यहाँ रहे नहीं। अब तक शूटिंग का काम शुरू होनेवाला था। चचा जान ने हम लोगों से कहा, "ठीक है बेटा, आज शाम को घर पर आना, मिठाई खिलाएँगे।"

शाम को हम लोग डुमराँव नगर के बन्धन परवा रोड (परहेरी मुहल्ला) की सँकरी गली में उनसे मिलने पहुँच गए। यह मुहल्ला मेरे घर पुराना तालाब (छठिया पोखरा) से बिलकुल सटा हुआ है। वहाँ जाकर देखा तो आधा मिट्टी-ईंट से बने पुराने छोटे से घर की चौकी पर चचा जान पालथी मारकर बैठे हुए थे। इसी घर में चचा जान के सौतेले भाई पचकौड़ी मियाँ का परिवार रहता है। पचकौड़ी मियाँ भी लगन (शादी-विवाह) के दिन में शहनाई बजाने का काम करते हैं। उनकी पत्नी चूड़ी पहनाने, बीड़ी बनाने का काम करती हैं। बाज़ार में उनकी चूड़ी की एक छोटी-सी दुकान भी है। बेटा रिक्शा चलाने का काम करता है।

बिस्मिल्लाह साहब के वालिद (पिता) का नाम बचई मियाँ था। उनकी पहली बीवी से बिस्मिल्लाह साहब थे। बचपन में माँ के इन्तकाल के बाद वह बनारस अपने ननिहाल चले गए। वहाँ जाकर उन्हें अच्छा माहौल मिला। ननिहाल में ही उनका लालन-पालन हुआ। डुमराँव में रहते तो बिस्मिल्लाह मियाँ ही रह जाते। उनका शहनाई वादन यहाँ शायद परवान नहीं चढ़ता।

डुमराँव में रहते उन दिनों मुझे एक बात ज़रूर खटकती थी कि बिस्मिल्लाह साहब के पिता-भाई सभी जब हलालख़ोर बिरादरी के हैं तो वह यानी बिस्मिल्लाह साहब का टाइटल कैसे हो गया? मगर पत्रकारिता के लिए पटना आने के बाद यह बात समझ में आई कि बिस्मिल्लाह ख़ाँ कोई 'ख़ाँ बहादुर', 'राय बहादुर' के तमग़े वाले नहीं बल्कि खाँटी दलित मुसलमान हैं। उनको इस मुकाम तक पहुँचने में किसी सम्भ्रान्त परिवार के व्यक्ति से सौ गुना ज़्यादा मेहनत करनी पड़ी होगी।

डुमराँव राज परिवार का डुमराँव में एक क़िला (फोर्ट) है। उस क़िले में बिहारी जी का एक मन्दिर है। इसी मन्दिर के परकोटे पर बैठकर बचई मियाँ ताज़िन्दगी रशन-चौकी (शहनाई) बजाते रहे। बालक बिस्मिल्लाह ख़ाँ भी अपने पिता के साथ कोई 8-10 साल तक यह काम करते रहे।

बनारस जाकर बिस्मिल्लाह अपने मामा के साथ गंगा के किनारे बैठकर शहनाई बजाने का रियाज़ करते रहे। एक समय ऐसा आया जब इस कला को राज दरबारों से निकलते हुए इस विधा में दुनिया के बेताज बादशाह बन गए। जब 15 अगस्त, 1947 को देश अंग्रेज़ों की ग़ुलामी से आज़ाद हुआ तो बिस्मिल्लाह ख़ाँ की सुरीली शहनाई की धुन के साथ ही आज़ादी के नये सूरज के निकलने का आग़ाज़ हुआ। अटल बिहारी वाजपेयी के प्रधानमंत्रित्व काल में जब बिस्मिल्लाह ख़ाँ को देश के

सर्वोच्च सम्मान 'भारतरत्न' से नवाज़ा गया तो मैंने अपने एक लेख में लिखा कि विश्वविख्यात शहनाई वादक बिस्मिल्लाह ख़ाँ कोई 'ख़ाँ बहादुर', 'राय बहादुर' परिवार-घराने से नहीं आए हैं बल्कि खाँटी दलित मुस्लिम परिवार से हैं।

अब बात समझ में आती है कि उस दिन बिस्मिल्लाह चचा ने मेरे इस सवाल पर कि आप बराबर डुमराँव क्यों नहीं आते हैं। उन्होंने यह कहा था—क्या करें बेटा अपने जानने-पहचाननेवाले यहाँ कौन हैं? बचपन के साथी भी तो अब नहीं रहे। विश्वविख्यात एक कलाकार का यह दर्द 'घर की मुर्ग़ी दाल बराबर' की तरफ़ ही इशारा करता है। कम-से-कम डुमराँव के महाराजा कमलसिंह जो मुल्क के आज़ाद होते ही दो बार डुमराँव (बक्सर) से सांसद रहे। उनका यह फ़र्ज़ बनता था कि बिस्मिल्लाह ख़ाँ साहब को अपने नगर में बुलाकर उनको सम्मानित उसी तरह करते जिस तरह उन्होंने प्रथम राष्ट्रपति डॉ. राजेन्द्र प्रसाद को बुलाकर किया। शायद ऐसा नहीं करने के पीछे बिस्मिल्लाह ख़ाँ साहब का अछूत परिवार में जन्म लेना इसका कारण रहा होगा। बिस्मिल्लाह ख़ाँ साहब को जब अटल बिहारी वाजपेयी सरकार के समय में 'भारतरत्न' मिला, उस समय तो महाराजा भा.ज.पा. से जुड़े हुए थे। तब भी बिस्मिल्लाह ख़ाँ को उनके अपने नगर में बुलाकर उनका सम्मान किया जा सकता था।

नीयत में खोट

बात उस समय की है जब मैं राज्यसभा का सदस्य था। यू.पी.ए.-2 की सरकार थी। मनमोहन सिंह प्रधानमंत्री थे। संसद के दोनों सदनों के मुस्लिम सांसदों की एक बैठक दिल्ली में मोहम्मद अदीब ख़ाँ साहब के सरकारी आवास पर चल रही थी। आम तौर पर संसद के हर सत्र के दौरान इस तरह की अनौपचारिक एक बैठक किसी-न-किसी सांसद के आवास पर होती है। इसमें कई दलों के सांसद आपस में तबादला-ए-ख़याल करते हैं, मगर ये बैठकें नशिस्तम खुर्दम बर्ख़ास्तम (कुछ खाए-पिए और बातचीत कर चल दिये) की तर्ज़ पर ही होती थीं। इन बैठकों में सभी मुस्लिम सांसद इकट्ठा भी नहीं होते। 15-20 से ज़्यादा तो कभी नहीं। उस दिन की बैठक में अदीब साहब की तरफ़ से एक प्रस्ताव आया कि मुसलमानों के मुख़्तलिफ़ मसायल को लेकर एक वफ़त (प्रतिनिधिमंडल) प्रधानमंत्री से मिले और उनको एक ज्ञापन दिया जाए।

जब मुद्दों की बात आई तो मैंने सिर्फ़ एक मुद्दा रखा। वह यह था कि दलित मुसलमानों और दलित ईसाइयों को शेड्यूल्ड कास्ट का दर्जा देने की माँग को ज्ञापन में शामिल किया जाए। इस पर तारीक़ अनवर साहब ने कहा कि यह माँग तो सरे फ़ेहरिस्त (सूची में सबसे ऊपर) होनी चाहिए। वहाँ उपस्थित क़रीब सभी 15 सांसदों ने इस पर हामी भर दी। दूसरे कई सांसदों ने अल्पसंख्यक बजट को सरकार द्वारा कम किए जाने का सवाल उठाते हुए इसको बढ़ाने को लेकर सवाल उठाया, जिनको मान लिया गया। बैठक में तय हुआ कि आज की बातचीत की रौशनी में अदीब साहब ज्ञापन तैयार कर लें और प्रधानमंत्री से मिलने का समय लेकर सभी मुस्लिम सांसदों को साथ चलने के बारे में सूचित कर दें।

अदीब साहब ने प्रधानमंत्री से मिलने का समय ले लिया। आम तौर पर सत्र के दौरान और लंच की छुट्टी के समय ही प्रधानमंत्री से संसद स्थित उनके कार्यालय में मिलने का समय तय होता है। यह भी बताते चलें कि प्रधानमंत्री से मिलने का कोई भी सांसद यहाँ तक कि मंत्री भी इस सुख से वंचित होना नहीं चाहते। इस तरह उस दिन डेलिगेशन लम्बा हो जाता है। संसद में प्रधानमंत्री कार्यालय कक्ष से सटे इसके लिए एक राउंड टेबल वाला बड़ा-सा हॉल भी है।

उस दिन हम लोग जाकर वहाँ बैठ गए। बैठते ही ज्ञापन पर दस्तख़त के लिए काग़ज़ सांसदों के बीच घुमाया जाने लगा। क़ायदे से दस्तख़त का काम तो पहले ही हो जाना चाहिए था, मगर उस दिन राउंड टेबल पर यह सबके सामने आया। जब यह काग़ज़ मेरे सामने आया तो गुडफ़ेथ में दूसरे सांसद साथियों की तरह मैंने पहले इस पर दस्तख़त कर दिये। इसके बाद इस ज्ञापन पर नज़र घुमाई। ऊपर से नीचे तक देखा, मगर उसमें दलित मुस्लिम, दलित ईसाई वाली माँग कहीं नज़र नहीं आई। यह देखकर मुझे बहुत ग़ुस्सा आया, मगर यह सोचकर कुछ नहीं बोला कि प्रधानमंत्री कार्यालय के समक्ष हम लोगों की आपस में 'तू-तू मैं-मैं' हो गई तो इसका सन्देश बुरा जाएगा। आगे क्या किया जाए अभी इसी उधेड़बुन में था कि प्रधानमंत्री अपने चैम्बर से निकल राउंड टेबल पर लगी अपनी निर्धारित सीट पर बैठ गए। उनके आकर बैठते ही औपचारिक रूप से बैठक शुरू होने से पहले ही मैंने ख़ुद इस सवाल को उठा दिया। कहा कि सच्चर कमेटी और रंगनाथ मिश्र आयोग का गठन आपकी सरकार ने किया। दोनों रिपोर्टें आ चुकी हैं। दोनों ने दलित मुसलमानों, दलित ईसाइयों को दर्जा देने की सिफ़ारिश की है। यह भी कहा है कि इस काम के लिए संविधान-संशोधन की ज़रूरत नहीं है। एग्ज़ीक्यूटिव ऑर्डर से इसे किया जा सकता है। फिर आप ऐसा क्यों नहीं कर रहे हैं? इसके जवाब में मनमोहन सिंह ने कहा कि इस मामले को देखने के लिए हमने सरकार की राजनीतिक मामलों की समिति को सुपुर्द किया है। यहीं पर मैं इस बात का उल्लेख करना चाहूँगा कि उस बैठक में शामिल किसी भी मुस्लिम सांसद या मंत्री ने हमारी बात का मौखिक भी समर्थन नहीं किया। इसके उलट मैं कोई दूसरा पूरक सवाल प्रधानमंत्री से पूछता उसके पहले लोगों ने वही माइनॉरिटी बजट कम करने पर बोलना शुरू कर दिया। भोजपुरी में एक कहावत है—'सोना बहाइल जाए, कोयला पर छापा।' इसी मुहावरे को मुस्लिम सांसद हमेशा चरितार्थ करते रहते हैं। उस दिन की बैठक में के. रहमान ख़ान से लेकर फ़ारूक़ अब्दुल्ला तक कई मंत्री भी शामलि थे।

बैठक ख़त्म होने और प्रधानमंत्री के अपने कक्ष में चले जाने के बाद मेरा ग़ुस्सा फूट पड़ा। सेंट्रल हॉल की तरफ़ लौटते हुए संसद के गलियारों में मैंने आवेश में यहाँ तक कह दिया कि आप लोगों की नीयत में खोट है, आप लोग बेईमान हैं। मैं ही मूर्ख था कि उस दिन की बैठक में समझ लिया था कि हमारी यह माँग सचमुच ज्ञापन में शामिल होगी। मुझे यह समझना चाहिए था कि इस माँग को सरे फ़ेहरिस्त शामिल करने की बात तंज़ (व्यंग्य) में कही गई थी। मुझे लगता है कि अगर ईमानदारी से मुस्लिम सांसदों ने इस बात को उस समय की सरकार के समक्ष रखा होता तो यू.पी.ए. सरकार को इसे मानना पड़ता। ऐसा इसलिए कि हम अलग से मज़हब की बुनियाद पर आरक्षण नहीं माँग रहे थे।

हम तो चाहते थे कि मज़हब की बुनियाद पर जो दलित मुसलमानों और दलित ईसाइयों के साथ भेदभाव हो रहा है, उसको ख़त्म किया जाए।

मगर इसके उलट हमारे मुस्लिम सांसद और मंत्री तो कई मौक़ों पर आर्थिक आधार पर मुसलमानों के लिए आरक्षण की माँग करते रहे हैं। मज़हब के आधार पर आरक्षण कभी नहीं मिलेगा। यह संविधान सम्मत नहीं है। अलबत्ता माँग भर करने से भा.ज.पा. को प्रचार का एक हथकंडा मिल जाता है।

ज़ेहन में कैसे आया 'दलित मुसलमान' शब्द

समाज में आपके इर्द-गिर्द कई ऐसी चीज़ें चलती रहती हैं जिन पर आपका ध्यान नहीं जाता। ध्यान तब जाता है जब कोई घटना होती है। ऐसी ही दिल्ली में एक घटना थी मदर टेरेसा का एक दिन के उपवास पर बैठना। अख़बारों में पढ़ा कि मदर टेरेसा दलित ईसाइयों को शेड्यूल्ड कास्ट का दर्जा देने की माँग के लिए उपवास पर बैठी हैं। यह घटना तब की है जब देश के प्रधानमंत्री नरसिंह राव थे। उन दिनों मैं पत्रकारिता करने पटना आ गया था।

उन्हीं दिनों सबसे पहले ज़ेहन में यह बात आई कि अरे! ईसाइयों में भी दलित होते हैं क्या? फिर मन में सवाल उठा, अगर नहीं होते तो मदर टेरेसा जैसी महान शख़्सियत ऐसी माँग क्यों करतीं? फिर ज़ेहन में बात आई कि अपने मुस्लिम समाज में भी तो ऐसे लोग हैं, पर उन्हें दलित मुसलमान क्यों नहीं कहा जा सकता है? अपने यहाँ भी तो हलालख़ोर, मेहतर, धोबी, नट, पँवरिया, डफाली जैसी जातियाँ हैं। उन्हें दलित की मान्यता क्यों नहीं मिलनी चाहिए? मदर टेरेसा के उपवास पर बैठने को लेकर भा.ज.पा. के नेताओं ने जिस तरह उनकी लानत-मलामत की, उससे भी अपना ध्यान इस सवाल पर और केन्द्रित हो गया। जब कोई सवाल ज़ेहन में कौंध जाता है तो उससे ज़मीन पर जाकर हल खोजने के लिए उसकी जाँच-पड़ताल करने की आवश्यकता होती है। यह प्रक्रिया जो तब से जारी हुई जो अभी तक चल रही है।

नरसिंह राव के प्रधानमंत्रित्व काल में जब लोकसभा में दलित ईसाइयों को शेड्यूल्ड कास्ट का दर्जा देने के सम्बन्ध में बाज़ाब्ता एक विधेयक आया तो यह बात और खटकने लगी कि इस विधेयक में दलित मुसलमान को क्यों नहीं शामिल किया गया? इस वाक़ये ने दलित मुसलमानों की स्थिति पर और भी ज़्यादा सोचने को मजबूर कर दिया। हालाँकि इस विधेयक पर लोकसभा में चर्चा नहीं हुई। लिहाज़ा यूँ ही पड़े-पड़े यह ख़त्म भी हो गया।

उस समय तो मैं महज़ एक पत्रकार था, इसलिए इसको लेकर कोई सामाजिक-राजनीतिक क़दम नहीं उठा सका, लेकिन इसको लेकर राजनीति में आने की ललक रखनेवाले कुछ लोगों को न सिर्फ़ प्रेरित किया बल्कि अपने

कई हमख़याल पत्रकार साथियों से कहकर ऐसे लोगों की ख़बरों को छपवाने में भी मदद की।

इसी बीच मुझे 1996-97 वर्ष के लिए के.के. बिड़ला फ़ाउंडेशन फ़ेलोशिप मिल गई। यहाँ मैं बताता चलूँ कि इस फ़ेलोशिप के लिए आवेदन हेतु अख़बारों में बाज़ाब्ते सूचना प्रकाशित होती है। उसके लिए आवेदक को अपनी प्रकाशित ख़बरों की फ़ोटोकॉपी के साथ तथा कुछ वरिष्ठ पत्रकारों की अनुशंसा के साथ आवेदन जमा कराने जाते हैं, मगर यह फ़ेलोशिप न सिर्फ़ मुझे बल्कि पटना के 'हिन्दुस्तान' दैनिक के पत्रकार श्रीकान्त को भी बिना माँगे मिल गया। उस समय मैं लखनऊ से प्रकाशित 'स्वतंत्र भारत' के लिए बिहार संवाददाता के रूप में काम करता था। हम दोनों को यह फ़ेलोशिप 'जनसत्ता' के सम्पादक प्रभाष जोशी जी की सिफ़ारिश से मिली। 'स्वतंत्र भारत' से पहले मैं 'जनसत्ता' के लिए पटना से काम करता था। उन्हीं दिनों मेरी कुछ ख़बरों पर प्रभाष जोशी का ध्यान गया होगा, ऐसा मुझे लगता है। उधर, श्रीकान्त भी कई सामाजिक विषयों पर लिखते रहते थे, जिस तरफ़ जोशी जी की पारखी नज़र गई होगी। यहाँ यह भी बताना ज़रूरी है कि जोशी जी या फ़ाउंडेशन की तरफ़ से शोध के लिए हम दोनों को कोई विषय नहीं दिया गया था।

मैंने स्वेच्छा से अपने शोध अध्ययन का विषय चुना 'बिहार के दलित मुसलमान'। मुझे याद है कि जब मैंने ए-फ़ोर साइज़ में डेढ़ पेज टाइप किया हुआ अपना 'सिनॉप्सिस' दिल्ली जाकर फ़ाउंडेशन के डायरेक्टर श्री विशन टंडन को दिया तो जैसे वह उछल गए। उन्होंने कहा, "मेरी नज़र में यह विषय तो बिलकुल नया लगता है।" उन्होंने मुझसे कहा कि अब इस शोध का दायरा बिहार से बढ़ाकर कम-से-कम उत्तर प्रदेश और मध्य प्रदेश कर लें तो ठीक रहेगा। इसके जवाब में मैंने उनसे कहा कि ठीक है सर, मगर आप इस शोध कार्य को दो साल में पूरा करने और इसमें मिलनेवाली राशि को सवा लाख से बढ़ाकर दुगना कर दें तो मैं तैयार हूँ। मैंने उनको कहा कि बिहार, उत्तर प्रदेश, मध्य प्रदेश, तीनों देश के बड़े राज्य हैं। भला सभी जगह जाना कैसे सम्भव होगा? तब टंडन साहब ने कहा, काश मुझे ऐसा करने का अधिकार होता। टंडन साहब देश के सीनियर आई.ए.एस. अधिकारी थे। वह प्रधानमंत्री इन्दिरा गांधी और अटल बिहारी वाजपेयी के निजी सचिव भी रह चुके थे।

इधर, दिल्ली से पटना लौटने पर एक दिन यहाँ के अख़बारों में प्रथम पृष्ठ पर मेरे और श्रीकान्त के पासपोर्ट साइज़ फ़ोटो इसमें मिलनेवाली राशि के साथ यह फ़ेलोशिप मिलने की ख़बर छपी। अपना फ़ोटो पहली बार अख़बार में छपा। मेरे परिवार सहित मेरे रिश्तेदारों-साथियों, नगरवासी को इससे बहुत ख़ुशी हुई। मेरी बहन उस सवा लाख रुपये में से अपना नेग (उपहार का हिस्सा) भी माँगने लगी।

मेरे जैसे मज़दूर परिवार के आदमी के लिए सवा लाख की यह राशि किसी लॉटरी के निकलने जैसी ही थी।

दिल्ली से पटना लौटने के दो-तीन दिन बाद मैं लखनऊ 'स्वतंत्र भारत' के सम्पादक श्री घनश्याम पंकज से मिलने गया और उनसे इस अध्ययन के लिए एक साल की छुट्टी माँगी। उन्होंने कहा कि बेशक इस तरह की फ़ेलोशिप के लिए एक साल की छुट्टी का प्रावधान है, मगर मेरी मजबूरी यह है कि आप हमारे अख़बार के लिए बिहार से एकलौते पत्रकार हैं। इसलिए मैं चाहता हूँ कि आप मेरे लिए कभी-कभार रिपोर्टिंग भी करते रहें और उस फ़ेलोशिप के लिए आपका अध्ययन भी जारी रहे। आपको मेरे यहाँ से भी वेतन मिलता रहेगा वरना वहाँ मुझे दूसरा रिपोर्टर बहाल करना होगा। मगर इस पर मैंने उनसे अपनी असमर्थता व्यक्त करते हुए कहा कि हमारे विषय का शोध बिलकुल नया है, मुझे अरबी भाषा का तो बिलकुल ज्ञान नहीं है। उर्दू भी नहीं के बराबर जानता हूँ। यही नहीं, यह विषय सामाजिक, राजनीतिक, धार्मिक रूप से बहुत संवेदनशील है। इसमें बहुत सावधानी से काम करना होगा। इसलिए दोनों काम मैं एक साथ नहीं कर सकता। इसके बाद मैंने फ़ौरन उस अख़बार से अपना त्याग-पत्र दे दिया। उस वक़्त हालाँकि एक सवाल मेरे ज़ेहन में ज़रूर था कि इस फ़ेलोशिप के लिए साल पूरा होने के बाद मैं क्या करूँगा?

प्रधानमंत्री नरेन्द्र मोदी के नाम खुली चिट्ठी

प्रतिष्ठा में,

प्रधानमंत्री,
भारत सरकार।

आपके मुँह से 'पसमान्दा' शब्द सुनकर आश्चर्य मिश्रित हर्ष हुआ है, मगर पसमान्दा मुसलमानों को 'स्नेह' नहीं सम-ममान (सम्मान) चाहिए। 'स्नेह' शब्द से छोटे-बड़े का भाव आता है। कोई पार्टी या सरकार भला देश की जनता से बड़ी कैसे हो सकती है? मैंने 22 साल पहले 'मसावात की जंग' किताब लिखी थी, जिसका अर्थ होता है, बराबरी के लिए संघर्ष। हम मुस्लिम समाज के अन्दर या बाहर किसी तरह के 'वर्चस्व' की नहीं, बल्कि बराबरी के लिए लड़ रहे हैं। अचानक पसमान्दा समाज के लिए 'स्नेह यात्रा' निकालने के पीछे मक़सद मुसलमानों को आपस में लड़ाकर वोट बैंक की सियासत करना तो नहीं है? पसमान्दा मुसलमान किसी भी पार्टी का आँख मूँदकर समर्थन नहीं करते हैं। किसी भी पार्टी को इन्हें 'टेकन फॉर ग्रांटेड' नहीं लेना चाहिए।

हमारी किसी जाति-बिरादरी, तबक़े से लड़ाई नहीं है। हम तो सरकारों और सियासी पार्टियों से अपनी आबादी के अनुसार, हिस्सा माँग रहे हैं। हम अन्य लोगों की बराबरी में खड़ा होना चाहते हैं। हमारी लड़ाई शान्तिपूर्ण और संवैधानिक दायरे में है। हम पसमान्दा मुसलमान होने के नाते अलग से कुछ नहीं माँग रहे हैं। मुसलमान होने के नाते सरकारी तौर पर हमारे साथ जो भेदभाव हो रहा है, उसको बन्द करने की माँग कर रहे हैं। यही माँग हमारी ईसाई दलितों के लिए भी है। उन्हें भी ईसाई होने की सज़ा दी जा रही है।

हमारा शुरू से यह मानना रहा है कि पसमान्दा मुसलमान अकेले इस लड़ाई को नहीं जीत सकते। हम सभी धर्मों के पसमान्दा-दलित तथा अन्य प्रगतिशील एवं इंसाफ़ पसन्द लोगों को साथ लेकर ही क़ामयाब हो सकते हैं। 1998 में हमने 'पसमान्दा महाज़' नाम से एक सामाजिक संगठन इसलिए बनाया कि 'पसमान्दा' शब्द धर्म और जाति न्यूट्रल है। 'पसमान्दा' नाम की न तो कोई बिरादरी है और न ऐसा कोई

धर्म। हिन्दू, मुसलमान, ईसाई, सिख, बौद्ध तथा अन्य धर्मों में भी पसमान्दा, दलित, आदिवासी तबक़े के लोग हैं। इन तबक़ों के साथ न सिर्फ़ हमारा दर्द का रिश्ता है, बल्कि हमारा डी.एन.ए. भी एक समान है। हमने अपने संगठन 'ऑल इंडिया पसमान्दा मुस्लिम महाज़' में 'मुस्लिम' शब्द से पहले 'पसमान्दा' शब्द लगाया है। ऐतिहासिक रूप से हम पहले पसमान्दा हैं, बाद में मुसलमान। मसावात (बराबरी) के लिए हमने इस्लाम धर्म क़बूल किया है। मुश्किल से एक-दो प्रतिशत मुसलमान ही यहाँ अरब, ईरान और इराक़ से आए हैं। पसमान्दा मुस्लिम यहाँ के मूल निवासी हैं। हम अकलियत के लोग नहीं, बल्कि अख़सरियत (बहुजन) हैं। 'पसमान्दा' शब्द उर्दू-फ़ारसी का है, जिसका अर्थ होता है पीछे छूटे या नीचे धकेल दिये गए लोग। अब हम 'पसमान्दा' नहीं, बल्कि 'पेशमान्दा' (आगे रहनेवाला) बनना चाहते हैं।

प्रधानमंत्री जी, आपने अपनी पार्टी के लोगों से पसमान्दा मुसलमानों के लिए 'स्नेह' यात्रा निकालने को कहा है। यह तभी कारगर साबित होगा, जब समाज में साम्प्रदायिक सद्भाव कायम रहेगा। नफ़रती बयान और बुलडोज़र भी चलता रहे तब भला स्नेह यात्रा का क्या मतलब है? 2014 से लेकर लगातार मॉब लिंचिंग, घर वापसी, गौरक्षा, लव जिहाद, कोरोना के दौर में तबलीग़ी जिहाद, मन्दिर-मस्जिद का बखेड़ा, जितने भी इस तरह के अभियान चलाए गए हैं, उससे तो सर्वाधिक पीड़ित पसमान्दा और ग़रीब मुसलमान ही हुए हैं। इन सभी मामलों में पसमान्दा मुसलमान ही तो सबसे अधिक मारे, काटे, जलाए तथा झूठे मुक़दमों में फँसाकर जेल भेजे गए हैं।

भा.ज.पा. के अनेक सांसदों, विधायकों की बात तो छोड़ भी दी जाए, तो क्या आपके मंत्री, मुख्यमंत्री 'ज़मीन में गाड़ देने', 'पाकिस्तान भेज देने' जैसी बातें ऑन रिकॉर्ड नहीं बोलते हैं? क्या गृहमंत्री अमित शाह जी ने एन.आर.सी., सी.ए.ए. के ख़िलाफ़ मुस्लिम महिलाओं के शान्तिपूर्ण आन्दोलन (दिल्ली विधानसभा चुनाव के समय) यह नहीं कहा कि 'बटन इस तरह दबाओ कि शाहीन बाग़ को करंट लगे!' प्रधानमंत्री जी, क्या आपके श्रीमुख से किसी को कपड़ों से पहचानने जैसी बात शोभा देती है?

क्या जब मुसलमान इतने पर भी उकसावे में नहीं आए तो उनकी नमाज़ में ख़लल डालकर, उनकी मस्जिदों पर प्रदर्शन और हमला कर तथा उनके नबी की शान में गुस्ताख़ी नहीं की जा रही है? दुनिया भर में इस बात को लेकर अपने देश की बदनामी होती रही, फिर भी आपने आज तक इसके ख़िलाफ़ एक शब्द नहीं बोला है बल्कि इसके उलट जो मुस्लिम या अन्य बुद्धिजीवी, पत्रकार, सिविल सोसाइटी के लोग इसके ख़िलाफ़ आवाज़ उठाते हैं तो उनको जेलों में बन्द किया जा रहा है।

हमारे संगठन ने हमेशा पसमान्दा मुसलमानों के बीच इस बात के लिए अभियान चलाया है कि वे शान्ति और सद्भाव के रास्ते पर चलते हुए हिकमत अमली और

दूरंदेशी से काम लें। किसी भी हालत में उबाल पर नहीं आना है। क़ानून को अपने हाथ में नहीं लेना है। इक्का-दुक्का अपवादों को छोड़कर आम तौर पर हमारे लोगों ने सब्र और तहम्मुल (बर्दाश्त करने) का ही सबूत दिया है। हम हमेशा से हर तरह की साम्प्रदायिकता और मज़हबी गोलबन्दी के ख़िलाफ़ रहे हैं। हमारे पूर्वजों अब्दुल कय्यूम अंसारी, मौलाना अली हुसैन आसिम बिहारी सरीखे नेताओं ने मोमिन कॉन्फ्रेंस के झंडा तले, 1940 में दिल्ली के इंडिया गेट पर, चालीस हज़ार की तादाद में इकट्ठा होकर, मिस्टर जिन्ना और सावरकर के दो कौमी नज़रिया (टू नेशन थ्योरी) और 'हिन्दू राष्ट्र' की मुख़ालफ़त की थी। फिर इसी रास्ते पर मौलाना अतीकुर्रहमान मंसूरी, मियाँ अब्दुल मलिक राइनी आदि अनेक नेता चल निकले। ये सभी पसमान्दा मुसलमान ही तो थे।

चम्पारण के पत्रकार पीर मोहम्मद मूनिस के गणेश शंकर विद्यार्थी के अख़बार 'प्रताप' में लेख लिख-लिखकर मोहनदास करमचन्द गांधी को चम्पारण में निलहे ज़मींदारों के शोषण और अत्याचार से अवगत कराया था। गांधी जब चम्पारण आए तब उनके खाने-पीने में ज़हर मिलाकर उनकी जान लेने की कोशिश की गई। तब बत्तख मियाँ ने उनकी जान बचाई थी। हम लोग गांधी को मारनेवाले नहीं, बचानेवालों में हैं। झारखंड के क्रान्तिकारी योद्धा शेख़ भिखारी को 1857 में पकड़कर फ़ौरन फाँसी पर लटका दिया गया। वह अंग्रेज़ी हुकूमत के लिए इतने ख़तरनाक थे कि उन्हें गिरफ़्तार कर मुक़दमा चलाने की भी ज़हमत नहीं उठाई गई। उपरोक्त तीनों शख़्सियतें पसमान्दा मुसलमान ही तो थीं। 1965 में जब पाकिस्तान ने अमेरिकी टैंक के साथ भारत पर हमला किया तो उसके परखच्चे उड़ानेवाले शहीद अब्दुल हमीद पसमान्दा मुसलमान ही थे जिन्हें मरणोपरान्त परमवीर चक्र से नवाजा गया। 'भारतरत्न' से नवाजे गए शहनाई वादक उस्ताद बिस्मिल्लाह ख़ाँ और महान फ़िल्म अभिनेता दिलीप कुमार (यूसुफ ख़ाँ) दलित पसमान्दा मुसलमान ही तो थे। पूरा देश इन लोगों पर गर्व करता है।

मौजूदा दौर में भी हमारा संगठन हमेशा साम्प्रदायिक ध्रुवीकरण के ख़िलाफ़ आवाज़ उठाता रहा है। इस तरह का ध्रुवीकरण चाहे भा.ज.पा.-आर.एस.एस. करे या ए.आई.एम.आई.एम. के असदुद्दीन ओवैसी या अन्य कोई करे, दोनों तरह के लोग अपनी कारकर्दगी से एक-दूसरे को मज़बूत बनाने का काम करते हैं। एक की विचारधारा 'मनुवादी' है तो दूसरे की 'इब्लिसवादी' है। हमारा मानना है कि किसी तरह की मज़हबी गोलबन्दी से उपजी बीमारी का इलाज पसमान्दा आन्दोलन में ही है।

प्रधानमंत्री जी, भा.ज.पा. वोट के लिए ही सही, यदि सचमुच पसमान्दा की तरफ़ 'हाथ बढ़ाना' चाहती है तो क्या आप फ़ौरी तौर पर ये कुछ क़दम उठा सकते हैं?

पसमान्दा मुसलमानों के अन्दर की क़रीब एक दर्जन जातियाँ यथा—हलालख़ोर (मेहतर-भंगी), मुस्लिम धोबी, मुस्लिम मोची, भठियारा, गदहेड़ी आदि ऐसी जातियाँ

हैं जिन्हें मुस्लिम होने के चलते शेड्यूल्ड कास्ट का दर्जा नहीं मिल रहा है। सच्चर कमेटी और रंगनाथ मिश्र आयोग ने इस बाबत सिफ़ारिश की है, मगर क्या आपकी सरकार ने पिछले साल सुप्रीम कोर्ट द्वार पूछे जाने के बाद यह जवाब दिया है कि वह इस सिफ़ारिश को नहीं मानेगी? क्या आप शेड्यूल्ड कास्ट (एस.सी.) का कोटा बढ़ाकर इस धार्मिक भेदभाव को समाप्त करेंगे? क्या मेवाती, वन-गुज्जर, सँपेरा, मदारी आदि घुमन्तू और ब्रिटिश काल में क्रिमिनल ट्राइब कही जानेवाली जातियों को 'शेड्यूल्ड ट्राइब' में शामिल करेंगे? यदि नहीं, तो कुछ लोभार्थी (लालची) लोगों के ढोल पीटने-पिटवाने से कुछ नहीं होगा।

क्या मुसलमानों को टारगेट कर जो नफ़रती अभियान चलाया जा रहा है, उसको आप रोकेंगे? नोटबन्दी, जी.एस.टी., कोरोना काल की लम्बी तालाबन्दी जैसे आपके फ़रमान से तबाह हो चुकी दस्तकार जातियों को फिर से खड़ा करने के लिए उनके द्वारा उत्पादित माल की ख़रीद तथा उन्हें सस्ती बिजली एवं कच्चा माल उपलब्ध कराकर उनकी सहायता करेंगे? क्या बेतहाशा बढ़ रही महँगाई से तबाह हो रही ज़िन्दगियों को राहत देने के लिए फ़ौरी तौर पर कुछ क़दम उठाने का काम करेंगे? क्या सभी धर्मों के पसमान्दा और दलित समाज की सही संख्या एवं सामाजिक-आर्थिक स्थिति की जानकारी के लिए राष्ट्रीय स्तर पर जनगणना कराएँगे? आपकी मौजूदा सरकार ने तेज़ी से सार्वजनिक क्षेत्रों को निजी क्षेत्रों के हवाले कर आरक्षण को बेमानी बना दिया है। तो क्या आप निजी क्षेत्रों में भी आरक्षण की व्यवस्था लागू करेंगे? अगर नहीं तो पसमान्दा मुस्लिम 'आपकी सरकार' पर कैसे और क्यों भरोसा करें?

आम तौर पर मुसलमानों और ख़ास तौर से पसमान्दा मुसलमानों का संसद और विधानसभाओं से राजनीतिक बहिष्कार हो चुका है। उनके आर्थिक बहिष्कार की भी प्रक्रिया तेज़ी-से चलाई जा रही है। क्या आप इसको रोकना चाहेंगे? बीजेपी बैकग्राउंड के किसी एक-दो फर्द (व्यक्ति) को मंत्री या राज्यपाल बना देने से क्या होनेवाला है? मुख़्तार अब्बास नक़वी, सैयद शाहनवाज़ हुसैन, एम.जे. अकबर, नज़मा हेपतुल्ला, आरिफ़ मोहम्मद को भा.ज.पा. के दूसरे नेताओं से ज़्यादा मौजूदा सरकार की कई विवादास्पद नीतियों एवं निर्णयों का समर्थन करते देखा गया है। मुसलमान होने और मुसलमानों का हमदर्द नेता होने में बहुत फ़र्क़ है।

आशा है, आप हमारी उक्त माँगों और सुझावों पर विचार करते हुए जल्द निर्णय लेना चाहेंगे।

अली अनवर

दिनांक—04.9.2022

विपक्ष के सभी माननीय नेताओं के नाम पत्र

श्री/ श्रीमती/ सुश्री...

मैंने 15 जुलाई, 2022 को प्रधानमंत्री श्री नरेन्द्र मोदी को 'पसमान्दा मुसलमानों' की समस्याओं को लेकर एक पत्र लिखा था। यह पत्र 21 जुलाई को मीडिया के लिए भी जारी कर दिया गया। सम्भव है, आपकी नज़र से भी यह गुज़रा हो। अपने पत्र के साथ उक्त पत्र की प्रति भी संलग्न कर रहा हूँ। हमारा संगठन 'ऑल इंडिया पसमान्दा मुस्लिम समाज महाज़' 1998 काम कर रहा है। हमारे संगठन ने इसका राष्ट्रीय अध्यक्ष के नाते मेरे ऊपर यह ज़िम्मेदारी सौंपी है कि विपक्षी दलों को भी एक पत्र लिखकर पसमान्दा समाज की समस्याओं और चिन्ताओं से अवगत कराया जाए।

जम्हूरियत में विपक्षी दलों का मज़बूत होना ज़रूरी है और समाज के कमज़ोर तबक़ों के लिए उनको अपेक्षाकृत ज़्यादा संवेदनशील और मुखर होना चाहिए, मगर अफ़सोस के साथ कहना पड़ रहा है कि हमें इसकी कमी महसूस हो रही है। लगता है कि विपक्ष हमलावर साम्प्रदायिकता के सामने 'किंकर्तव्यविमूढ़' हैं। अगर ऐसा नहीं होता तो देश की राजधानी दिल्ली में एन.आर.सी., सी.ए.ए. के ख़िलाफ़ शान्तिपूर्ण और लम्बे आन्दोलन को, जिस तरह पूर्व नियोजित साम्प्रदायिक दंगों के ज़रिये सत्ता पक्ष ने कुचला, उसको लेकर दिल्ली सरकार अथवा अन्य विपक्षी दलों द्वारा ज़मीनी तौर पर हस्तक्षेप करके रोकने का कोई प्रयास नहीं हुआ। ज़ाहिर है, कहीं भी कोई दंगा-फ़साद हो या प्राकृतिक आपदा, उनमें जान-माल, इज़्ज़त-आबरू का ज़्यादा नुक़सान तो ग़रीब पसमान्दा तबक़ों का ही होता है।

इसी तरह देश के कई भा.ज.पा. शासित राज्यों में 2014 के बाद से ही गोरक्षा, घर वापसी, लव जिहाद, मन्दिर-मस्जिद के नाम पर हमारे लोगों की मॉब लिंचिंग हो रही है। क्या ऐसे में सिर्फ़ 'ट्वीट' करना और संसद में सवाल उठाना ही काफ़ी है? 2017 तक मैं भी जद (यू) के सदस्य के रूप में राज्य सभा में था। इस दौरान हरियाणा, राजस्थान, झारखंड, बिहार—जहाँ भी इस तरह की घटनाएँ हुईं, उसके बाद घटनास्थल पर जाकर पीड़ित लोगों से मिला। लौटकर संसद में भी मज़बूती से सवाल उठाया, मगर अफ़सोस के साथ कहना पड़ता है कि विपक्षी पार्टियों के सुप्रीमो की बात तो छोड़ दीजिए, मुस्लिम सांसद भी इस इन्तज़ार में बैठे ही रहे

कि उनकी पार्टी का निर्देश होगा तब पीड़ितों से मिलने जाएँगे। अलबत्ता, इक्का-दुक्का सांसदों ने अख़बारी सूचनाओं के आधार पर संसद में ज़रूर इस सवाल को उठाया। यह अच्छी बात है कि जब दलितों की हत्या-बलात्कार की घटना को या अन्य किसी कि हत्या या पुलिस जुल्म हो, इसमें कई पार्टियों के सुप्रीमो तक पीड़ितों से मिलने पहुँच जाते हैं। वे कई मामलों में उनकी आर्थिक मदद भी करते हैं, मगर दुख तो तब होता है जब मुसलमानों के साथ ऐसी दर्दनाक घटनाएँ होती हैं तो उनकी मातमपुर्सी के लिए भी कोई नहीं आता।

हम यह समझ रहे हैं कि ऐसा इसलिए होता है कि कुछ लोगों को डर है कि अगर वे इस तबक़े के पक्ष में खड़ा होंगे तो 'हिन्दू' उनसे नाराज़ हो जाएँगे, मगर आम हिन्दू समाज का मानष (तासीर) ऐसा हरगिज़ नहीं है। अगर ऐसा होता तो सत्ता पक्ष द्वारा जिस तरह की नफ़रती कार्रवाइयाँ पिछले 8 साल से चलाई जा रही हैं, उससे एकबारगी पूरा देश जल उठता। ज़रूरत इस बात की है कि विपक्ष हर तरह की साम्प्रदायिकता के ख़िलाफ़ और सामाजिक न्याय के लिए मज़बूती से खड़ा हो जाए। प्रेम और भाईचारा स्थायी और नैसर्गिक (क़ुदरती) है। नफ़रत तो बनावटी और अस्थायी होता है।

यह कैसी विडम्बना है कि दंगाइयों, मॉब लिंचिंग और बलात्कार करनेवालों के पक्ष में तो भा.ज.पा. के नेता मज़बूती से खड़े हो जाते हैं, ऐसे लोगों को माला पहनाई जाती है, पार्टी तथा सरकार में तरक़्क़ी दी जाती है। क्या ऐसा इसलिए नहीं है कि हमारे लोग साम्प्रदायिकता की मुख़ालफ़त के नाम पर सेक्युलर पार्टियों के पक्ष में वोट डालते हैं? क्या हमारा यही गुनाह है? हम पीड़ित पक्ष के लोग जिन नेताओं-पार्टियों को वोट देते हैं, वे हमारे पक्ष में मज़बूती से खड़े क्यों नहीं होते?

क्या यह सही नहीं है कि वामपंथी पार्टियों को छोड़कर बाक़ी विपक्षी दलों के नेता अपनी ज़बान पर 'सेक्युलर' शब्द लाने से भी परहेज़ करने लगे हैं? क्या यह शब्द भारत के संविधान की रूह नहीं है? संविधान की किताब में रहते हुए भी गर यह शब्द निष्प्रभावी हो जाए तो क्या व्यावहारिक रूप में अपना देश धर्म आधारित राज्य नहीं हो जाएगा? क्या मौजूदा हुक्मरां पार्टी के लोगों द्वारा देश को धर्म आधारित राज्य बनाने की खुलेआम घोषणा नहीं की जा रही है? क्या जम्हूरियत और सेक्युलरिज़्म के सारे सतूनों (खम्भों) को एक-एक कर तोड़ा नहीं जा रहा है? क्या यह सच्चाई नहीं है कि विपक्ष इसको बचाने के लिए अकेले अथवा मिल-जुलकर कोई संघर्ष खड़ा करने तक में भी विफल रहा है?

क्या विपक्ष ने कभी इस पर ग़ौर किया है कि आक्रामक साम्प्रदायिकता और चौतरफ़ा कॉरपोरेट लूट और क़ब्ज़ा अभियान को रोकने में आप लोग क्यों विफल हो रहे हैं? हमारा मानना है कि समतामूलक समाज बनाने और सामाजिक न्याय की लड़ाई को छोड़कर आप लोग लोगों के मान-मनौवल और मनुहार में लग

जाते हैं, जहाँ से अभी कुछ भी हासिल होनेवाला नहीं है। क्या ऐसा नहीं लगता है कि देश के बहुजनों की ताक़त पर विपक्षी दलों का भरोसा कमज़ोर हो गया है, बग़ैर किसी वैचारिक प्रतिबद्धता के, सियासी जोड़-तोड़ के ज़रिये, सत्ता में फिर से जाने तथा अपनी पार्टी को बचाने की चिन्ता देश पर भी भारी पड़ रही है। क्या विपक्ष को दिखाई नहीं दे रहा है कि उनकी सरकारों को किस तरह गिराया जा रहा है? पार्टियों को तोड़ा जा रहा है। विपक्ष के दिग्गज नेताओं को जेल भेजने का डर दिखाकर परेशान किया जा रहा है।

एन.डी.ए. सरकार की ग़रीब विरोधी एवं एकाधिकार पूँजीवाद समर्थक नीतियों के बरअक्स विपक्षी दल कोई मज़बूत एजेंडा लेकर मैदान में क्यों नहीं उतर पा रहे हैं? विपक्ष सिर्फ़ उनकी नीतियों के ख़िलाफ़ मौखिक प्रतिक्रिया व्यक्त कर रहा है। कहीं विपक्ष को ऐसा तो नहीं लगता है कि एक दिन देश की जनता मौजूदा हुकूमत की नीतियों से तंग आकर ख़ुद-ब-ख़ुद विपक्षी दलों को सत्ता पर बैठा देगी? 8 साल हो गए 'नोटबन्दी', महामारी और कमर तोड़ महँगाई के बीच रिकॉर्ड तोड़ बेरोज़गारी से लोगों का जीना मुहाल हो गया है। किसान, मज़दूर, छात्र, नौजवान, दस्तकार, छोटे उद्योग-धन्धे वाले ख़ुदकुशी कर रहे हैं। देश के जल-जंगल-ज़मीन, बालू, कोयला, खनिज आदि प्राकृतिक संसाधनों की खुली लूट हो रही है। दूसरी तरफ़ दो-चार लोगों का शुमार दुनिया के सबसे बड़े पूँजीपतियों में हो रहा है, मगर इसको लेकर सरकार को खुली चुनौती देनेवाला कोई नहीं है। हमारे देश में 85 करोड़ लोग 'लाभार्थी' के नाम पर 'याचक' की श्रेणी में धकेल दिये गए हैं।

तीन बड़े जन-आन्दोलन

बची-खुची खेती-किसानी को एकाधिकार पूँजीपतियों के हवाले करने हेतु सरकार ने जिन तीन काले कृषि क़ानूनों को बनाया, उसके ख़िलाफ़ किसानों ने शान्तिपूर्ण ढंग से क़रीब एक साल तक ऐतिहासिक आन्दोलन चलाकर, इन क़ानूनों को वापस करा दिया। इसी तरह एन.आर.सी., सी.ए.ए. के ख़िलाफ़ शान्तिपूर्ण लम्बे ऐतिहासिक आन्दोलन में मुस्लिम महिलाओं ने भारी संख्या में शिरकत कर फ़ौरी तौर पर इसे रुकवा दिया है, मगर स्थायी तौर पर इसको ख़त्म करने के लिए विपक्ष की क्या तैयारी और रणनीति है? उपरोक्त दोनों तबक़ों के जन-आन्दोलनों से पहले 2 अप्रैल, 2018 को दलित समाज के लोगों ने अपने बूते एक दिवसीय शान्तिपूर्ण 'भारत बन्द' के ज़रिये संसद से पारित एस.सी./एस.टी. में संशोधन को वापस करा दिया। किसी पार्टी के आह्वान पर यह बन्द और आन्दोलन नहीं हुए थे।

सेना में चार साल की भर्ती हेतु 'अग्निवीर योजना' को लेकर छात्र-नौजवानों के

ग़ुस्से का जिस तरह विस्फोट हुआ तथा उपरोक्त सभी बड़े आन्दोलनों को सुसंगत और संगठित रूप में आगे बढ़ाने के लिए विपक्ष ने क्या प्रयास किया? ग्रामीण क्षेत्रों के कमज़ोर और ग़रीब परिवारों के युवाओं की स्थायी तौर पर सेना में भर्ती होकर सरकारी नौकरी पाने की अन्तिम इच्छा भी क्या ख़त्म नहीं कर दी गई है? क्या तेज़ी के साथ निजीकरण की प्रक्रिया चलाकर सभी धर्मों के दलित, पिछड़ों, आदिवासियों को पढ़ने तथा सरकारी नौकरी में जाने के रास्ते सदा के लिए बन्द नहीं किए जा रहे हैं? ऐसी स्थिति में निजी क्षेत्रों में भी आरक्षण की माँग क्या विपक्षी दलों का केन्द्रीय मुद्दा नहीं होना चाहिए?

हमने देखा है कि 2014 के बाद विधानसभाओं और लोकसभा के चुनाव में भी विपक्षी दल अपने मूल जनाधार और बुनियादी मुद्दों को छोड़कर ज़्यादातर इधर-उधर की ही बातें करते रहे। यही नहीं, कोई छह-आठ महीना पहले ये बिना किसी तैयारी के चुनाव मैदान में उतर जाते हैं, जिसका नतीजा भी देश ने देखा है। कुछ तो भा.ज.पा. के डर से पूरे चुनाव घर में ही बैठे रह गए हैं। इसका ख़मियाज़ा न सिर्फ़ उपरोक्त पार्टियों को भुगतना पड़ा है बल्कि उनके वोटरों का मनोबल भी इससे टूटा है। साम्प्रदायिकता के उभार के चलते आज जिस तरह की स्थिति है, 1946-47 और 48 में तो इससे भी ख़तरनाक स्थिति रही होगी, मगर तब महात्मा गांधी कहाँ डरे? बल्कि इसके ख़िलाफ़ लड़ाई लड़ते हुए उन्होंने अपनी जान तक दे दी। यही नहीं, वह हमेशा 'अन्तिम जन' के लिए लड़ते, काम करते रहे।

दलित मुसलमानों-ईसाइयों का सवाल

क्या विपक्षी दल यह जानते हैं कि गांधी से लेकर बाबा साहेब आम्बेडकर, डॉक्टर राममनोहर लोहिया, मार्क्सवादी चिन्तक राहुल सांकृत्यायन तक सभी ने यह माना है कि धर्म बदलने से इनसान की सामाजिक स्थिति नहीं बदलती है। मुसलमानों और ईसाइयों में भी अस्पृश्य (अछूत) हैं। जब क़ायदे से कोई सवाल उठ जाता है तो वह बात बौद्धिक-विमर्श में भी चली जाती है। इसका असर राजनीति में भी होता है। 1998 से शुरू हुए पसमान्दा तहरीक़ के बाद ही यू.पी.ए. सरकार ने सच्चर कमेटी और रंगनाथ मिश्र आयोग का गठन किया, लेकिन राजनीतिक इच्छाशक्ति के अभाव में उसकी सिफ़ारिशों को लागू नहीं किया गया। रंगनाथ मिश्र आयोग का 'टर्म्स ऑफ़ रेफ़रेंस' ही यह था कि अन्य धर्मों में दलित की पहचान और उसके उत्थान के लिए उपाय का सुझाव देना इस आयोग का काम होगा।

इस आयोग ने अपनी सिफ़ारिश में कहा है कि 'दलित मुसलमान और दलित ईसाइयों के साथ धर्म के आधार पर भेदभाव हो रहा है। यह भेदभाव फ़ौरन समाप्त

किया जाना चाहिए। केन्द्र सरकार 'एग्ज़ीक्यूटिव ऑर्डर' से यह काम कर सकती है। इसके लिए संविधान संशोधन की कोई ज़रूरत नहीं है।' इस आयोग ने इस तबक़े के लिए जगह-जगह 'नवोदय विद्यालय' की तर्ज पर स्कूल खोलने जैसी सिफ़ारिशें भी की हैं। सच्चर कमेटी ने भी दलित मुसलमान और दलित ईसाइयों को 'शेड्यूल्ड कास्ट' का दर्जा देने की सिफ़ारिश की है। उसने यह भी कहा है कि मुसलमानों के एक बड़े हिस्से की हालत हिन्दू दलितों से भी ज़्यादा ख़राब है। उसने दस्तकार बिरादरियों की हालत सुधारने के लिए भी कई उपाय सुझाए हैं, मगर यू.पी.ए. सरकार ने इस दिशा में कोई ठोस क़दम नहीं उठाया। हमारे संगठन की शुरू से यह माँग रही है कि दलित मुसलमानों और दलित ईसाइयों को एस.सी. का दर्जा देने तथा छूटे हुए क़बीलों को एस.टी. में शामिल करने के लिए एस.सी./एस.टी. का कोटा भी बढ़ाया जाना चाहिए। यह न सिर्फ़ न्यायसंगत होगा बल्कि ऐसा इसलिए भी ज़रूरी है कि भा.ज.पा. को दलित आदिवासियों को हमारे ख़िलाफ़ खड़ा करने का मौक़ा नहीं मिल सके।

विपक्षी दलों को याद दिलाना चाहते हैं कि नरसिंह राव सरकार के समय मदर टेरेसा दलित ईसाइयों को एस.सी. स्टेटस की माँग को लेकर दिल्ली में राजघाट के महात्मा गांधी समाधि पर एक दिन के लिए उपवास पर भी बैठी थीं। उस समय इसको लेकर भा.ज.पा. के लोगों ने इस सन्त महिला के ख़िलाफ़ क्या-क्या बुरा नहीं बोला? यहाँ यह भी बता देना ज़रूरी है कि कांग्रेस पार्टी से लेकर वामपंथी दलों, जनता दल (यू), राष्ट्रीय जनता दल, समाजवादी पार्टी, बहुजन समाज पार्टी, स्वर्गीय रामविलास पासवान जी, आन्ध्र प्रदेश के मुख्यमंत्री स्वर्गीय वाई.एस.आर. ने भी समय-समय पर हमारी माँगों का समर्थन किया था। नीतीश कुमार जी ने तो एन.डी.ए. में होने के बावजूद एक सांसद के रूप में इस सवाल को लोकसभा में उठाया था। इसको लेकर भा.ज.पा. संसदीय दल के नेता श्री बी.के. मल्होत्रा से उनकी बक-झक भी हो गई थी। बाद में आर.एस.एस. के मुखपत्र 'पांचजन्य' ने नीतीश जी के ख़िलाफ़ कवर स्टोरी छापी थी। लालू जी और मुलायम सिंह जी तथा वाई.एस.आर. साहब के मुख्यमंत्रित्व काल में तो बिहार, उत्तर प्रदेश, आन्ध्र प्रदेश विधानसभाओं ने भी दलित मुस्लिम, दलित ईसाई को एस.सी. का दर्जा देने के लिए अपने विधानसभाओं से प्रस्ताव पारित कर केन्द्र सरकार को भेजा था, पर इन पार्टियों ने इससे आगे बढ़कर कुछ नहीं किया।

जहाँ तक पसमान्दा तबक़ों की राजनीतिक सशक्तीकरण की बात है तो इक्का-दुक्का मामले को छोड़ विपक्षी दलों ने मुसलमानों की कुल आबादी में 80 प्रतिशत पसमान्दा आबादी को किसी तरह का राजनीतिक प्रतिनिधित्व नहीं दिया और न इनके सवालों को अपनी राजनीति का केन्द्र बिन्दु बनाया। इसके उलट ये 'पसमान्दा' शब्द तक अपनी ज़बान पर लाने से परहेज़ करते रहे हैं। पहले से यह

तबक़ा अपना राजनीतिक बहिष्कार झेल ही रहा था कि भा.ज.पा. के शासनकाल में आर्थिक बहिष्कार भी झेलने लगा है। मुर्ग़ा-मुर्ग़ी, सब्ज़ी-फल बेचने से लेकर भीख माँगने तक इनकी पिटाई की जा रही है। मुसलमान होने के नाते इस दौर में जो लोग भी मारे-काटे, लुटे-जलाए जा रहे हैं, उनमें अधिकांश तो पसमान्दा मुसलमान ही हैं। पसमान्दा मुसलमान मुल्क की सियासी पार्टियों-सरकारों से मज़हब की बुनियाद पर कुछ नहीं माँग रहे हैं बल्कि हर क्षेत्र में उनके साथ मज़हब के नाम पर जो भेदभाव हो रहा है, उसको ख़त्म करने की माँग कर रहे हैं।

आख़िर क्या कारण है कि इस सबके बावजूद मोदी जी इस तबक़े से अचानक हमदर्दी जताने लगे हैं? क्या इसका कारण 'सेक्युलर और सामाजिक न्याय धारा' की पार्टियों द्वारा पसमान्दा तबक़े को नज़रअन्दाज़ करना नहीं है? ए.आई.एम.आई. एम. के सुप्रीमो असदुद्दीन ओवैसी जब से हैदराबाद से निकल बिहार, उत्तर प्रदेश, बंगाल में अपना पैर पसारने की कोशिश कर रहे हैं तब से उनकी ज़बान से भी 'पसमान्दा' शब्द सुनने को मिलने लगा है। पहले तो वह यह शब्द सुनकर भड़क जाते थे। ये दोनों पसमान्दा तबक़े को यह समझाने में लगे हैं कि देखो, आप जिसको वोट देते हो, वह तो तुम्हारा नाम भी नहीं लेता है। ऐसा भी हो सकता है कि इनके इस प्रचार अभियान से पसमान्दा तबक़े में विपक्ष के प्रति उदासीनता पैदा हो जाए।

उपरोक्त परिस्थितियों से अवगत कराने का मक़सद यही है कि विपक्ष अपनी भूमिका को समझे। यह न केवल पसमान्दा समाज के उत्थान का विषय है बल्कि संविधान और लोकतंत्र को बचाने की चुनौती भी है। आशा है कि आप हमारी बात को समझेंगे और पसमान्दा-बहुजन दावेदारी के सवाल पर मुखर होकर काम करेंगे।

पसमान्दा की लड़ाई-एकता, तरक़्क़ी, सेक्युलरिज़्म और जम्हूरियत के लिए है।

1. पसमान्दा केवल वोट बैंक नहीं है। वह सामाजिक न्याय और समता की लड़ाई का हिस्सा है। यह हमारा संवैधानिक एवं लोकतांत्रिक दायित्व है कि उन्हें राजनीति की मुख्यधारा में लाकर सामाजिक और आर्थिक न्याय दिलवाने का प्रयास करें।
2. दलितों और अति-पिछड़ों की तरह पसमान्दा भी ग़रीब, उपेक्षित, पिछड़ा है। इसके एक हिस्से की हालत तो हिन्दू दलितों से भी ख़राब है। विपक्ष डरे नहीं, पसमान्दा शब्द उर्दू-फ़ारसी का ज़रूर है, लेकिन यह 'रिलिज़न' और 'कास्ट' न्यूट्रल है। इस नाम का न कोई धर्म है न कोई जाति। यह जमात (वर्ग) सूचक शब्द है और भारतीय संविधान के दायरे में भी है।
3. पसमान्दा अगर हर तरह से सशक्त होता है तो मुसलमानों में मौजूद तंगनज़री और रूढ़िवादिता कम होगी। पसमान्दा को यदि लगेगा कि उसे भी आगे बढ़ने और साथ चलने के अवसर मिल रहे हैं तो उसका

अलगावपन कम होगा। भारत में मुसलमानों के साथ भेदभाव को लेकर अन्तरराष्ट्रीय स्तर पर जो धारणाएँ बन रही हैं, वे खंडित होंगी। भारत दुनिया में एक मॉडल बनेगा कि वह कैसे अल्पसंख्यकों और कमज़ोर तबक़ों को साथ लेकर चल रहा है और दूसरे भी चल सकते हैं।

4. मौजूदा हुकूमत राष्ट्रीय परिसम्पत्तियों और प्राकृतिक संसाधनों को चन्द कॉरपोरेट घरानों के हवाले कर रही है। अगर इस लूटी गई दौलत को फिर से वापस लाने की योजना के साथ विपक्षी दल आगे आएँगे तो एक समय निजी बैंकों तथा कोयला खदानों के राष्ट्रीयकरण के वक़्त जैसा जनसमर्थन बना था, उससे बड़ा जनउभार खड़ा हो जाएगा।
5. मौजूदा केन्द्र सरकार ने तो राष्ट्रीय स्तर पर जाति जनगणना कराने से मना कर दिया है। दलित मुसलमानों-ईसाइयों को एस.सी. का स्टेटस नहीं देने को लेकर सुप्रीम कोर्ट में भी लिखकर दे दिया है। अगर विपक्षी दल अभी से इस बात की घोषणा कर देंगे कि केन्द्र की सत्ता में आने पर वह राष्ट्रीय स्तर पर सामाजिक-आर्थिक जनगणना कराएँगे तथा एस.सी. का कोटा बढ़ाकर उसमें दलित मुसलमानों-ईसाइयों को शामिल करेंगे तो यह उनका एक ऐतिहासिक क़दम होगा।
6. भा.ज.पा. की तरह अगर सिर्फ़ 'टोकनिज़्म' नहीं कर विपक्षी दल, वास्तविक रूप में पसमान्दा—अति पिछड़ों, हिन्दू-मुस्लिम समाज को, सत्ता-प्रशासन में उनकी आबादी के हिसाब से प्रतिनिधित्व दे देंगे तो भा.ज.पा. की 'फूट डालो राज करो' की नीति धराशायी हो जाएगी।
7. सेना में 'अग्निवीर योजना' किसान-मज़दूरों के बेटों को स्थायी नौकरी से वंचित करने के लिए है। सी.ए.ए., एन.आर.सी. क़ानून पसमान्दा मुसलमानों और दूसरे ग़रीब लोगों का वोटिंग राइट छीनने के लिए है। सभी संवैधानिक संस्थाओं पर क़ब्ज़ा अभियान जम्हूरियत का गला घोंटने के लिए है। मज़दूर वर्ग के सभी हिमायती क़ानूनों को बदलना पूँजीपतियों के पक्ष में है। क़ानून बनाकर किसानों की ज़मीन छीनने का प्रयास उन्हें मज़दूर बनाने के लिए है। सरकार के ख़िलाफ़ बोलने-सिखाने पर रोक लगाना तानाशाही है। देखना है, विपक्ष एकजुट होकर इस तानाशाही का मुक़ाबला किस तरह करता है?

अली अनवर
अध्यक्ष
आल इंडिया पसमान्दा मुस्लिम महाज़
एवं पूर्व सांसद (राज्य सभा)

साम्प्रदायिक ध्रुवीकरण का इलाज

केन्द्र सरकार ने 2011 ई. में जात पर बनी (आधारित), मर्दुमशुमारी (जनगणना) की बात संसद में मान ली थी। जैसे-तैसे वह जनगणना हुई भी, लेकिन उसके आँकड़े आज तक प्रकाशित नहीं हुए। दस साल बाद 2021 में यह जनगणना होनी है। इस साल जाति जनगणना हो, इस पर व्यापक सहमति बनती दिख रही है। अन्तिम फ़ैसला मोदी सरकार को लेना है। जाति आधारित अन्तिम जनगणना 1931 में हुई थी। उसी आँकड़े से ही अभी तक सरकारें काम चलाती रही हैं। 1947 में तो मुल्क का बँटवारा भी हो गया। बँटवारा के समय इधर से उधर, उधर से इधर बड़े पैमाने पर लोग आ-जा कर बसे।

आज़ादी के बाद भारत में जातियों की पहचान के लिए 'काका कालेलकर आयोग' से लेकर मंडल आयोग तक केन्द्र और राज्यों में कई आयोग बने। 'काका कालेलकर आयोग' की रिपोर्ट तो संसद में पेश ही नहीं हुई, लेकिन उसने हिन्दू-मुस्लिम पिछड़ी जातियों का एक ब्लू प्रिंट (ख़ाका) तो तैयार कर ही दिया। मंडल आयोग ने इस काम को आगे बढ़ाया और वी.पी. सिंह की सरकार ने इसकी सिफ़ारिशों के आधार पर सरकारी नौकरियों में 27 प्रतिशत आरक्षण लागू भी किया। इस बीच सुप्रीम कोर्ट तथा कई हाईकोर्ट्स ने आरक्षण कोटा के सिलसिले में प्रामाणिक आँकड़े की ज़रूरत बताते रहे हैं। मैंने 18 दिसम्बर, 2009 तथा 9 मई, 2011 को राज्य सभा में विशेष उल्लेख के ज़रिये जातिगत जनगणना की माँग की थी। उस समय भी सरकार का वही जवाब था जो इस वर्ष गृह राज्यमंत्री का है, 'ऐसा कोई प्रस्ताव सरकार के विचाराधीन नहीं है।' 2006 के अपने मेडन स्पीच (सदन में किसी सदस्य द्वारा दिया गया पहला भाषण) से लेकर 2008 तक मैंने कई बार संविधान की धारा 341 पर से धार्मिक प्रतिबन्ध हटाने, दलित मुसलमानों, दलित ईसाई जातियों को शेड्यूल्ड कास्ट में शामिल करने तथा संविधान की 342 धारा के तहत छूटे हुए मुस्लिम क़बीलों का नाम शेड्यूल्ड ट्राइब की सूची में दर्ज करने की आवाज़ संसद से सड़क तक उठाई। शुरू से हमारी यह माँग रही कि ऐसा करने के लिए शेड्यूल्ड कास्ट (एस.टी.) के कोटे में भी इज़ाफ़ा होना चाहिए।

हमें इस बात की ख़ुशी है कि बिहार से पसमान्दा तहरीक़ शुरू होने के बाद ही केन्द्र की मनमोहन सरकार ने रंगनाथ मिश्र आयोग तथा सच्चर कमेटी का गठन किया। रंगनाथ मिश्र आयोग के टर्म्स ऑफ़ रेफरेंस में ही यह बात शामिल थी कि हिन्दू धर्म को छोड़ अन्य धर्मों में दलित की पहचान का काम ये आयोग करेगा।

सच्चर कमेटी की रिपोर्ट तो संसद में पेश कर दी गई, लेकिन रंगनाथ मिश्र आयोग की रिपोर्ट को दबा दिया गया। सच्चर कमेटी की रिपोर्ट पहली ऐसी सरकारी रिपोर्ट है, जिसमें मुसलमानों के बीच साफ़ तौर पर तीन वर्ग—अशराफ़, अज़लाफ़, अरज़ाल होने की बात मानी गई है। अशराफ़ का अर्थ सम्भ्रान्त, अज़लाफ़ का बीच वाला तथा अरज़ाल को सबसे नीचे का बताया गया। ये तीनों शब्द अरबी भाषा के हैं। रंगनाथ मिश्र आयोग ने भी इस वर्गीकरण को माना तथा यह कहा कि धारा 341 में संशोधन के बग़ैर सिर्फ़ एग्ज़ीक्यूटिव ऑर्डर से मुस्लिम और दलित ईसाई को एस.सी. का दर्जा दिया जा सकता है। क़रीब दो साल बाद यह रिपोर्ट हमारे हाथ लग गई। हमने न सिर्फ़ इस सवाल को संसद में उठाया बल्कि इसको लेकर अकेले इतना हंगामा किया कि दो बार इसके लिए सदन की कार्यवाही स्थगित करनी पड़ी। इसके बाद सभी दलों के बीच-बचाव पर सरकार की तरफ़ से सदन में, इस रिपोर्ट को जल्द पेश करने का आश्वासन मिला, मगर उस समय भी भा.ज.पा. ने यह साफ़ कर दिया था कि इस रिपोर्ट को लागू नहीं होना चाहिए। जाति जनगणना के सिलसिले में एक पुरानी जानकारी को भी ध्यान में रखना चाहिए। 1941 की जनगणना के समय हिन्दू महासभा ने यह अपील जारी की थी कि जनगणना में हिन्दू अपनी जाति दर्ज नहीं कराएँ। इसकी जगह वह सिर्फ़ 'हिन्दू' लिखाएँ। मुस्लिम लीग ने भी ठीक इसी तरह की अपील में कहा था कि मुसलमान अपनी बिरादरी की जगह 'मुसलमान' दर्ज कराएँ। हालाँकि द्वितीय विश्वयुद्ध छिड़ जाने के कारण 1941 की जाति जनगणना की रिपोर्ट पूरी नहीं हो सकी।

पसमान्दा तहरीक़ का ही यह असर था कि बिहार, उत्तर प्रदेश तथा आन्ध्र प्रदेश की विधानसभाओं ने आम सहमति से दलित मुसलमान, दलित ईसाइयों को शेड्यूल्ड कास्ट का दर्जा देने सम्बन्धी प्रस्ताव केन्द्र सरकार को भेजा। यह भी ध्यान देने की बात है कि भा.ज.पा. को छोड़ क़रीब सभी दलों ने सैद्धान्तिक रूप में हमारी इस माँग को न सिर्फ़ स्वीकार किया बल्कि कइयों ने तो अपने चुनावी घोषणा-पत्र में इसे शामिल किया, मगर अफ़सोस की बात है कि किसी भी दल ने केन्द्र सरकार पर इसके लिए कभी दबाव नहीं बनाया। हमें इस बात का भी दुख है कि मुसलमानों के परम्परागत लीडरशिप ने भी यू.पी.ए. सरकार पर इसके लिए कभी लिखित या जवाबी दबाव नहीं डाला।

जाति जनगणना क्यों है ज़रूरी

मुस्लिम समाज में तो उसूलन ऊँच-नीच नहीं होना चाहिए, लेकिन मुस्लिम समाज में यह बीमारी बदस्तूर कायम है। कोई यह न समझे कि सिर्फ़ हिन्दुओं में ही 'मनुस्मृति' है। मुसलमानों के बीच की मनु और संहिताएँ ऐसी हैं, जिनसे जात-बिरादरी, आला-अदना, हक़ीर, फ़क़ीर, रजील के फ़र्क़ का वर्णन मिलता है। जियाउद्दीन बरनी की 'तारीख़-ए-फ़िरज़ोशाही' तथा 'फ़तवा-ए-जहाँदारी' में इस तरह की बातें भरी हुई हैं। सिर्फ़ बादशाहों-नवाबों ने ही ऐसा नहीं किया बल्कि आधुनिक युग के कई उलेमा, शिक्षाविद् और दानिश्वरों की इस तरह की सोच वाली किताबें भी मौजूद हैं। मुसलमानों में शायद ही ऐसी कोई बिरादरी होगी जो हिन्दुओं में नहीं हो। इनमें कइयों के नाम और पेशा भी एक ही तरह के हैं। हिन्दुओं में इस तरह की बीमारी को तो खुलेआम स्वीकार किया गया, लेकिन मुस्लिम समाज में इसको छिपाने की प्रवृत्ति रही है। इसलिए हमारा कहना यह है कि भारत में जब धर्म के आधार पर जनगणना होती है तो जाति के आधार पर क्यों नहीं? एस.सी., एस.टी. की गणना पहले से ही होती है, फिर अन्य पिछड़े वर्ग तथा जनरल कैटेगरी के लोगों की क्यों नहीं? इनकी माली हालात—ज़मीन-जायदाद, रोज़गार-धन्धे, सरकारी-ग़ैरसरकारी नौकरियों में इनकी गिनती क्यों न हो? जहाँ तक सियासत की बात है, उसमें तक़रीबन सभी पार्टियाँ न सिर्फ़ जाति के आधार पर टिकट बाँटती हैं बल्कि इसका ढिंढोरा भी पीटती हैं। अब तो संसद-विधानसभाओं में जाति वर्ग का नाम लेकर मंत्रियों का परिचय कराया जाने लगा है। हद तो तब हो गई जब चुनाव प्रचार के दौरान प्रधानमंत्री मोदी जी की जाति बताई जाने लगी। चुनाव और टिकट बँटवारे के समय क़रीब सभी अख़बार और टीवी चैनल क्षेत्रवार जाति की संख्या को लेकर धुआँधार और मनमाना प्रचार करते हैं। उम्मीदवार भी अपने दावे को दमदार बनाने के लिए बढ़ा-चढ़ाकर अपनी जाति की संख्या बताने में कोई कोर-कसर नहीं छोड़ते। इस शोरगुल, उठा-पटक में छोटी और कमज़ोर जातियों की संख्या और आवाज़ दब जाती है। इससे भी ज़्यादा ख़तरनाक बात यह है कि थैलीशाह तथा भाँति-भाँति के अपराधकर्मी भी पार्टियों की पसन्द बन जाते हैं।

'ऑल इंडिया पसमान्दा मुस्लिम महाज़' की शुरू से यह माँग रही है कि

बिहार की तर्ज पर केन्द्र सरकार तथा विभिन्न राज्यों में भी पिछड़े वर्ग को दो अनुसूचियों—पिछड़ा और अत्यन्त पिछड़ा वर्ग में बाँटा जाना चाहिए। सच्चर कमेटी ने यह भी कहा है कि चूँकि शेड्यूल्ड ट्राइब आरक्षण सम्बन्धी संविधान की धारा 342 पर कोई धार्मिक प्रतिबन्ध नहीं है, इसलिए इस सूची में छूटी हुई इस तरह की जातियों को शामिल किया जाना चाहिए। इस तरह की जातियों में मेव, वन-गुज्जर, कई अन्य घुमन्तू तथा जंगल-पहाड़ों में रहनेवाले क़बीले हैं, जिनके खान-पान, रहन-सहन, नाक-नक्श, रस्म-रिवाज आपस में काफ़ी मिलते-जुलते हैं। मेव और वन-गुज्जर तो साफ़ तौर पर एस.टी. दर्जा के हक़दार हैं। मेव मुग़लों से लेकर अंग्रेज़ों तक की आँख की किरकिरी बने रहे। दीवारों पर 'बाबर की औलादो भारत छोड़ो' का नारा लिखनेवालों से हम पूछना चाहते हैं कि क्या वे इस इतिहास को जानते हैं कि बाबर को भारत पर हमला करने के लिए राणा सांगा ने बुलाया था, मगर बाबर से लड़ते हुए ख़ानवा (अब राजस्थान) के मैदान में अपने सरदार हसन ख़ाँ मेवाती के साथ 15 मार्च, 1526 को 12 हज़ार मेवाती शहीद हुए थे। इन मेवातियों के पास परम्परागत हथियार थे। वहीं बाबर की सेना ने गोला-बारूद के साथ आक्रमण किया। भारत की सरज़मीं पर गोले-बारूद से लैस यह पहला हमला था। अंग्रेज़ी सरकार ने मेव को जरायम-पेशा क़बीला (क्रिमिनल ट्राइब) घोषित किया हुआ था। आज यही देशभक्त बहादुर क़बीला पिछड़ी जाति में है और इनकी बराबरी के मीणा एस.टी. के हक़दार हैं जबकि मेव-मीणा के गोत्र-पाल सब एक हैं।

हम यह भी कहना चाहते हैं कि एक तरफ़ जहाँ भा.ज.पा. पिछड़ों के सशक्तीकरण की बात कर कुटिल चालें चल पिछड़ों को बाँट रही है, वहीं दूसरी तरफ़ ओवैसी जैसे लोग मिस्टर जिन्ना की तरह मुसलमानों को बरगला रहे हैं। एक अजीबोग़रीब स्थिति यह है कि कई विपक्षी दल भा.ज.पा. के डर से अथवा यह समझते हुए कि ये हमको वोट देंगे नहीं तो जाएँगे कहाँ, हर मौक़े पर ये पसमान्दा समाज को नज़रअन्दाज़ करते रहे हैं। 2014 के बाद देश भर में लगातार मॉब लिंचिंग की घटनाएँ हो रही हैं। एन.आर.सी. और सी.ए.ए. के ख़िलाफ़ शान्तिपूर्ण और लम्बा संघर्ष चला है। इन मसलों पर विपक्षी दलों ने मौखिक विरोध तो किया है, लेकिन उनके बड़े नेता खुलकर और शारीरिक रूप से मैदान में नहीं उतरे। कई विपक्षी दलों के नेताओं ने तो भा.ज.पा. के ख़ौफ़ से 'सेक्युलर' शब्द का इस्तेमाल करना छोड़ दिया है। वहीं दूसरी तरफ़ मुट्ठी भर लोगों के मनुहार, मान-मनौवल तथा उनके सामने माथा टेकने का काम करते हैं। ऐसे में हमें अपनी संख्यागत ताक़त, एकजुटता, हिक़मत-अमली और सक्रियता से इनको कायल करना होगा।

हमें इसको भी समझना होगा कि सरकारी नौकरियाँ बेतहाशा कम की जा रही हैं। केन्द्र और राज्य सरकारें धड़ाधड़ सार्वजनिक क्षेत्रों को अपने चहेते उद्योगपतियों के हाथ बेचती जा रही है, जहाँ आरक्षण लागू नहीं होगा। ऐसे में इस माँग के

लिए मुहिम छेड़नी होगी कि सरकार निजी क्षेत्रों में भी अनिवार्य रूप से आरक्षण लागू करे। जाति जनगणना और आरक्षण को लेकर हमारी कई आशंकाएँ और सरोकार हैं। मौजूदा केन्द्र सरोकार की जो विचारधारा और कारकर्दगी है, उसमें वह आँकड़ों को छिपाने, दबाने, उलट-फेर करने तथा धार्मिक ध्रुवीकरण के ज़रिये किसी मसले का रुख़ मोड़ देने में माहिर है। बेरोज़गारी सम्बन्धी आँकड़ा हो या कोरोना में मरनेवालों की संख्या अथवा गंगा में बहती लाशों को छिपाना-दबाना तो यही बताता है। यह सरकार 'ऑक्सीजन सिलेंडर नहीं मिलने से किसी की मौत नहीं हुई' जैसा बेशर्मी वाला बयान संसद में दे सकती है। एन.आर.सी., सी.ए.ए. के ख़िलाफ़ शान्तिपूर्ण लम्बा आन्दोलन को प्रायोजित दंगों से दबा सकती है। किसानों के लम्बे और शान्तिपूर्ण आन्दोलन को तोड़ने के हथकंडे और दमन का रास्ता अख़्तियार कर सकती है। ऐसे में भा.ज.पा. सरकार जाति जनगणना को डायल्यूट करने के लिए 'सिर्फ़ पिछड़ी जातियों की गिनती' करने अथवा कई अन्य तरह की विभाजनकारी क़दम भी उठा सकती है। सबसे ख़तरनाक बात यह है कि सरकार ऑनलाइन (डिजिटल) सेंसस कराने की बात भी सोच रही है। अगर ऐसा हुआ तो अधिकांश ग़रीब-गुरबा, दलित-पिछड़ों की गणना नहीं हो सकेगी। हमारा मानना है कि सभी धर्मों के सभी जाति की गणना नहीं होगी तो यह कैसे पता चलेगा कि सरकारी-ग़ैरसरकारी नौकरियों, ज़मीन-जायदाद, कल-कारख़ाना तथा ज़मीन के नीचे और आकाश तक, कमाई के साधनों पर किन लोगों का कितना क़ब्ज़ा है?

जाति जनगणना को सी.ए.ए. और एन.आर.सी. से भी जोड़कर धार्मिक ध्रुवीकरण का खेल खेला जा सकता है। हमें हर तरह के साम्प्रदायिक ध्रुवीकरण के प्रति सचेत रहना होगा। एक तरह की साम्प्रदायिकता दूसरे तरह की साम्प्रदायिकता को ताक़त देती है। भा.ज.पा. नेताओं द्वारा ओवैसी साहब को बेरोक-टोक सभा करने हेतु अयोध्या आने की दावत देना क्या बताता है? वहीं दूसरी तरफ़ सांसदों को कश्मीर जाने से रोका जाता है। किसानों के धरना-प्रदर्शन स्थल पर विपक्षी सांसद नहीं पहुँचें, इसके लिए सड़क पर गड्ढे कर दिये जाते तथा कँटीले तार बिछा दिये जाते हैं। देश भर में विरोध की आवाज़ दबाने के लिए अनेक लेखकों, पत्रकारों, छात्र-छात्राओं, राजनीतिक कार्यकर्ताओं को राष्ट्रीय सुरक्षा क़ानून जैसी धाराएँ लगाकर जेल में बन्द रखा जाता है। आज सभी संवैधानिक संस्थाओं पर ग्रहण लगा हुआ साफ़ दिखता है। भारत का संविधान और जम्हूरियत ख़तरे में है। इसलिए भी सभी दलित-पिछड़ों किसानों मज़दूरों, छात्र-नौजवानों तथा तमाम इंसाफ़ और आज़ादी पसन्द लोगों की एकजुटता ज़रूरी है। हम यहाँ नमूने के तौर पर तीन राज्यों—दिल्ली, हरियाणा, उत्तर प्रदेश के पिछड़े मुसलमान बिरादरियों की केन्द्र तथा राज्य सूचियाँ छाप रहे हैं। इसका मक़सद यह कि आप सूची में

दर्ज अपनी जाति के नाम के अनुसार ही जनगणना के समय अपनी जाति का नाम दर्ज कराएँ। सूची में एक क्रमांक में एक ही जाति के कई नाम दर्ज हैं। ऐसे में हमारा सुझाव होगा कि न सिर्फ़ राज्य बल्कि केन्द्र ही सूचियां का मिलान कर कई नामों में से किसी एक प्रचलित नाम पर ही सहमति बनाकर उसे जनगणना में जाति के कॉलम में दर्ज कराना बेहतर होगा। इससे न सिर्फ़ गणना कर्मियों को सहूलियत होगी बल्कि आँकड़ों की हेरा-फेरी से भी बचाव होगा।

तालिका-1

दिल्ली प्रदेश में मुस्लिम पिछड़े वर्गों की सूची

केन्द्रीय सूची		**राज्य सूची**	
सूची में क्रमांक	**नाम**	**सूची में क्रमांक**	**नाम**
1.	अब्बासी, भिश्ती सक्का	1.	अब्बासी, भिश्ती सक्का
4.	अराईन, राई, कुँजड़ा	4.	अराईन, राई, कुँजड़ा
11.	बाज़ीगर, नट, कलंदर	11.	बाज़ीगर, नट, कलंदर
14.	भठियारा	14.	भठियारा
16.	दर्ज़ी, इदरीसी (मोमिन)	16.	दर्ज़ी, इदरीसी
19.	धोबी, कस्सा	19.	धोबी, कस्सार
20.	धुनिया, पिंजारा, नद्दाफ़, मंसूरी	20.	धुनिया, पिंजारा, नद्दाफ़, मंसूरी
21.	फ़क़ीर, अल्वी-फ़क़ीर	21.	फ़क़ीर, अल्वी
22.	गदहेड़ी, गद्दी, कुर्ब	22.	गदहेड़ी, गद्दी
23.	घासेरिया, घोसी	23.	घासेरिया, घोसी
26.	जुलाहा, अंसारी	26.	जुलाहा, अंसारी
28.	कसाई, कसाब, कुरैशी	28.	कसाई, कसाब, कुरैशी
31.	खटिक	31.	खटिक
36.	लुहार, सैफ़ी	36.	लुहार, सैफ़ी
41.	मेरासी, मिरासी	41.	मेरासी, मिरासी
42.	मोची	42.	मोची
43.	नाई, हज्जाम, सलमानी	43.	नाई, हज्जाम, सलमानी
44.	नालबन्द	44.	नालबन्द
49.	रंगरेज़	49.	रंगरेज़
51.	तेली-मलिक	51.	तेली-मलिक
56.	मेव	60.	मेव

तालिका-2

उत्तर प्रदेश में मुस्लिम पिछड़े वर्गों की सूची

केन्द्रीय सूची		राज्य सूची	
सूची में क्रमांक	नाम	सूची में क्रमांक	नाम
11.	कुँजड़ा या राईन	3.	अर्राक
15.	गद्दी, घोसी	5.	इदरीसी
17.	कसाब (कुरैशी), कसाई/कुरैशी	7.	कुँजड़ा (राईन)
21.	डफली	17.	कुरैशी
23.	तेली, सामानी, तेली, मल्लिक (मुस्लिम)	20.	कलाल
24.	दर्ज़ी	25.	कस्साब
26.	नक्काल	37.	गद्दी
27.	नट	44.	घोसी
29	फ़क़ीर	47.	चिकवा
30.	बंजारा, मुकेरी, मेकरानी	57.	डफाली
39.	माली, बाग़बान	60	तेली
42.	मोमिन (अंसार, अंसारी, जुलाहा)	63	दर्ज़ी
43.	मिरासी	69.	धोबी
44.	मुस्लिम कायस्थ	71.	नट
45.	नद्दाफ़ (धुनिया),धुनिया मंसूरी, बहना, पिंजारा	72.	नद्दाफ़
47.	रंगरेज़, रगवा	74.	नानबाई
49.	लोहार, लुहार, सैफ़ी	87.	फ़क़ीर
52.	हलवाई	90.	बढ़ई-सैफ़ी
53.	हज्जाम (नाई), सलमानी	97.	भठियारा
54.	हलालख़ोर, हेला, लालबेग़ी	100.	भिश्ती अब्बासी
55.	धोबी	102.	मुकेरी
56.	मेवाती, मेव	105.	मेव
57.	सक्का-भिश्ती, भिश्ती-अब्बासी	107.	मंसूरी
61.	आतिशबाज़, दारूगर	108.	मुस्लिम कायस्थ
62.	मदारी	112.	मिरासी
63.	नालबन्द, साईस	113.	मीर शिकार
65.	मोची	114.	मोची
67.	शेख सरवरी (पिराई) पीराही	116.	मोमिन (अंसारी)

71.	कलाल	121.	रंगरेज़
76.	गद्दा	138.	लोहार-सैफ़ी
		140.	शेख़ सरवरी (पिराई)
		143.	सक्का-भिश्ती
		147.	सलमानी
		151.	सामानी
		155.	हज्जाम
		157.	हलालख़ोर

तालिका-3

हरियाणा प्रदेश में मुस्लिम पिछड़े वर्गों की सूची

केन्द्रीय सूची		राज्य सूची	
सूची में क्रमांक	नाम	सूची में क्रमांक	नाम
			(खंड-ख)
13.	चिड़ीमार	15.	दर्ज़ी
17.	धोबी	17.	धोबी
19.	सक्का, भिश्ती, शेख़, अब्बासी	19.	सक्का, भिश्ती, शेख़, अब्बासी
21.	फ़क़ीर	21.	फ़क़ीर
24.	घासी, घसेरिया, घोसी	27.	गदरिया
27.	गदरिया	29.	हज्जाम, नाई
29.	हज्जाम, नाई, सलमानी	41.	मदारी
40.	लोहार, लुहार, सैफ़ी	43.	मिरासी
41.	मदारी	46.	लबन्द
42.	मोची	57.	तेली
43.	मिरासी	59.	जुलाहा, बुनकर
46.	नालबन्द	68.	रंगरेज़
56.	तेली	71.	नट (मुस्लिम)
58.	जुलाहा		
67.	मेव		(खंड-बी)
71.	रंगरेज़, नीलगर	5.	मेव

तालिका-4

बिहार प्रदेश में मुस्लिम पिछड़े वर्गों की सूची

केन्द्रीय सूची		राज्य सूची	
क्रम संख्या	सेंट्रल लिस्ट ओबीसी (बिहार)	क्रम संख्या	बिहार स्टेट लिस्ट ओबीसी-अति पिछड़ा वर्ग (एनेक्सर-1)
5.	कसाब (कसाई) मुस्लिम	80.	कसाब (कसाई) मुस्लिम
38.	चीक (मुस्लिम)	81.	चीक (मुस्लिम)
42.	चुड़िहार (मुस्लिम)	82.	डफाली (मुस्लिम)
46.	डफाली (मुस्लिम)	83.	धुनिया (मुस्लिम)
57.	धोबी (मुस्लिम)	84.	धोबी (मुस्लिम)
58.	धुनिया (मुस्लिम)	85.	नट (मुस्लिम)
63.	नट (मुस्लिम)	86.	पमरिया (मुस्लिम)
67.	नालबन्द (मुस्लिम)	87.	भठियारा (मुस्लिम)
68.	पमरिया (मुस्लिम)	88.	भाट (मुस्लिम)
84.	भठियारा (मुस्लिम)	89.	मेहतर, लालबेग़िया, हलालख़ोर, भंगी (मुस्लिम)
91.	मदारी (मुस्लिम)	90.	मिरासी (मुस्लिम)
92.	मेहतर, लालबेग़ी (मुस्लिम) हलालख़ोर, भंगी	91.	मदारी (मुस्लिम)
93.	मिरासी (मुस्लिम)	92.	मीरशिकार (मुस्लिम)
99.	मुकरी (मुकेरी) (मुस्लिम)	93.	साईं, फ़क़ीर, दिवान, मदार (मुस्लिम)
102.	मिरशिकार (मुस्लिम) (जुलाहा, अंसारी)	94.	मोमिन (मुस्लिम)
103.	मोमिन (मुस्लिम), अंसारी, जुलाहा	96.	चुड़िहार (मुस्लिम)
109.	रंगरेज़ (मुस्लिम)	98.	राईन या कुँजड़ा (मुस्लिम)
111.	राईन या कुँजड़ा (मुस्लिम)	100.	ठकुराई (मुस्लिम)
116.	साईं (मुस्लिम)	103.	बक्खो (मुस्लिम)
119.	इदरीसी या दर्ज़ी (मुस्लिम)	107.	इदरीसी या दर्ज़ी (मुस्लिम)
129.	साइकलगर (सिकलीगर) (मुस्लिम)	108.	सैकलगर (सिकलीगर) (मुस्लिम)
130.	बक्खो (मुस्लिम)	109.	रंगरेज़ (मुस्लिम)
131.	ठकुराई (मुस्लिम)	111.	मुकेरी (मुस्लिम)
136.	ईंटफ़रोश/ ईंटाफ़रोश/ गदहेड़ी	112.	ईंटफ़रोश, ईंटाफ़रोश, गदहेड़ी ईंटपज इब्राहिमी (मुस्लिम)

क्रमांक	एनेक्सर-1 की ऐसी मुस्लिम जातियाँ जिनके नाम के सामने सरकारी सूची में मुस्लिम नहीं लिखा गया है।
55.	सेखड़ा
102.	शेरशाहबादी
123.	कुल्हैया
126.	तेली

क्रमांक	बिहार स्टेटस लिस्ट ओबीसी-पिछड़ा वर्ग (एनेक्सर-2)
6.	गद्दी (हिन्दू-मुस्लिम) दोनों में
15.	नालबन्द (मुस्लिम)
20.	कलाल/एराकी (मुस्लिम)
40.	जट (मुस्लिम) (मधुबनी, दरभंगा, सीतामढ़ी, खगड़िया एवं अररिया ज़िला के लिए)
41.	मड़रिया (मुस्लिम) (मात्र भागलपुर ज़िला के सन्हौला प्रखंड एवं बांका ज़िला के धोरैया प्रखंड के लिए)
43.	सूरजपुरी, मुस्लिम (शेख़, सैयद, मल्लिक, मोगल, पठान को छोड़कर केवल पूर्णिया, कटिहार, किशनगंज एवं अररिया ज़िलों के लिए)
44.	मलिक (मुस्लिम)

[राष्ट्रीय स्तर पर जाति आधारित जनगणना कराने की माँग को लेकर 9 सितम्बर, 2021 को गांधी शान्ति प्रतिष्ठान, नई दिल्ली में प्रेस-कॉन्फ्रेंस कर यह पुस्तिका जारी की गई थी। इसके पूर्व विभिन्न सामाजिक संगठनों की एक बैठक ऑल इंडिया पसमान्दा मुस्लिम महाज़ के अध्यक्ष एवं पूर्व सांसद अली अनवर की अध्यक्षता में एक बैठक भी हुई थी। इस बैठक में महाज़ के राष्ट्रीय महासचिव एडवोकेट रमजान चौधरी मेव, उपाध्यक्ष हाजी नसीर अहमद के अलावा जिन प्रमुख दलित चिन्तक, पत्रकार एवं बुद्धिजीवियों ने अपने विचार रखे थे, उनमें प्रो. दिलीप मंडल, प्रो. रतनलाल, सुप्रीम कोर्ट के सीनियर एडवोकेट अरुण मांजी, प्रो. तनवीर एज़ाज़ आदि शामिल थे।]

रंगनाथ मिश्र आयोग को ज्ञापन

Memorandum of All India Pasmanda Muslim Mahaz submitted to Hon'ble Justice Ranganath Misra, Chairman, National Commission for Religious and Linguistic Minorities

Sir,

The All India Pasmanda Muslim Mahaz is a social organization representing and fighting for the rights of the Socially Backward Classes belonging to the largest religious minority namely the Muslims (SBCM). This category of Muslims account for not less than 80% of the Muslim religious community in North India and even more in the South. The Mahaz submits this Memorandum in response of the Public Notice of the Commission inviting views/suggestions inter alia from NGOs and the Public.

The SBCM (or Backward Muslims) are deeply disturbed by the establishment by the Government of the National Commission for Religious and Linguistic Minorities (NCRLM) and its terms of references as laid down by the Government. Representing them, this Mahaz submits that this step of the Government is not only un-Constitutional but incurably un-Constitutional and it will seriously and adversely affect the rights of the SBCM or Backward Muslims which have been secured in 1990 from Government of India after a long struggle and after an unconscionably long delay on the part of the Government of India, for the following reasons—

1. The Government's action in establishing the NCRLM and its terms of references laid down by it are un-Constitutional

1.1 As one of the foremost legal luminaries of the country, who has been the Chief Justice of India, you are better aware then anybody else that with regard to the Right to Equality, our Constitution provides two important pillars. The first is that there shall be equality before the law between person and person or individual and individual in term of Article 14. The basic postulate of this the individual is the Unit with reference to whom equality has to be ensured. This basic principle of equality between individual and individual in Article 14 has been reiterated and elaborated in Clause (1) of Article 15 and Clause (1) of Article 16.

1.2 Simultaneously, in appreciation of the Indian social reality and the structural obstacies, based on the Caste System, historically placed since many centuries in the way of large sections of people irrespective of the religious community they belong to, preventing them from being able to avail themselves of the benefits of individual to individual Constitutional equality, special provisions have been made for such sections so that they may also be able to secure the benefits of development and their traditionally-denied share in governance through reservation in public employment. Examples of these special provisions are Clause (4) of Article 15 and Clause (4) of Article 16. The Constitutional vision, is that through these special provisions, ultimately members of these sections will be empowered and enabled to stand on their own and become capable of securing in due measure the benefits of individual to individual equality in all spheres, after which these special provisions will become unnecessary and redundant.

1.3 Initially the Supreme Court interpreted these special provisions as exceptions to the basic rule of the Right to Equality. Subsequently the Supreme Court has rightly interpreted these special provisions as not exceptions to, but as reinforcement of the basic rule of the Right to Equality. These special provisions constitute the second pillar of the Right to Equality.

1.4 The Constitution has left no room for doubt about who these sections are with respect to whom the above special provisions have been made. One specific category in Scheduled Castes. Another category is the Scheduled Tribes. The third category consists of the Socially Backward Classes (SBC) of citizens. The various castes and tribes which have been scheduled have already been specified during the British Rule and reiterated by Presedential Orders issued in terms of Articles 341 and 342.

1.5 Unfortunately there was a lacuna in the identification of S.B.C. at the National level and in the non-Peninsular States of India. Taking note of this, the Constitution of India provided for the appointment of a Commission to identify socially and Educationally Backward Classes and to investigate their conditions and difficulties and to make recommendations to remove their difficulties and improve their conditions. Accordingly, the Kaka Kalelkar Commission was set up in 1953. But even before that, a crisis arose following the Judgment of the Supreme Court in two related cases of Champakam Dorairajan and of Venkataramana of the former Madras Presidency in 1951. Following the wide-spread public agitations following the judgement, the Parliament amended the Constitution, by the very first amendment in our Constitutional history namely, the Constitution (First Amendment) Act, 1951.

1.6 By this amendment the special provision in Clause (4) of Article 15 was added, of which the beneficiaries were the Scheduled Castes and the Scheduled Tribes and the "Socially and Educationally Backward Classes of Backward Citizens." Without going into the tortuous history of the struggle of the S.B.C to secure their recognition and rights under the Constitution from the mid-50's when the Kaka Kalelkar Commission submitted its report (1955) up to 1990, suffice it to say that it took a long wait of nearly 11/2 generations and many struggles before the existence and identity of this large class was at last accepted by the Govt of India in 1990, after a 10-year long dilly-dallying by the Government even after getting the Mandal Commission's Report in 1980. There was then a legal process after which the Supreme Court by its judgement on 16.11.1992, upheld the order issued by the Govt of India in 1990 recognising the S.Ed. B.C. and providing 27% reservation for them in public employment. The S.Ed. B.C are naturally not willing to allow the dilution of their constitutional rights secure after so much of struggle and such a long delay. The judgement of the Supreme Court in the Mandal case (Indira Sawhney case) is historical and is highly enlightening.

1.7 the caste system and the hierarchical stratification of society into castes being an affiction affecting people following different religions, including Hindu, Muslims, Christians and Sikhs, a substantial proportion of the S.B.C are Socially Backward Classes of Muslims (SBCM). They consist of distinct and identified castes/communities of Muslims whose indetity has intergenerational continuity. Some of these identified castes/communities Consists of only Muslims and many others are casetes with Hindu and Muslim counterparts, sharing the same occupational and social profile of social backwardness, differing only in their modes of worship, which has no bearing on the issue of social backwardness. There are alos B.C. castes/Communities of Muslims, particularly in north India who share the same occupational profile as certain Hindu Schedualed Castes and are their counterparts. Similarly there are Socially Backward Classes belonging to the Christian religious minority, some of whom are counterparts of Hindu Backward Classes and some are converts from Scheduled Castes. Among Sikhs also there are castes some of which are and have been identified as Socially Backward Classes and are the counterparts of Hindu Backward Classes, while Scheduled Caste converts to Sikhism are included in the list of Scheduled Castes. All these are directly hit by the establishment of the NCRLM but it adversely affects the SBC of all The Hindu religious majority too. All of them are also affected by another action of the Government of India under the NDA in 2004 and continued by the Government under the UPA in 2005 namely the creation of a Commission for a so-called category named as the "Economically Backward Classes"—that issue is being taking up separately with the Government of India/with that Commission when it becomes functional.

1.8 So far as the SBCM and the NCRLM are concerned, the Mahaz wishes to point out that the Constitution recognise no category called the "Socially and Economically Backward Sections" or "Ecomonically Backward Classes" whether pertaining to the Muslims or other religious minorities or the religious majority. This is a spurious construct. On the one hand it militates against Clause (1) of Article 14 and Clause (1) of Article 15. On the other hand it will, if allowed to come into practice, result in the loss of much of what the SEdBC, and in particular the SEdBCM have achieved after struggling so long.

1.9 The un-constitutionally of the establishment of this Commission and its terms of reference are clear from the majority judgement in the Mandal case as well as the separate but concurring judgements of Justice Sawant and Justice Pandian.

1.10 It is obvious from the Constitution and the above judgement that there is no basic for recognizing or identifying or making special provisions for those who are only economically disadvantaged without their first being a Socially Backward Class and unless their economic disadvantages spring from and follow from their Socially Backward status. That is why the Supreme Court struck down the move of the Narasimha rao government which added to the original O.M. of the V.P. Singh Government an extra reservation of 10% for "other economically backward sections of the people who are not covered by any of the existing schemes of reservation" and also issued an advance blank cheque from a blank Bank account providing for separate issue of the criteria for determining the other economically backward sections of people who are not covered by any of the existing schemes of reservation. The economic basis of classification was found by the Supreme Court to be so totally ultra vires the Constitution that it struck down even the provision introduced by the Narasimha rao Government to give preference to the "poorer sections of the SEdBCs" within the reservation of 27% for the SEdBC provided by the V.P. Singh Government. We would request you to go through the portions of the main judgement and the separate concurring judgements striking down the above additions made by the Narasimha Rao Government in 1991. Notwithstanding the Supreme Court's striking down of these interpolations, the Govt. of India has indulged in a repetition of the same act of violation of the Constitution by creating the Commission for Economically Backward Classes (CEBC) in 2004 (by the NDA Government) and continuing it in 2005 (by the UPA Government) and creating the NCRLM.

1.11 Apparently the Govt of India is fully aware of the unconstitutionality of its action and for that reason has included item © in the NCRLM's terms of reference namely "to suggest the necessary Constitutional, legal—modalities as required for the implementation of their recommendations" and indicating a similar item in the terms of reference of the CEBC. There were press reports of the then attorney General, Shri Soli Sorabjee's advice to the NDA Government about the un-constitutionality of the Government's proposed move to provide reservation for so-called EBC. His advice is also applicable to the creation of the NCRML and its terms of reference.

1.12 To sum up, the Constitution does not permit the classification or identification of "Socially and economically backward sections of religious and linguistic minorities" or of "Economically Backward Classes" or the provision of reservation and other special measures for them as provided or envisaged by Clause (4) of Article 16 and Clause (4) of Article 15 or of the kind provided or envisaged by those two Clauses.

2. The un-Constitutionality of the creation and terms of reference of the NCRLM (and of the CEBC) is incurable.

2.1 Item © of the terms of reference of the NCRLM (as also the similar item in the terms of reference of the CEBS) is to suggest "necessary Constitutional Modalities" or in other words amendments to the Constitution required to permit classification and recognition and identification of the spurious unconstitutional constructs put forward by the Government, for extraneous reasons.

2.2 It is well-established that the Legislature does not have unlimited licencce to amend the Constitution in whichever manner the rulling Party of the day wishes. The Supreme Court has rightly laid down the concept of the basic features to the Constitution in the Golaknath case, the Keshvanada Bharati case and other cases. NO amendment of the Constitution is permissible which tampers with any of the basic features of the Constituition. The two pillars of Quality referred to by us in paras 1.1 to 1.3 above viz person-to-person or individual-to-individual or citizen-to-citizen equality in all spheres and its exception/reinforcement through special provisions only for SC and ST and SBC including SBC of Muslims and of any other religious Minority or any Linguistic Minority constitute a basic feature of the Constitution, which is sacrosanct and unalterable.

2.3 "Economically Backward Classes/Sections" or "Socially and Economically Backward Classes/Section" of Religious and Linguistic Minorities and "Economically Backward Classes" are spurious constructs and irrational classifications which cannot be accommodated within the four walls of the Constitution by any amendments. Any such amendment are not likely to secure the special majority required by Article 368 of the Constitution and, even if they pass muster in the Legislature, will be challenged before the Supreme Court and are liable and likely to be struck down by the Supreme Court on the ground of violation of a basic feature of the Constitution. You as a top legal luminary of the country and former Chief Justice of India is very well aware of the constitutional doom fated for the faced ab initio by the exercise under-taken by the Government and it would be wise and constitutionally appropriate that the Chairman calls it off before any wasteful public expense is incurred and advises the government to immediately wind up this Commission (ass well as the CEBC). This is the request/suggestion/view of the Mahaz hereby made to the Chairman and to the Commission.

3. The Commission and its term of references are redundant.

3.1 It is clear from the various judgements of the Supreme Court on the issue of Backward Classes, topped by the Mandal Judgement that a class in order to be recognized as a Backward Class, must be shown to be Socially Backward. Only after this is established can the next issue of Educational backwardness or economic disadvantage (arising from social backwardness) or inadequate representation in the public services be considered. If a class or section is not established to be Socially Backward, its case fails at the threshold itself. If the case of a section or a class is that it is just "Economically Backward" without being Socially Backward it has no case to be classified as a Backward Class within the meaning of the Constitution. (Wherever a class or section or community was found to be Socially Backward it was also found to be Educationlly Backward). Originally the Kaka Kalekar Commission and subsequently the Mandal Commission identified a number of Muslim castes/communities, which were found to be Socially Backward. In every State, they have also listed a number of Socially Backward Classes, which belong to linguistic minorities in that State.

3.2 The Supreme Court, in the Mandal judgement, ordered the Government to create permanent bodies at the national and State levels interalia to examine Requests for inclusion in the list of Backward Classes and to tender Advice to the Government on each such Requst, such Advice being ordinarily binding on the

Government. Accordingly the National Commission for Backward Classes (NCBC) was established by an Act of Parliament in 1993 and similar Commissions were established in the States. The NCBC has considered many such Requests and all communities/castes including Muslim casts/communities which made Requests and were found to be Socially Backward—such Socially Backward castes/communities have invariably been found to be also Educationally Backward—have been included in the lists of Backward Classes in accordance with the Adice tendered by The NCBC in each case. Requests of castes/ communities which were found to be socially not Backward or whose case was only that they are "economically Backward" have been rejected on the basis of the Advice of the NCBC in each case, including such requests from Muslim castes/communities. The same is the position regarding castes/communities of linguistic minorities. We can give numerous examples to the Chairman if so desired. If at all there is any stray case of any caste/community including of Muslims or any other religious minority or any linguistic minority who are Socially Backward, but have missed inclusion, the route for them to seek inclusion has been laid down by the Supreme Court, viz Request to the NCBC (for Central lists which are state-wise, for Central Government purposes) and respective SEBCs (for State lists for States Government purposes), with appeal lying only to the Supreme Court. All other routes are barred by the Supreme Court, for good reason.

3.3 There are the virtually no people left out for the NCRLM to identify whether of the linguistic or of the religious minorities. Thus the NCRLM is redundant. If the NCRLM identifies any Community as Socially Backward its inclusion on that basis by the Government is likely to be challenged inter alia on the ground that it has not been indentified by the authority laid down by the SC namely the NCBC and SCBCs. The judgement of the AP High Court striking down the categorization of all Muslims of AP as a BC and providing reservation for them first promised to them by the then ruling TDP (NDA ally) Government during the period shortly before the elections to the AP Legislative Assembly and to the Lok Sabha in 2004 and soon after that taken up and followed up by the succeeding Congress Government in the first flush of electoral victory in the same year by the impugned order on the recommendation of the Minorities Department, interalia on the ground that it had not been examined by the State Commission for BC, is a pointer.

3.4 Further since, as pointed out in Paras 3.1 and 3.2 above all Socially Backward castes/communities have been included in the lists of Backward Classes, what will be left for the NCRLM are only communities which are economically Backward (SIC) without being Socially Backward and no such community can be classified as Backward within the Constitution. If the NCRLM finds that any "Section" of any religious minority or any linguistic minority is not socially Backward but is "Economically Backward" (whatever that non-constitutional/un-constitutional/anit-constitution and identification of which and the provision of reservation and other facilities for which has already been found ultra-vires the constitution by the Supreme Court in 1992, reinforcing our position in sections 1 and 2 above that the action of the Government in setting up the NCRLM and its terms of reference (as also the CEBC and its terms of reference) are unconstitutional and incurably unconstitutional.

3.5 All religious minorities, both who are socially Backward and the rest, are entitled to the Right to Freedom of Religion enshrined in Articles 25 to 28, and all religious and linguistic minorities, both who are socially Backward and the rest, are equally entitled to the Cultural and Educational Rights enshrined in Articles 29 and 30. In addition by virtue of Article 14 all persons of India are entitled to the equal protection of the laws. In this regard the greater vulnerability of Religious Minorities in India as well as elsewhere is well-known. Communal Riots have marred the fair face of our dear country even after Independence and the coming into effect of the Constitution. Tragic events of this decade and the last decade have poignantly brought out the plight of the Muslim minority in this regard. In ensuring all these rights and security all minorities and also the liberal generality of the Hindu Religious Majority are at one. The Mahaz is happy that the present Government has drafted the Communal Voilince (Suppression) Bill 2005 with a view to curbing and severely punishing communal riots, without relegating this to a Commission. But this is different from the issue of social backwardness and measures prescribed by the Constitution for the Socially Backward Classes, covering all castes/communities with distinct inter-generationally continuous identity which are present among Hindus, Muslims, Christians and Sikhs and among different linguistic groups, some of whom constitute the linguistic majority in one or more States and linguistic Minorities in some other States. The exercise of identifying and listing them has already been completed and there is a permanent machinery of NCBC and SCBCs created by the mandate of the Supreme Court to take care of any stray cases of commission that may come to light and all other agencies are precluded by the Supreme Court's mandate form interfering with this process. There is thus no Constitutional scope or space for any other Commission in this field, and no Constitutional permissibility or legitimacy for any so-called "Economically Backward Classes" or "Socially and Economically Backward Sections of Religious or Linguistic Minorities". (Which will in effect boil down to "Economically Backward Sections of Religious and Linguistic Minorities" since all Socially Backward Classes including SBC of Religious Minorities and Linguistic Minorities have already been identified and listed).

However, there is plenty of need and scope for development work covering all identified SBCs, including SBCRM and SEdBCLM, with a view to decisively removing their social and educational Backwardness and their economic helplessness, deprivation and exploitation arising from their historical social backwardness. The road map for this has been well chalked out in detail in various documents including the report of the Working Group on the Development of the BC in IX Plan (1997), the Report of the Working Group on the Empowerment for the BC In X Plan (2001), recommendations of the First National Conference of the BC organized by the NCBC (1997), the Annual Report of the NCBC (for the year 1997-98) etc. From the actions of the Government in the last few years, including the last NDA Govt and the present UPA Govt, there seems to be ignorance of or indifference to all this wealth of material. It should act on them with seriousness instead of spawning new Commissions and Committees to re-discover India and its people and their plight or to re-invent the wheel. No Commission is required for this. There is also the issue of the aspirations of SC converts to Islam and Christianity. A solution to their aspiration also does not require a Commission but only requires a policy decision by the Government on the basis of information already available and through machinery already existing for this pupose. Poor individuals who do not belong to SC, ST or SBC including SBCRM no doubt need help. For this purpose there is an array of schemes in the arsenal of the Government to mitigate and eliminate poverty, covering rural as well as urban areas. These schemes are not only for the benefit of the SC, ST and SBC (who naturally account for the bulk of those who are poor) but also of poor individuals who do not belong to SC, ST and SBC or SBCRM. This does not require any Commission. No doubt a good part of the outlays suffer leakage on account of corruption as well as inefficiencies. These need to be corrected. The schemes as well as the systems require to be strengthened by measures like transparently associating the beneficiaries and the people in general. The Right to Information Bill recently passed by the Parliament is one of the steps in that direction. But there are many more required. All of them are well-known or can be easily known. They are not mysteries or enigmas. These too do not require any Commission. Without attending to these, the Government in India, past and present, rush into territory which Constitutionalists fear to tread, into terrain prohibited by the Constitution, as in the creation of the NCRLM (and CEBC). Instead of doing obvious things for which all available information and knowledge is available with the Government, the tendency of the Govt is to spawn Commissions and committees into a fine art of inaction and camouflage of inaction and intent of inaction. This tendency needs to be curbed and there is no one more ccapable of doing this then the respected Former Chief Justice of India.

3.6 We shall be grateful for your response to the above preliminary and fundamental issues raised by us touching on the Canstitutionality of the action of the Government in creating the NCRLM and its terms of reference as laid down by the Government. As mentioned by us earlier it would be wise and constitutionally appropriate that the Govt is advised that the creation of this Commission is not only un-Constitutional, but its un-Constitutionality cannot be cured by any amendment of the Constitution and therefore the Commission should be wound up. In case the Hon'ble Commission and its Chairman feel that it is constitutionally free to continue with its work under the terms of reference laid down by the Government, we may kindly be favored at the outset with a speaking order so that we are enabled to consider approaching the Supreme Court at the earliest in defence of the human rights of the Socially Backward Classes and specifically in this case of the Socially Backward Classes of Muslims and in defence of the national principles enshrined in our Constitution, of which the Governments of the recent past and present have made a mockery, for extrancous reasons.

3.7 We are prepared to appear before the Chairman and the Commission to furnish any clarifications or further information if required. We shall be grateful for acknowledgement of the receipt of this Memorandum.

ऑल इंडिया पसमान्दा मुस्लिम महाज़
अध्यक्ष : अली अनवर
महासचिव : मो. उस्मान हलालख़ोर

यहाँ से देखें

मेरा आदर्श समाज

डॉ. भीमराव आम्बेडकर

जाति-भेद द्वारा उत्पन्न हुए दुष्परिणामों की कष्टकर कथा को सुनते-सुनते यदि आप में से कुछ सज्जन थक गए हों, तो मुझे आश्चर्य नहीं होगा। इसमें कोई बात नई नहीं है। इसलिए अब मैं इस समस्या के रचनात्मक अंश को लेता हूँ। आप पूछेंगे कि यदि आप वर्ण-भेद नहीं चाहते, तो आपका आदर्श समाज क्या है? मेरा आदर्श एक ऐसा समाज है, जिसका आधार स्वाधीनता, समता और बन्धुता हो।

क्यों? बन्धुता पर क्या आपत्ति हो सकती है? मुझे तो कोई सूझती नहीं। आदर्श समाज गतिशील होना चाहिए, वह ऐसे मार्गों से भरा होना चाहिए, जो एक भाग में होनेवाले परिवर्तन को दूसरे भागों में ले जाए। आदर्श समाज में अनेक ऐसे हित होने चाहिए, जिनका जान-बूझकर आदान-प्रदान हो और जिनमें सभी भाग लें। सम्मेलन की दूसरी रीतियों के साथ बेरोक-टोक और विभिन्न प्रकार से संसर्ग होना चाहिए। दूसरे शब्दों में, सामाजिक घी-खिचड़ी होना आवश्यक है। यही बन्धुता है, इसी का दूसरा नाम प्रजातंत्र है।

प्रजातंत्र केवल शासन का ही एक रूप नहीं। यह मुख्यत: संघबद्ध रहन-सहन की, मिल-जुलकर एक-दूसरे को लेने-देने की रीति है। यह मूलत: अपने साथियों के प्रति सम्मान और श्रद्धा का भाव है।

क्या स्वाधीनता पर भी कोई आपत्ति हो सकती है? आने-जाने की स्वतंत्रता के अर्थों में, जीने और चलने-फिरने की खुली छुट्टी के अर्थों में, स्वाधीनता पर बहुत थोड़े लोग आपत्ति करेंगे। शरीर को स्वस्थ दशा में रखने के निमित्त आजीविकोपार्जन के लिए आवश्यक सामग्री, औज़ार और सम्पत्ति पर अधिकार के अर्थों में स्वाधीनता पर किसी को कोई आपत्ति नहीं। फिर व्यक्ति को उसकी शक्तियों के योग्य और कार्यकारी प्रयोग द्वारा लाभान्वित होने की स्वाधीनता देने में क्यों आपत्ति की जाए?

वर्ण-व्यवस्था के पक्षपाती जो आने-जाने, चलने-फिरने, हिलने-डुलने, सम्पत्ति पर अधिकार रखने की स्वाधीनता पर आपत्ति नहीं करते, वे व्यक्तियों की शक्तियों

का उपयोग करने की, विशेषत: उसके अपने लिए कोई व्यवसाय चुनने की स्वतंत्रता देने को तैयार नहीं, परन्तु इस प्रकार की स्वाधीनता पर आपत्ति करना दासता को चिर-स्थायी बनाना है। कारण यह है कि दासता का अर्थ केवल अधीनता का क़ानूनसंगत रूप ही नहीं, इसका अर्थ समाज की वह अवस्था है, जिसमें कुछ लोगों को अपने आचरण को दूसरों की इच्छा के अनुसार ढालना पड़ता है। यह दशा वहाँ भी पाई जाती है जहाँ क़ानूनी अर्थों में कोई दासता नहीं। यह वहाँ पाई जाती है जहाँ, जैसा कि वर्ण-भेद में, कुछ लोगों को विशेष निर्धारित व्यवसाय करने के लिए, जो उनकी अपनी पसन्द के नहीं होते, बाध्य किया जाता है।

क्या समता पर कोई आपत्ति हो सकती है? यह स्पष्टत: फ्रांसीसी राज्यक्रान्ति के रणनाद का सबसे अधिक विवादास्पद भाग रहा है। समता पर निर्दोष आपत्तियाँ हो सकती हैं। हमें मानना पड़ता है कि सब मनुष्य बराबर नहीं, परन्तु तब क्या हुआ? हो सकता है कि समता एक अलीक वस्तु हो, परन्तु तो भी हमें इसको एक संचालन सिद्धान्त के रूप में स्वीकार करना ही पड़ेगा।

मनुष्य की शक्ति तीन बातों पर आश्रित है—(1) शारीरिक वंश परम्परा, (2) सामाजिक उत्तराधिकार या माता-पिता द्वारा चिन्ता, शिक्षा, वैज्ञानिक ज्ञान के संचय के रूप में और उस प्रत्येक बात के रूप में दान, जो उसे जंगली मनुष्य से अधिक योग्य और समर्पित बनाती है और अन्तत: (3) उसके अपने प्रयत्न। इन तीनों बातों की दृष्टि से मनुष्य नि:सन्देह असमान हैं, परन्तु प्रश्न यह है कि क्या उनके असमान होने के कारण हम उनके साथ असमानता का व्यवहार करें? यह एक ऐसा प्रश्न है जिसका उत्तर देना समता के विरोधियों के लिए आवश्यक है। व्यक्तिवादी के दृष्टिकोण से, मनुष्यों के साथ जहाँ तक उनके उद्योग असमान हैं, असमानता का व्यवहार करना न्यायसंगत हो सकता है। प्रत्येक व्यक्ति की शक्ति के पूर्ण विकास को यथासम्भव अधिक-से-अधिक उत्तेजन देना वांछनीय हो सकता है, परन्तु यदि मनुष्यों के साथ पहली दो बातों में, जिनमें वे असमान हैं, असमता का व्यवहार किया जाएगा तो उसका परिणाम क्या होगा? यह स्पष्ट है कि जिन व्यक्तियों के पक्ष में जन्म, शिक्षा, पारिवारिक ख्याति, व्यावसायिक सम्बन्ध और बाप-दादा से मिला हुआ धन है, वे ही इस दौड़ में चुने जाएँगे। परन्तु ऐसी अवस्थाओं में यह चुनाव 'योग्यों का चुनाव' नहीं होगा। यह विशेष अधिकार-प्राप्त मनुष्यों का चुनाव होगा। इसलिए वह कारण, जो ज़ोर देता है कि तीसरी बात में हमें लोगों के साथ एक समान व्यवहार नहीं करना चाहिए, इस बात की माँग करता है कि पहली दो बातों में हमें उनके साथ यथासम्भव अधिक-से-अधिक समता का व्यवहार करना चाहिए। इसके विपरीत कहा जा सकता है कि यदि सामाजिक संघ के लिए अपने सदस्यों से अधिक-से-अधिक लाभ उठाना अच्छा है, तो यह उनको दौड़ के आरम्भ में ही जहाँ तक हो सके,

समान बनाकर ही उनसे अधिक-से-अधिक लाभ उठा सकता है। यह भी एक कारण है जिससे हम समता की उपेक्षा नहीं कर सकते।

परन्तु एक और कारण भी है, जिससे हमारे लिए समता को स्वीकार करना आवश्यक हो जाता है। राजनीतिज्ञ का सम्बन्ध जनता की बहुसंख्या के साथ-साथ होता है। सूक्ष्म प्रभेद करने और प्रत्येक के प्रति न्यायसंगत रूप से अर्थात् प्रयोजन के अनुसार अथवा योग्यता के अनुसार व्यवहार करने के लिए न तो उसके पास समय रहता है और न ज्ञान ही मनुष्यों के प्रति न्यायसंगत व्यवहार का होना कितना ही वांछनीय या युक्तिसंगत क्यों न हो, मानव-जगत् को छाँटकर उसका वर्गीकरण या श्रेणी विभाग नहीं किया जा सकता।

इसलिए राजनीतिज्ञ के लिए किसी मोटे तौर पर तैयार नियम के अनुसार कार्य करना आवश्यक है और मोटा तथा तैयार नियम यह है कि सब मनुष्यों के साथ एक-सा व्यवहार किया जाए, इसलिए नहीं कि वे सब एक समान हैं, वरन् इसलिए कि वर्गीकरण और श्रेणी-विभाग असम्भव है। समता का सिद्धान्त स्पष्टत: भ्रमजनक है, परन्तु सब कुछ होते हुए भी यही एक विधि है जिसका अवलम्ब कोई राजनीतिज्ञ कर सकता है। राजनीति एक व्यावहारिक काम है और कोई कठोर व्यावहारिक कसौटी माँगती है।

दलित-पसमान्दा मुसलमान विमर्श

हिलाल अहमद

बाबरी मस्जिद के ध्वंस के बाद मुसलमान राजनीति का चरित्र तय करने में दलित-पसमान्दा मुसलमान विमर्श का योगदान बेहद महत्त्वपूर्ण रहा है। मुसलमानों में मौजूद जातिप्रथा और अन्दरूनी विरोधाभासों को आधार बनाकर आन्तरिक लोकतंत्र की माँग करनेवाला यह विमर्श मुसलमानों की पिछड़ी जातियों को हिन्दू और सिख पिछड़ों और दलितों की तर्ज़ पर ही संविधानसम्मत सुविधाएँ दिये जाने का पक्षधर है।

2006 में सच्चर आयोग की रपट के प्रकाशन के बाद से मुसलमानों के भीतर का पिछड़ा-दलित समाज एक आधिकारिक श्रेणी भी बन गया है। रंगनाथ मिश्र कमीशन (2007) और अल्पसंख्यक आयोग की विभिन्न रपटें इस तथ्य को उजागर करती हैं कि आरक्षण के सवाल और मुस्लिम पिछड़ेपन की समस्याओं को दलित-पिछड़े मुसलमान के प्रश्न से अलग करके नहीं देखा जा सकता है। 'दलित-पिछड़े मुस्लिम' शब्द का चलन कोई ख़ास पुराना नहीं है, लेकिन मुसलमानों के भीतर होनेवाली जाति-राजनीति, विशेषकर पिछड़ी जातियों के लामबन्द होने की प्रक्रिया, आज़ादी से बहुत पहले औपनिवेशिक भारत में शुरू हो गई थी। वास्तव में 'मुसलमान समाज' भी जाति-प्रथा से संचालित होता रहा है।

भारत में इस्लाम के प्रसार की दो प्रवृत्तियाँ रही हैं, जिनके आपसी रिश्तों से एक जटिल जाति-व्यवस्था का जन्म हुआ। पहली प्रवृत्ति मुस्लिम समुदायों का मध्य-एशिया से आकर भारत में बसने से सम्बन्धित है। ऐतिहासिक खोजें, विशेषकर हाल में हुए विश्लेषणों से यह स्पष्ट हुआ है कि अनेक मुस्लिम समुदाय एक सतत चलनेवाली अत्यन्त धीमी प्रक्रिया के तहत कई शताब्दियों तक भारत में आकर बसते रहे। यह प्रक्रिया इतनी धीमी थी कि इसके कारण तत्कालीन समाज में कोई आमूल सामाजिक-सांस्कृतिक परिवर्तन नहीं हुआ। इस्लाम के सिद्धान्तों का आत्मसातीकरण होता चला गया। रिचर्ड ईटन का मध्यकालीन बंगाल पर किया गया शोध बताता है कि हिन्दुओं द्वारा इस्लाम अपनाने के पीछे न तो सामाजिक न्याय के विमर्श जैसा कुछ था और न ही कोई ख़ास राजनीतिक ललक। धार्मिक विविधताओं से

भरे इस भौगोलिक-सांस्कृतिक क्षेत्र में मौजूद बहुत-से अन्य धार्मिक विकल्पों में से एक विकल्प इस्लाम भी था। इस्लाम का चयन न तो पुराने धार्मिक सन्दर्भों में छोड़कर किया जा सकता था और न ही इस्लाम के भीतर मौजूद एकेश्वरवाद जैसी आध्यात्मिक संरचनाओं को ख़ारिज करके। ऐसे में जिन हिन्दुओं ने इस्लाम स्वीकार किया उन्होंने न तो अपनी स्थानीय रीतियों को छोड़ा और न ही एकेश्वरवाद को नकारा। दिलचस्प बात यह है कि इस्लाम का प्रसार निम्न और मध्य जातियों में ज़्यादा हुआ। इसका सीधा कारण यह था कि इन जातियों में उच्च कही जानेवाली जातियों की तुलना में रीति-रिवाजों और आस्थाओं में अपेक्षित खुलापन था। इन जातियों के लिए इस्लामी सिद्धान्तों का जातीयकरण सम्भव था। इस तरह हरेक जाति ने, जो बाद में मुस्लिम बिरादरियाँ (विशेषकर उत्तर भारत में) कही जाने लगीं, अपने-अपने ढंग से इस्लामी आस्थाओं को परिभाषित किया।

मध्य एशिया से आए विविध मुसलमान समुदायों और भारतीय मुस्लिम बिरादरियों के आपसी रिश्तों ने मुस्लिम जातिप्रथा को जन्म दिया। दोनों तरह की सामाजिक संरचनाओं के भीतर भी अनेक विविधताएँ थीं। उदाहरण के लिए मध्य एशियाई और अरब से सम्बन्ध रखनेवाले समुदायों के बीच भी उतनी ही दूरियाँ थीं, जितनी कि मुस्लिम बिरादरियों में। हालाँकि मध्य एशियाई समुदाय शेख़, मुग़ल और पठान शासक वर्ग में बदल गए, परन्तु यह कहना ठीक नहीं होगा कि उनके राजनीतिक वर्चस्व से ही जाति व्यवस्था में ऊँच-नीच तय हुई। मुस्लिम जाति व्यवस्था में ऊँच-नीच की शुरुआत पर अभी तक कोई ऐतिहासिक विश्लेषण नहीं किया गया है। ऐसे में मध्ययुगीन साहित्य, विशेषकर मुस्लिम शासकों द्वारा लिखवाया गया साहित्य ही एक सम्भव स्रोत है।

'तुजुक-ए-फ़िरोज़शाही' से लेकर 'आईन-ए-अकबरी' तक जैसे ग्रंथ हमें बताते हैं कि मुस्लिम समुदायों में जाति और क़बीला पहचान के दो प्रमुख पैमाने हैं। ऐसे में समुदाय का पेशा और वर्चस्व के आधार पर उनका सामाजिक मूल्य तय हो सकते थे। यही वजह है कि अठारहवीं और उन्नीसवीं सदी कुछ समुदायों के लिए 'अशराफ़' (जो शरीफ़ हो) कुछ के लिए 'अज़लाफ़' (ज़लील से सम्बन्ध) और कुछ के लिए 'अरज़ाल' शब्द प्रयुक्त होता है।

यहाँ दो स्पष्टीकरण ज़रूरी हैं। पहला, इन श्रेणियों का इस्तेमाल औपनिवेशिक युग के शुरुआती दौर में ख़ूब होता दिखता है। इसलिए मुस्लिम जाति-विमर्श और औपनिवेशिक आधुनिकता का सम्बन्ध जातियों के ऊँच-नीच के विश्लेषण में एक अहम कड़ी है। इसका स्पष्टीकरण मुस्लिम समाजों में परम्परागत पेशों से ताल्लुक़ रखता है। पेशों की ऊँच-नीच अशराफ़ और अरज़ाल श्रेणियों का अवधारणात्मक क्षेत्र तय करती है, मसलन नाई, जुलाहे और बढ़ई का काम करनेवाले मुसलमान अज़लाफ़ श्रेणी में माने गए, जबकि मध्य एशियाई समुदाय जो कि मूलतः व्यापार

से सम्बन्ध रखते थे, अशराफ़ बन गए। हिन्दू जाति-व्यवस्था की तरह यहाँ भी पेशा जाति बनता चला गया।

अशराफ़/अज़लाफ़ की दूरियों का सबसे सटीक चित्रण उन्नीसवीं सदी की रचनाओं से मिलता है। सैयद अहमद ख़ाँ से लेकर कई शीर्ष के कई उलेमा प्रत्यक्ष और अप्रत्यक्ष तौर पर मुस्लिम जाति-व्यवस्था के समर्थक बन गए। सैयद अहमद ने तो जुलाहों को 'बदज़ात' तक कहा और 1857 के सिपाही विद्रोह का ज़िम्मेदार ठहराया। इस तरह इस्लाम की जाति-व्यवस्था का आधुनिक राजनीति से सीधा रिश्ता जुड़ गया। बीसवीं सदी के शुरुआती दशकों में पूर्वी उत्तर प्रदेश और बिहार में जातिगत संगठन विशेषकर पिछड़े मुसलमानों के संगठन बनने शुरू हुए। 1930 के दशक में बनी मोमिन कॉन्फ्रेंस इसका एक अहम उदाहरण है। कॉन्फ्रेंस मूलतः जुलाहा समुदाय से सम्बन्धित थी और इसका रुझान कांग्रेस की समन्वयकारी राजनीति की तरफ़ था। यही कारण था कि आज़ादी के बाद मोमिन कॉन्फ्रेंस कांग्रेस के प्रसार में पूरी तरह छुप गई।

साठ और सत्तर के दशकों में मुसलमानों की पिछड़ी जातियों का दायरा सामाजिक-सांस्कृतिक क्षेत्रों तक सीमित रहा। इसका एक बड़ा कारण भारतीय संवैधानिक विमर्श द्वारा मुसलमानों को एक राजनीतिक इकाई मानने से भी जुड़ा था। उदाहरण के लिए, 1950 में गठित 'काका कालेलकर समिति' ने यह तो माना कि मुसलमानों की कुछ जातियाँ पिछड़ी हैं, लेकिन समिति ने इन जातियों को हिन्दू और सिख पिछड़ों-दलितों के साथ जोड़कर नहीं देखा। यहाँ तक कि 1959 के मध्य अध्यादेश से यह भी तय हो गया कि धारा 341 के तहत केवल हिन्दुओं और सिखों में मौजूद दलित जातियाँ ही आरक्षण का लाभ उठा सकती हैं। अन्य भारतीय मज़हब (ख़ासकर इस्लाम और ईसाई मत) इस सूची से बाहर रखे गए। इस प्रकार मुसलमानों में जाति एक संकीर्ण राजनीतिक श्रेणी के तौर पर पुनः स्थापित हो गई। 1980 के दशक में मंडल आयोग ने एक नई शुरुआत की। आयोग ने मुसलमानों के पिछड़े तबक़ों को अन्य पिछड़े वर्ग की श्रेणी में रखकर आरक्षण देने की सिफ़ारिश की। इस पहल ने मुसलमानों के भीतर चल रहे जातिगत अन्तर्विरोधों को एक नया उछाल दिया और बाबरी मस्जिद का विध्वंस होने तक 'दलित-पिछड़े मुस्लिम' नामक एक नये राजनीतिक विर्मश का उदय हुआ।

यह विमर्श आन्दोलन बना और काफ़ी तेज़ी से लोकप्रिय हुआ। शीघ्र ही दलित-पिछड़े मुस्लिम का सवाल उठानेवाले कई संगठन सामने आए। 1998 में अली अनवर 'मसावात की जंग' ने इस विमर्श को पसमान्दा नामक नई अवधारणा से नवाजा। अनवर ने बिहार की मुस्लिम जाति व्यवस्था का ऐतिहासिक विश्लेषण करके नीची जाति के मुसलमानों को एक राजनीतिक श्रेणी के तौर पर स्थापित किया। अनवर मानते हैं कि पिछड़े मुसलमानों का अलग से आरक्षण पसमान्दा-दलित मुसलमानों

के संघर्षों को साम्प्रदायिक बना देगा। इसलिए अन्य पिछड़े वर्ग की पहचान अगड़ी और पिछड़ी जातियों के आधार पर ही होनी चाहिए ताकि अति-पिछड़ी जातियाँ, चाहे वे हिन्दू हों या मुसलमान, आरक्षण का लाभ उठा सकें। अनवर धारा 341 में संशोधन के पक्षधर हैं और उनका मत है कि मुस्लिम दलितों को हिन्दू दलितों की तरह ही आरक्षण मिलना चाहिए। अनवर मुसलमानों में अन्तर्जातीय विवाह के भी हिमायती हैं। दलित पिछड़े मुस्लिम विमर्श को तथाकथित मुस्लिम रहनुमाओं का भी समर्थन हासिल है, हालाँकि परम्परागत मुस्लिम राजनीति अब भी इस सवाल को मुसलमानों का आन्तरिक मुद्दा मानने के ही पक्ष में है।

(लेखक सीएसडीएस, दिल्ली में एसोसिएट प्रोफ़ेसर हैं)

सन्दर्भ

1. अली अनवर (1998), मसावात की जंग, आई.एस.आई., पटना-दिल्ली।
2. ख़ालिद अनीस अंसारी (2009), 'रीथिंकिंग पसमान्दा मूवमेंट', काउंटर करेंट्स, फ़रवरी।
3. हिलाल अहमद (2009) 'मुस्लिम एज पॉलिटिकल कम्युनिटी', सेमिनार, 602 दिल्ली।
4. इरफ़ान अहमद (2003), 'ए डिफ़रेंट जिहाद: दलित मुस्लिम्स चैलेंज टु अशराफ़ हेजेमनी', इकोनॉमिक पॉलिटिकल वीकली, खंड 38, अंक 46
5. प्रफुल्ल बिदवई (2006), 'कॉम्बेटिंग मुस्लिम एक्सक्लूज़न', फ्रंटलाइन, खंड 23, अंक 23

चर्च सहित स्कूल-कॉलेज-अस्पताल पर क़ाबिज़ ईसाई सम्भ्रान्त

थॉमस फ्रैंकलीन सीज़र से बातचीत

ईसाई दलितों की तरफ़ से 2 मार्च, 2004 सुप्रीम कोर्ट में एक सिविल रिट याचिका दाख़िल की गई थी। थॉमस फ्रैंकलीन सीज़र (एडवोकेट) तभी से इस मुक़दमे की पैरवी के लिए त्रिची (तमिलनाडु) छोड़कर दिल्ली आकर जम गए हैं। फ्रैंकलीन पेशे से इंजीनियर हैं। बाद में उन्होंने वकालत की पढ़ाई की और अपना पूरा जीवन दलित ईसाइयों को न्याय दिलाने की लड़ाई में झोंक दिया है।

फ्रैंकलीन बताते हैं कि मंडल कमीशन ने ही पहली बार दलित ईसाइयों को ओबीसी की सूची में शामिल किया। इसके पहले वे किसी भी सूची में नहीं थे। ईसाइयों में रेड्डी, नायडू, नाडार (Nadiar), पिल्लई, उडेयार, कल्लर आदि ओबीसी की जातियाँ हैं। दलित का दर्जा परेयार, पल्लर, माला, मड्डिगा (maddiga), चमार, बंकी-वाल्मीकि, वन्नार (Washermen), पुलेया (Pulaya) आदि जातियों को मिलना चाहिए। ईसाई समाज में इन जातियों की संख्या आबादी के क़रीब 70 प्रतिशत है। ये जातियाँ खेत-मज़दूरी से लेकर जूता-चप्पल बनाने, कपड़े धोने तथा शवदाह का काम करती हैं।

फ्रैंकलीन बताते हैं, यूनाइटेड नेशन की एक रिपोर्ट में यह बात दर्ज है कि हिमाचल प्रदेश, जम्मू, पंजाब, राजस्थान, यूपी के बुलन्दशहर तथा पाकिस्तान, बांग्लादेश, बर्मा, शिलांग तक में दलित ईसाई मैला ढोने व साफ़-सफ़ाई करने का काम करते हैं।

ऊँची जाति के ईसाइयों के अपने अलग श्मशान होते हैं और दलित ईसाइयों के क़ब्रिस्तान। ईसाइयों में ऊँची जाति के लोग आम तौर पर स्वजनों के शवों को जलाते हैं। दलित ईसाई अपने लोगों के शवों को ज़मीन में दफ़न करते हैं। फ्रैंकलीन के कहने के मुताबिक़, दलित ईसाइयों को मजबूरन जगह-जगह अपना अलग क़ब्रिस्तान बनाना पड़ा है। ऊँची जाति के ईसाइयों के अनेक जगह पर अलग चर्च (गिरजाघर) भी बने हुए हैं। यहाँ तक कि ऊँची जाति के ईसाई पर्व-त्योहार भी दलितों से अलग

मनाते हैं। फ्रैंकलीन कहते हैं कि डॉ. जी. मैथ्यू ने इसको लेकर चर्च के ख़िलाफ़ मद्रास हाईकोर्ट में एक सिविल रिट याचिका भी दायर कर रखी है।

उनका कहना है कि तमिलनाडु सहित कर्नाटक-केरल के लगभग सभी चर्चों पर मैंगलोरियन (कर्नाटक), गोवन (गोवा) और केरल के ब्राह्मण ईसाइयों का क़ब्ज़ा है। आन्ध्र प्रदेश में रेड्डी समुदाय के हाथ में चर्च है। इसी तरह स्टीफन कॉलेज, कॉन्वेंट स्कूल, सेंट ज़ेवियर्स कॉलेज, लोयला कॉलेज तथा सभी अस्पतालों पर ऊँची जाति के ईसाई क़ाबिज़ हैं। फ्रैंकलीन की शिकायत है कि ईसाई मिशनरियाँ दुनिया भर से दलित ईसाइयों की हालत सुधारने के नाम पर पैसा लाती हैं, लेकिन दलित ईसाइयों के ऊपर यह रकम ख़र्च नहीं की जाती है। अल्पसंख्यक के नाम पर अपने स्कूल-कॉलेज चलाती हैं, लेकिन हमारे बच्चों में 'मेरिट न होने' की बात बताकर एडमिशन नहीं लेती हैं। इनकी जगह हिन्दू सवर्णों का एडमिशन कर लिया जाता है।

फ्रैंकलीन कहते हैं कि संविधान की धारा 342 के अनुसार 'शेड्यूल्ड ट्राइब' की सूची तैयार होती है। उस पर किसी तरह का धार्मिक प्रतिबन्ध नहीं होने के चलते इसकी सुविधा ईसाई दलित उठाते हैं, पर इस सुविधा पर भी रोक के लिए, जगह-जगह भा.ज.पा.-संघ परिवार से जुड़े लोगों ने सभा-प्रदर्शन से लेकर मुक़दमेबाज़ी तक की है। छत्तीसगढ़ में रमन सिंह सरकार के गृहमंत्री बृजमोहन अग्रवाल ने तो न सिर्फ़ इसके ख़िलाफ़ रैली की, बल्कि इसको लेकर वहाँ के उच्च न्यायालय में एक रिट याचिका भी दाख़िल कर रखी है।

फ्रैंकलीन का कहना है कि वे दलित ईसाइयों द्वारा दलित दर्जे के लिए दायर रिट याचिका, जिस पर मुख्य न्यायाधीश यू.यू. ललित की बेंच में सुनवाई होनेवाली है, की सुनवाई पूरी कर जल्द फ़ैसला देने की माँग करेंगे। मोदी जी की सरकार ने इस सम्बन्ध में पूर्व मुख्य न्यायाधीश के.जी. बालकृष्णन के नेतृत्व में जिस आयोग का गठन किया है, वह मामले को टालने के लिए है। के.जी. बालाकृष्णन के बारे में फ्रैंकलीन बताते हैं कि जब वे मुख्य न्यायाधीश थे, तो उन्होंने 18 वर्ष से लम्बित हमारे मामले की जल्द सुनवाई कर फ़ैसला देने के लिए किसी तरह की पहल नहीं की।

(थॉमस फ्रैंकलीन सीज़र सुप्रीम कोर्ट के अधिवक्ता और सामाजिक कार्यकर्ता हैं)

बौद्ध धर्म में भी जन्माधारित जातीय विभेद

लालचन्द ढिस्सा

2007 में लड़ी और जीती गई ग़ैर-बराबरी की लड़ाई का महत्त्व ऐतिहासिक हो जाएगा, सोचा न था। लेकिन आज उस समय की जीत की उपज, एक लामा, नम्जल दोर्जे मिलने के लिए आया था। उसी से पता चला कि आज यानी 2022 में कर्नाटक के बौद्ध मठों में स्पीति और किन्नौर के दलित लामाओं की संख्या लगभग 55 है। आज महसूस हो रहा, तब यदि खड़े न होते, लड़े न होते, जीते न होते तो स्थिति ऐसी न होती। यह भी कि आज और कुछ नहीं तो उन दलित समुदायों के अन्दर इस बहाने आत्मविश्वास का संचार तो हुआ ही है, साथ में यह भी विश्वास हुआ कि 'हम' भी 'लामा' या 'मठाध्यक्ष' बन सकते हैं।

10 मार्च, 2007 को 'अमर उजाला' के मुखपृष्ठ पर एक समाचार छपा था—'लाहौल के 16 दलित बच्चों ने भेदभाव पर मठ छोड़ा' और समाचार की शुरुआत इन शब्दों में थी 'जातिगत आधार पर सामाजिक दबाव के चलते इलाक़े के 16 बालभिक्षुओं को कर्नाटक का एक बौद्ध मठ छोड़ने के लिए विवश होना पड़ा।' यह समाचार ख़ास इसलिए था, क्योंकि यह लाहौल-स्पीति ज़िले के स्पीति उपमंडल से सम्बन्धित था, जिस क्षेत्र में लगभग शत-प्रतिशत बौद्ध धर्मावलम्बी निवास करते हैं। समाचार इसलिए भी महत्त्वपूर्ण था कि घटना बौद्ध भिक्षुओं के बारे में थी।

यहाँ पर यह बताना अनुचित नहीं होगा कि बौद्ध धर्म का जन्म ही ब्राह्मणवाद से विद्रोह के रूप में हुआ था, जिसमें जन्माधारित जातिगत भेदभाव का विरोध भी एक प्रमुख मुद्दा था। यह भी सच है कि बौद्ध धर्म में जन्माधारित जातीय विभेद या ऊँच-नीच के लिए कोई स्थान नहीं है। इसके बावजूद यह दु:खद घटना घटी।

कठिन जलवायु एवं भौगोलिक अवस्थिति, संसार के दूसरे हिस्सों से लम्बे समय तक अलगाव, सांस्कृतिक-धार्मिक विशिष्टता, प्राकृतिक एवं भाषायी भिन्नता और जीवन जीने की कठिन संघर्षमय परिस्थितियों ने स्पीति की सामाजिक संरचना

को भी गहरे प्रभावित किया है। यहाँ के निवासी जहाँ प्रजातीय दृष्टि से मंगोल हैं, वहीं वे तिब्बती-बौद्ध संस्कृति से सम्बद्ध हैं और तिब्बती-बर्मी भाषा बोलते हैं, परन्तु बौद्ध धर्म का स्वरूप लामावाद तक सीमित है। बौद्ध धर्म अपने समस्त सामाजिक सरोकारों को दरकिनार करके सिर्फ़ कर्म-कांडों तक सिमट गया है और हिन्दू धर्म का प्रतिदर्श बनकर रह गया है।

स्पीति का समाज भी जातियों एवं उपजातियों में बँटा हुआ है—नोनो, फल्पा या थल्पा, गरा या दोंबा या ज़ोबा तथा बेदा या बेता। नोनो और फल्पा को सामाजिक सोपान के पद-क्रम में ऊँची प्रस्थिति प्राप्त है तो मोन कहे जानेवाले गरा, दोंबा या ज़ोबा तथा बेदा तथा बेता को हिन्दू समाज की भाँति दलित का दर्जा हासिल है। नोनो को शासक माना जाता है और फल्पा या थल्पा आम प्रजा और कृषक वर्ग। ज़ोबा/गरा/दोंबा का काम लोहे का है जबकि बेदा या बेता संगीतकार, दूत आदि के कार्य करते हैं। जातीय पदक्रम में लाहर अपने को बेता से ऊँचा मानते हैं। जाति का आधार जन्म तो है, लेकिन छुआछूत हिन्दू समाज जितना कठोर नहीं है।

भू-सम्पदा पर अधिकार के मामले में ये क्षेत्र शेष भागों से बिलकुल भिन्न परम्पराएँ बनाए हुए हैं। भू-सम्पदा पर अधिकार परिवार के सबसे बड़े पुत्र तक ही सीमित है। शेष बच्चों को सम्पत्ति पर अधिकार प्राप्त नहीं है। परिवार में पुत्र के न होने की स्थिति में सबसे बड़ी पुत्री को भू-सम्पदा पर अधिकार प्राप्त होता है। समाज पितृसत्तात्मक है। सम्पत्ति पर अधिकार प्राप्त परिवार को स्थानीय भाषा में खंडछिन (बड़ा घर) और अधिकार रहित परिवार को खड़छुन (छोटा घर) कहा जाता है। अलग-अलग समुदायों में व्यक्ति की सामाजिक प्रस्थिति इसी आर्थिक वर्गीकरण पर आधारित है।

घटना की तात्कालिक पृष्ठभूमि यह है कि 'गेदन, शेरचे टचड' मठ मोनगोड़, ज़िला धारवाड़, कर्नाटक से सम्बद्ध एक तिब्बती गेन (गुरु-सह-अभिभावक), जिसका नाम निग्मा था, स्पीति में मोरड स्थित चोमोलिड (बौद्ध तपस्विनियों का मठ) में पढ़ाया करता था। वह हर साल स्पीति से कुछ बच्चों को भिक्षु (लामा) शिक्षा के लिए कर्नाटक के मठ में भेजता था। वर्ष 2006 में उसने स्पीति की नीची कही जानेवाली जातियों में से कुछ बच्चों को भिक्षु बनाने का निर्णय लिया। इस विचार को कार्यरूप देने के लिए ज़ोबा (लुहार) तथा बेता (हेसी) समुदाय के 8 से 28 वर्ष तक आयु के 16 बच्चों/व्यक्तियों को चुना गया। 19.11.06 को उन्हें कर्नाटक के लिए रवाना करने की योजना बनाई गई।

16 भावी भिक्षुओं तथा दो उनके सहायक एवं मार्गदर्शकों का यह क़ाफ़िला 19.11.06 को 'रडरिक' (स्पीति) से शिमला होकर कर्नाटक के लिए चला। रडरिक से शिमला टैक्सी और वहाँ से बस के ज़रिये ये लोग दिल्ली पहुँचे। दिल्ली से रेल के द्वारा 21.11.06 को क़ाफ़िला हुबली, कर्नाटक पहुँचा। हुबली से उसी

दिन टैक्सी के द्वारा वे लोग मोनगोड़ ज़िला धारवाड़, कर्नाटक में उपरोक्त 'गेदन, शेरचे टचड' मठ पहुँच गए।

उन सोलह बाल भिक्षुओं में से तीन को तो दिल्ली में ही गेन (गुरु) मिल गए थे, लेकिन मोनगोड़ पहुँचने पर मठ में पहले से ही शिक्षा ग्रहण कर रहे स्पीति के उच्च जातीय भिक्षुओं ने संस्थान में इनके प्रवेश का जातीय आधार पर विरोध किया। लेकिन संस्थान का प्रबन्धन तिब्बतियों द्वारा किया जाता था, इसलिए स्पीति के लामाओं का विरोध कारगर सिद्ध नहीं हुआ। 'गेन निग्मा' और 'खनबो रिम्पोचे' (प्रमुख लामा) ने विरोध को नकार कर सबको संस्थान में प्रवेश दे दिया।

मोनगोड़ स्थित संस्थान में स्थापित स्पीति के उच्च जतीय लामाओं द्वारा अगला विशेष नये लामाओं 'गन' (गुरु-सह-अभिभावक) द्वारा स्वीकार करने के दौरान किया गया। बता दिया जाए कि बौद्ध शिक्षा व्यवस्था में मठों का बहुत अधिक महत्त्व और मान्यता है। उनका यह विरोध भी सफल नहीं हुआ। उसके उपरान्त उन लामाओं ने स्पीति में अपने परिवारों के द्वारा उन दलित बाल भिक्षुओं के माता-पिता तथा अभिभावकों पर बाल भिक्षुओं को मोनगोड़, कर्नाटक से वापस ले जाने के लिए दबाव डलवाया। इस स्थिति में अति महत्त्वाकांक्षी और देश की साम्प्रदायिक राजनीति से जुड़े निहित स्वार्थों ने उन्हें पूरा सहयोग दिया, जो बाद में जगजाहिर भी हुआ।

इस कड़ी में दोनों तरह के लामाओं (उच्च और नीची जाति) के माता-पिता और अभिभावकों की एक बैठक के असफल होने पर उच्च जातीय लामाओं के माता-पिता और अभिभावकों ने कीह 'गोंपा' के 'मग' (उच्च जातीय प्रज्ञा) की एक बैठक कीह ग्रोम्पा में बुलाई। इस बैठक में मग ने निर्णय लिया कि नीची जाति के लोग लामा नहीं बन सकते, इसलिए उनके लामाओं को कर्नाटक मठ से वापस बुलाने के लिए दबाव बनाया जाए, जिसके लिए 'कीह गोम्पा' के 'मग' (जन साधारण, दलितों को छोड़) ने एक सोसाइटी का गठन किया। इस मामले को इस सीमा तक पहुँचाने में 'कीह गोम्पा' की बड़ी भूमिका रही। उपरोक्त सोसाइटी द्वारा बाल भिक्षुओं के परिवार व अभिभावकों पर तरह-तरह के दबाव डाले गए। इन दबावों में शामिल थे :

1. उन लामाओं को ले जानेवाले गेन निग्मा को जान से मार देने की धमकी देना,
2. उस गेन पर चीनी जासूस होने का आरोप लगाना,
3. 'चोमोलिड' में एक तपस्विन की आत्महत्या को उपरोक्त गेन द्वारा हत्या क़रार देना,
4. दलित समुदाय से सम्बन्ध छोटे कर्मचारियों को स्थानान्तरण आदि के माध्यम से तंग करना/कराना,

5. 'कीह गोम्पा' क्षेत्र में दलितों का पूर्ण सामाजिक बहिष्कार करना, उनके धार्मिक अनुष्ठानों में 'लामाओं' (धर्म गुरुओं) का न जाना। 'आमची' (वैध्य), 'चबा' (तांत्रिक) तथा 'ल्हपा' (गुर) के उनके घरों में जाने पर पाबन्दी,
6. सार्वजनिक विकास कार्यक्रमों में भाग लेने न देना,
7. सरकार व सरकारी धन द्वारा चलाए जा रहे वैतनिक कार्यों तक से उन लोगों को बाहर रखना आदि।

इस निर्णय को मनवाने और दलितों के साथ बातचीत करने के लिए चार मध्यस्थों की नियुक्ति की गई। महत्त्वपूर्ण बात यह कि वे चारों मध्यस्थ ग़ैर-दलित थे। इस मामले में स्पीति के तत्कालीन प्रशासन ने भी उच्च जाति के लोगों का पूरा साथ दिया। जब दलितों ने स्थानीय आयुक्त को ज्ञापन देकर न्याय की माँग की तो उन्हें आश्वासन दिया गया कि दोनों पक्षों को एक साथ बैठाकर समस्या का हल निकाला जाएगा, लेकिन बाद में दबाव व प्रशासन के पक्षपाती व्यवहार के चलते यह कोरा आश्वासन ही बनकर रह गया। फलतः इस प्रकार के दबावों से डरकर उन दलितों को अपने बच्चों को कर्नाटक से वापस लाने पर विवश होना पड़ा।

16 प्रशिक्षुओं को कर्नाटक से वापस लाने के लिए दोनों पक्षों के बीच दिनांक 14.2.2007 को एक लिखित समझौता भी हुआ, जिसके अनुसार उच्च जाति के लोगों (कीह गोंपा के मग) द्वारा बाल भिक्षुओं को वापस लाने के बदले में एक पक्ष (जनजातीय उच्च मग) द्वारा दूसरे पक्ष (बौद्ध जनजातीय दलितों) को किराये आदि के लिए तीन लाख रुपये दिये जाने तय हुए, जिसमें एक लाख पचास हज़ार रुपये अग्रिम दिये जाने थे, दो दिये भी गए। शेष एक लाख पचास हज़ार रुपये भिक्षुओं को वापस स्पीति के मुख्यालय काजा पहुँचाने पर दिये जाने थे। लेकिन उन लोगों को काजा पहुँचाने पर भी उन्हें शेष एक लाख पचास हज़ार रुपये अदा नहीं किए गए। इस प्रकार उच्च जाति के लोगों ने उस समझौते को भी तोड़ा।

उपरोक्त समाचार के छपने पर मैंने समाचार की कतरन संलग्न करते हुए देश के प्रधानमंत्री, दलाईलामा समेत सैकड़ों अन्य सम्बन्धित लोगों के नाम पर एक पत्र लिखा। तदुपरान्त अगस्त, 2007 में छेरड़ रजे, टशी टंडुप तथा छेरिड अंगरूप को साथ लेकर काल-चक्र के अवसर पर ज़िला किन्नौर के नाकों में हम परम पावन दलाईलामा जी से मिले और उनसे समस्या के समाधान की प्रार्थना की, जिस पर दलाईलामा जी ने हमें पूरा विश्वास दिलाया। इस बात से दलाईलामा इतने आहत हुए कि उन्होंने अपने तय प्रवचनों के बीच में पूरा एक घंटे का समय इस बात को समझाने में दिया कि बौद्ध धर्म में जन्माधारित

जातिभेद के लिए भी स्थान नहीं है। उन्होंने स्पीति के लोगों को विशेष रूप से आदेश दिया कि यदि उन्होंने इस प्रकार जातिभेद अपनाया तो उनका उनसे कोई सम्बन्ध नहीं रहेगा।

अक्टूबर, 2007 के अन्तिम दिनों में उन सोलह में से पन्द्रह बाल भिक्षुओं को कर्नाटक के उसी संस्थान के लिए पुनः रवाना किया गया। सोलह में से पन्द्रह इसलिए क्योंकि उनमें एक जो आयु में भी सबसे बड़ा था यानी 28 वर्ष का था, मानसिक रूप से विक्षिप्त हो गया था। वह इसलिए कि बौद्ध धर्म के अनुयायी एक बार लामा या मोंक के चोग़े को धारण करने के बाद उसे उतारना मृत्यु के बराबर मानते हैं। वह युवा प्रशिक्षु लामा बन जाने के बाद फिर घर वापस आने के अपमान से इतना अधिक आहत और विचलित हुआ कि अपना मानसिक सन्तुलन खो बैठा। व्यवधान की आशंका को देखते हुए मैं स्वयं भी उनके साथ मोनगोड़ गया। यद्यपि इस बार भी अनेक प्रकार और अनेक स्थान पर व्यवधान डालने के भरपूर प्रयास हुए, लेकिन इस बार मैं स्वयं भी साथ था और आर-पार की लड़ाई का पक्का इरादा था। इस कारण बड़े जद्दोजहद के बाद अन्ततः 8 नवम्बर, 2007 को उन सबमें से अन्तिम बाल भिक्षु को भी मठ में औचपारिक रूप से प्रवेश दिलवाया गया।

प्रशिक्षु लामाओं की सूची इस प्रकार है—

क्र.	नाम	पता
1.	आर. दोर्जे	गाँव कोमिक, स्पीति
2.	सी. गुंजोर	गाँव किब्बर, स्पीति
3.	टी. भुजड	गाँव रडरिक, स्पीति
4.	एस. रिंचेन	गाँव किब्बर, स्पीति
5.	एल दोर्जे	गाँव रडरिक, स्पीति
6.	के. थर्चेन	गाँव किब्बर, स्पीति
7.	एन. दोर्जे	गाँव किब्बर, स्पीति
8.	एन. छेरिड	गाँव कीह, स्पीति
9.	के. गोम्पो	गाँव खुरिक, स्पीति
10.	डी. नम्ग्याल	गाँव चिचम, स्पीति
11.	एस. दोर्जे	गाँव लोसर, स्पीति
12.	सी. तोबगे	गाँव रडरिक, स्पीति
13.	डी. छेरिड	गाँव रडरिक, स्पीति
14.	टी. नानू	गाँव हल, स्पीति
15.	टी. पल्जोर	गाँव पडमो, स्पीति।

बौद्ध धर्म वर्तमान ठेकेदारों पर यह ऐतिहासिक विजय थी। यही नहीं, बौद्ध जगत, ख़ासकर बौद्ध बुद्धिजीवियों के सामने इसने यक्ष प्रश्न खड़ा कर दिया कि बौद्ध धर्म अपने सामाजिक सरोकारों और ज़िम्मेदारियों से क्यों भाग रहा है। यह जीत कितनी महत्त्वपूर्ण है, इसका निर्णय तो भविष्य करेगा, लेकिन इतना अवश्य है कि इसने जातीय आधार पर लामा बनने की परम्परा स्थापित करने के षड्यंत्र को नाकाम कर दिया। इस संघर्ष में हार की स्थिति में निम्न जाति के लोग लामा बनने के लिए भविष्य में निषिद्ध कर दिये जाते और इस घटना को पूर्व-दृष्टान्त के बतौर पेश किया जाता। इस प्रकार हिन्दू धर्म की तरह धर्म प्रबन्धन की जातिगत ठेकेदारी बुद्ध में रीतिबद्ध हो जाती और शायद अछूत बौद्धों का गोम्पा में प्रवेश निषिद्ध कर दिया जाता।

(लेखक बौद्ध मामलों के जानकार और पूर्व अधिकारी हैं।)

(लेखक हिमाचल प्रदेश के रहनेवाले हैं। भारत सरकार के स्वास्थ्य विभाग में अपर सचिव के पद पर पाँच साल तक नौकरी करने के बाद 1987 में उन्होंने इससे त्याग-पत्र दे दिया। तब से सामाजिक कार्यों के साथ लेखन में लगे हैं। प्रस्तुत आलेख उनकी पुस्तक 'संविधान के सामाजिक अन्याय, खंड-1' के आधार पर तैयार किया गया है।)

दलित-सिख और सिख धर्म

परमजीत सिंह

पंजाब में कैप्टन अमरिन्दर सिंह के बाद चरनजीत सिंह 'चन्नी' मुख्यमंत्री बने तो भारतीय मीडिया ने उन्हें पंजाब का पहला दलित-सिख मुख्यमंत्री कहा। पंजाब के बाहर जो लोग सिख धर्म के बारे कुछ जानते थे, वे हैरान और परेशान थे कि सिख धर्म में भी जातिगत भेदभाव मौजूद है। सिख धर्म तो जाति और वंश (रेस) को नकारता है, तो फिर यह दलित-सिख क्या है? सिखों के प्रथम गुरु और सिख धर्म के संस्थापक गुरु नानक देव जी (1469-1539) ने सार्वजनिक स्थानों पर जाति-पाँति का विरोध किया और बराबरी और भाईचारे पर ज़ोर दिया। गुरु नानक देव जी ने सन्देश दिया—"मानव की जात सभी एक पहचानवो" और गुरु जी अपनी बाणी में कहते हैं—

नीचा अन्दर नीच जाति। नीची हूँ अति नीच।
नानक तिन के संग साथ, वडियाँ सिंऊ क्या रीस।

अर्थात नीच जाति में भी जो सबसे नीच है, नानक उनके साथ है। बड़े लोगों के साथ मेरा क्या काम? गुरु नानक देव जी ने सामाजिक व राजनीतिक ऊँच-नीच का नाश किया। इस व्यवस्था का विनाश तब शीर्ष पर पहुँचा जब दसवें गुरु, गुरु गोविन्द सिंह ने 1699 में खालसा पंथ की स्थापना की। इस तरह एक ऐतिहासिक शक्ति का उदय हुआ, जिसने दलित सिखों को केवल जातिवाद से मुक्ति के लिए ही एकीकृत नहीं किया। अत: वे सिखों में छुआछूत को समाप्ति करने में भी कामयाब हुए। यह और बात है कि अठारहवीं सदी के मध्य से छुआछूत फिर से सिखों के राजनीति में दाख़िल हो गई और उन्नीसवीं सदी में पूरी तरह भ्रष्ट हो गई। सिख धर्म में गुरुओं ने शिक्षण की गुरु-शिष्य परम्परा को आगे बढ़ाते हुए वैचारिक लोक-संस्कृति तक ले गए। इस विचार को उच्चतम ऊँचाई पर ले जाते गुरु गोविन्द सिंह ने गुरु और शिष्य का विलयन करते हुए 'आपे गुरु चेले' की बात कही, जो भारतीय शैक्षणिक परम्परा के विचार में एक क्रान्तिकारी बात थी। लेकिन सच्चाई

यह है कि अधिकतर सिख, विशेषकर जाट सिख आज भी जाति आधारित भेदभाव करते हैं और यह पंजाब के शहरी और ग्रामीण चरित्र का हिस्सा है।

2

सिख गुरुओं ने जाति-पाँति और ऊँच-नीच के भाव को त्यागकर बराबरी और भाईचारे का सन्देश दिया। जो नियम गुरुओं द्वारा प्रतिपादित किए हैं, उनको मानते हुए सिख अपने नाम के साथ सरनेम के तौर पर अपनी जाति नहीं लगाते, वे अपने नाम के साथ लिंग के आधार पर 'सिंह' या 'कौर' लगाते हैं। 1881 से 1921 के जनगणना के अभिलेखों से पता चलता है, पंजाब में सिखों की 25 जातियाँ हैं जैसे जाट, खत्री, अरोरा, रामगडिया, अहलूवालिया, भटरस, राय, सैनी, लुभाना, कम्बोज, रामदासिया, रविदासिया, रैहतिया, मज्जबी, रंगरेटा आदि।

सिख धर्म जातिवाद में विश्वास नहीं करता फिर भी इस धर्म में दलित पहचान 1950 के दशक में स्थापित हुई। मास्टर तारा सिंह की कोशिश से संविधान लागू होने के कुछ वर्ष बाद सिखों में कुछ जातियों को अनुसूचित जातियों की लिस्ट में शामिल करवाया क्योंकि ये जातियाँ आर्थिक रूप से वंचित हैं और वे आर्थिक विकास के लिए आरक्षण के फ़ायदे के हक़दार हैं। उस समय गृहमंत्री सरदार पटेल ने भी नीची जातियों से आनेवाले सिखों को संविधान में आरक्षण का विरोध किया था। 4 अप्रैल, 1953 को मास्टर तारा सिंह ने इस मुद्दे पर राष्ट्रपति को लिखा था। बाद में 1 अक्टूबर, 1953 को दिल्ली में विरोध प्रदर्शन के लिए वह आनन्दपुर साहिब से जत्था लेकर चल पड़े थे। अभी वह रास्ते में ही थे जब प्रधानमंत्री जवाहरलाल नेहरू ने दख़ल करके चार जातियों—मज़हबी, रामदासिया, कबीरपंथी (जुलाहा) सिकलीगर को अनुसूचित जातियों की सूची में शामिल किया।

2011 के जनगणना के आँकड़ों से पता चलता है कि पंजाब में सिखों की कुल संख्या का एक-तिहाई दलित सिख हैं। दलित सिखों की संख्या हिन्दू दलितों से अधिक है। इस संख्या के चलते दलित सिखों का पंजाब की राजनीति में भी महत्त्वपूर्ण दख़ल है। इसीलिए, 14 अप्रैल, 2021 के दिन बाबा साहेब डॉ. आम्बेडकर की जयन्ती पर श्रद्धांजलि देते हुए अकाली दल के प्रधान सुखवीर सिंह ने कहा कि यदि अकाली दल सत्ता में आता है तो एक दलित को उप-मुख्यमंत्री बनाएँगे। शाम को उसी दिन, बीजेपी के राष्ट्रीय महासचिव तरुण चुग ने घोषित किया कि बीजेपी दलित को मुख्यमंत्री बनाएगी। कांग्रेस ने 20 सितम्बर, 2021 को चरनजीत सिंह चन्नी को पंजाब का पहला मुख्यमंत्री नियुक्त कर दिया।

3

पंजाब में जाट सिख बहुसंख्यक हैं और अधिकतर ग्रामीण इलाक़ों में रहते हैं जो ज़मीदार हैं और खेती करते हैं। ये लोग पंजाब के किसानों की रीढ़ माने जाते हैं और राजनीति में भी अधिकांश पद सँभाले हुए हैं। दलित-सिख दो समुदाय में बँटे हैं—मज़हबी व रंगरेटे जिन्हें आदि-धर्मी भी कहते हैं। ये सफ़ाई करनेवाले समुदाय से आते हैं। शुरू में इन लोगों ने अपनी जाति से छुटकारा पाने के लिए सिख धर्म अपनाया। मज़हबी और रंगरेटा सिखों का सैनिकों के रूप में शानदार इतिहास रहा है। मज़हबी सिखों में 'रंगरेटा' अपने को बेहतर मानते हैं। इनके गुरुघर के साथ नज़दीकी सम्बन्ध हैं भाई जैता जी ने, जो बाद में जीवन सिंह कहलाए, नौवें गुरु तेग बहादुर साहिब जी का कटा हुआ सिर दिल्ली से लाकर उनके बेटे गोबिंद राय (गुरु गोविन्द सिंह) को आनन्दपुर ले जाकर सौंपा। औरंगज़ेब ने इस्लाम न क़बूल करने के कारण गुरु तेग़ बहादुर साहिब का सिर कटवा दिया था। गुरु गोविन्द सिंह ने भावना से अभिभूत होकर जैता जी को 'रंगरेटे गुरु के बेटे' कहा, लेकिन इन्हें दूसरे सिखों के साथ बराबरी का स्थान नहीं मिला। दूसरे समुदाय में रामदासिया और रविदासिया सिख आते हैं। ये बुनकर और चमार जातियों से सिख धर्म में परिवर्तित हुए हैं। हालाँकि रामदासिया सिख और रविदासिया सिख एक ही जाति से आते हैं, लेकिन दोनों पेशे से अलग हैं। रामदासिया बुनकर व्यवसाय से जुड़े हैं। यह माना जाता है कि इनकी सिख धर्म में दीक्षा गुरु रामदास जी के समय हुई, इसलिए ये रामदासिया सिख हुए। दूसरी तरफ़ रविदासिया अपने को भक्त सन्त रविदास से जोड़ते हैं और अपनी अलग पहचान की बात करते हैं।

लंगर, जिसके बारे में संसार भर में लोग जानते हैं और उसकी सराहना भी की जाती है, यह अपने आप में खान-पान के मामले में सार्वजनिक रूप से बराबरी के विचार का अनुमोदन करता है। भारत के इतिहास में यहाँ खाना पकाना और खाना अपने में भेदभाव का मुद्दा रहा है, वहाँ लंगर एक क्रान्तिकारी विचार है। पूरी तरह जातिग्रस्त देश में सिख गुरुओं ने मुक्ति के लिए एक अलग और नई परम्परा चलाई। चाहे राजा हो चाहे रंक, ऊँच हो या नीच, किसी भी जाति या धर्म से हो, सभी एक ही पंक्ति में बैठकर खाना खाते हैं।

4

'गुरुग्रंथ साहिब' में मुक्ति का उत्कृष्ट मार्ग दिखाया गया है क्योंकि यह ग़रीबों के साथ सभी प्रकार के अन्याय और उत्पीड़न का विरोध करता है। 'गुरुग्रंथ साहिब' में दूसरे धर्मों और दर्शन से सम्बन्धित व भक्ति सन्तों के भजन और श्लोक भी हैं,

जैसे कबीर, रविदास जो छोटी जाति से हैं। 'गुरुग्रंथ साहिब' में 400 भजन और श्लोक कबीर के, 40 भजन रविदास के हैं। इनके अलावा कम-से-कम 13 और सन्तों—बाबा फरीद, नामदेव और रामानन्द से सूरदास, पीपा, धन्ना आदि के सबद भी हैं। जातिवाद को तोड़ने का इससे बेहतर प्रतीकात्मक तरीक़ा शायद ही कोई हो सकता था। इस सबके होते हुए जाति चोरी से धीरे-धीरे सिख धर्म में घुस गई। नीची जातियों से बड़ी संख्या में जिन लोगों ने इस नये धर्म को इस आशा से अपनाया था कि जाति-विहीन समाज में उन्हें बराबरी और सम्मान मिलेगा, वे सदियों से इस व्यवस्था का इन्तज़ार करते रहे जो न्यायोचित भी था और यह अधिकार उन्हें गुरुओं ने दिया था। जाट सिख, जो ज़मीन के मालिक हैं, उनकी प्रभावशाली जाति के कारण ऐसा न हो सका।

वर्ष 2020 में धान की बुआई के मौसम (10 जून से जुलाई के पहले सप्ताह) के दौरान दक्षिण पंजाब में परम्परागत जातिदोष सामने आया जब पंचायत के हुक्म को गुरुद्वारे से प्रसारित किया गया कि पंचायत ने धान की बुआई का रेट रु. 3,200 प्रति एकड़ और बासमती का रु. 3,500 तय किया है। पंचायत ने फ़ैसला किया है कि यदि कोई इससे अधिक देगा, उसे रु. 50,000 का जुर्माना देना होगा। मालवा और दक्षिण पंजाब में बहुत-सी पंचायतों ने साथ में धमकी भी दे डाली कि अगर कोई ज़मींदार या मज़दूर यह हिदायत नहीं मानेगा तो उसे सज़ा दी जाएगी और गाँव द्वारा उसका बायकॉट किया जाएगा। बहुत-से गाँवों में दलित मज़दूरों को खाना न देना और जब तक गाँव में धान की बुआई पूरी न हो, गाँव के बाहर जाने पर पाबन्दी लगाने की रिपोर्ट आने लगी। यह सभी जानते हैं कि पंजाब में अधिकतर दलित-सिख ही खेतिहर मज़दूर हैं।

पंजाब में संगरूर ज़िले के घनौर खुर्द गाँव जो चंडीगढ़ से 125 किलोमीटर है, वहाँ पंचायत ने 5 मई, 2020 को प्रस्ताव पास किया कि मज़दूरों (अधिकांश दलित सिख) को कहा जाए कि वे अपना खाना और बर्तन लेकर आएँ। पंचायत ने यह भी तय किया कि जो थोड़े-से प्रवासी मजदूर हैं, उनको एक एकड़ बुआई के बाद 5 किलो चावल दिये जाएँ, लेकिन कोई खाना नहीं दिया जाएगा।

5

जब बराबरी सिख-धर्म में एक यथार्थ न बन सकी तो दलितों ने अपने अलग से गुरुद्वारे और डेरे बनाने शुरू कर दिये। 2003 वर्ष की रिपोर्ट के मुताबिक़, पंजाब में दलितों द्वारा 100 डेरे चलाए जा रहे हैं। इनमें सचखंड बलां सबसे बड़ा और मशहूर है। 2003 में, पंजाब के जालन्धर ज़िला के तलहान गाँव में जाट सिखों और रविदासियों में पंचायती ज़मीन पर बने एक गुरुद्वारे को लेकर संघर्ष ने पूरे देश का

ध्यान खींचा। 5 जून, 2003 को दलित-सिख और जाट-सिख शहीद बाबा निहाल सिंह समाधि के प्रबन्धन को लेकर आमने-सामने हो गए। वर्ष 2009 में डेरा सचखंड के सन्त रामानन्द दास का वियाना में क़त्ल कर दिया गया। बताया जाता है कि यह हमला ऊँची जाति के कट्टरपंथी सिखों द्वारा किया गया था, जिनका आरोप था कि ये लोग सिखों के पवित्र गुरुग्रंथ साहिब का अनादर कर रहे थे। इसके बाद उत्तरी भारत में, विशेषकर पंजाब के जालन्धर ज़िले में भयंकर हिंसा और आगजनी हुई।

पंजाब के अधिकतर गाँव में जाट सिखों द्वारा दलित सिखों के साथ भेदभाव किया जाता है। बहुत-से गाँव में जो गुरुद्वारे जाटों के लिए हैं, उनमें दलित सिखों को नहीं जाने दिया जाता। उन्हें दलित के लिए बने गुरुद्वारे में जाना होता है। इसलिए पंजाब के कई ग्रामीण और शहरी क्षेत्रों में जाट और दलित सिख समाज के लिए अलग-अलग गुरुद्वारे बनाए गए हैं। कई जगह दलित सिखों को जाटों के गुरुद्वारों में आने दिया जाता है, लेकिन वे जाटों के साथ बैठकर लंगर नहीं खा सकते न ही वे गुरुद्वारे में बर्तन छू सकते हैं। पंजाब के संगरूर और बठिंडा ज़िले में दलित-सिखों को लंगर भी बाँटने नहीं दिया। किला नाउ में पाँच छोटे और एक बड़ा गुरुद्वारा है। इनमें एक जाटों के लिए, एक दलित-सिखों के लिए और बाक़ी सभी के लिए हैं।

पंजाब के रूपनगर ज़िला में चमकौर साहिब में गुरुद्वारा बुर्ज साहिब जो भाई जीवन सिंह एक योद्धा और सिख इतिहासकार की याद में मज़हबी सिखों द्वारा बनाया गया था। भाई जीवन सिंह 1705 में चमकौर साहिब की लड़ाई में शहीद हुए थे। गुरुद्वारा बुर्ज साहिब के प्रबन्धन को लेकर भी जाट सिखों और दलित सिखों में टकराव रहा।

(लेखक पूर्व अधिकारी और सिख मामलों के जानकार हैं।)

अछूत बनाम हरिजन बनाम दलित

हेमन्त

हर शब्द का अपना एक इतिहास होता है। उसका काल सापेक्ष युग सन्दर्भ होता है। जो शब्द काल अथवा युग विशेष की सच्चाइयों को जिस हद तक अपने अर्थ में समेट पाता है, वह उतनी ही छोटी या लम्बी उम्र पाता है। छोटी या लम्बी उम्र का अर्थ यह नहीं कि शब्द भी कभी मरता है। उम्र का अर्थ शब्द के क्षेत्र और काल विशेष में इस्तेमाल से ताल्लुक़ रखता है। यह सही है कि कुछ शब्द सत्ता के बे-लगाम घोड़े पर सवार होकर फैलते हैं और कई शब्द जनता के सपनों के पर लगाकर उड़ते हैं, लेकिन उनकी ज़िन्दगी तभी तक कायम रहती है, जब तक वे सामाजिक संस्कारों, परम्पराओं अथवा संघर्षों के ज़रिये उद्घाटित युग-सत्य का प्रतिनिधित्व करते हैं।

मूल्य परम्परा एवं संघर्षों से कटकर कई शब्द जनता के रोज़मर्रा ज़बान से हट जाते हैं और इतिहास के पन्नों में सिमट जाते हैं। हाँ, कुछ शब्द ऐसे भी होते हैं, जो युग-सत्य के सापेक्ष अर्थहीन होकर भी चलने की कोशिश करते हैं। ऐसे शब्द ज़िन्दा नज़र आते हैं, लेकिन उनमें ज़िन्दगी नहीं होती। 'अछूत' एक ऐसा ही शब्द है और गहराई में जाएँ तो स्पष्ट होगा कि वे शब्द और जिन्होंने कभी 'अतीत' के गहन अर्थ का वहन किया था, ज़रूरी नहीं कि वर्तमान के यथार्थ और भविष्य के सपनों का बोझ ढो सकने में समर्थ हो। यहाँ तक कि जो शब्द कभी किसी अतीत को बदलने की तड़प से वर्तमान के विकल्प के रूप में पैदा हुए, उनके भविष्य की भूमिका कालान्तर में समाप्त हो सकती है। ऐसे में जो शब्द अतीत के साथ वर्तमान और भविष्य में भी जीवन्त रहने की कोशिश करते हैं, उनको हर क्षण एक गम्भीर चुनौती का सामना करना पड़ता है। चुनौती यह कि क्या वे शब्द काल की गति के साथ युग की आशा-आकांक्षाओं को अर्थ देने और समाज की सच्चाइयों, संघर्षों व सफलता-असफलताओं के अनुरूप अपने अर्थ को गहरा व व्यापक बनाने में समर्थ हैं? दो शब्द आज इसी प्रकार की चुनौती का सामना कर रहे हैं। वे हैं—'हरिजन और दलित।'

तीस वर्ष (1983) पूर्व का प्रसंग है। पटना में एक संगोष्ठी हुई। उसमें बिहार, महाराष्ट्र और गुजरात में कार्यरत स्वयंसेवी संगठनों, दलीय एवं ग़ैरदलीय राजनीतिक संगठनों के क़रीब 50 प्रतिनिधि शामिल हुए। बहस का विषय था—जाति के आधार पर शोषित-पीड़ित समुदायों में चेतना जगाने का कार्य कैसे किया जाए?

बिहार के एक प्रतिनिधि ने अपने विचार व्यक्त करते हुए, राज्य के 'हरिजनों' की तकलीफ़ों, समस्याओं और उनके संघर्षों की तसवीर पेश की। बीच ही में गुजरात एवं महाराष्ट्र के कुछ प्रतिनिधियों ने टोक दिया, "आप 'हरिजन' शब्द का इस्तेमाल नहीं करें। उसकी जगह दलित शब्द का इस्तेमाल करें।" बिहार के प्रतिनिधि ने पूछा, "क्यों?" इस पर लम्बी और गम्भीर बहस चली। तब कई बातें सामने आईं।

जन्म की दृष्टि से अंग्रेज़ी के 'डिप्रेस्ड' शब्द के लिए देशी भाषाओं में 'दलित' शब्द का प्रचलन कब से शुरू हुआ, यह शोध का विषय है। गांधी के 'अछूत' के विरुद्ध 'हरिजन' शब्द के इस्तेमाल के पूर्व डोम-मेहतर समुदाय के लिए 'पंचमवर्ण' और 'पददलित' शब्द का प्रयोग होता था। गांधी भी उनके आँसू और ऊर्जा के लिए आवाज़ बुलन्द करते वक़्त इन्हीं शब्दों का प्रयोग करते थे। इस हिसाब से 'दलित' शब्द 'हरिजन' से पहले पैदा हुआ, लेकिन प्रचलन की दृष्टि से हरिजन से नया है। कुछ लोगों की मान्यता थी कि काल-क्रम के अनुसार आज (तीस साल पूर्व!) का समय 'हरिजन' और 'दलित' का सन्धिकाल है यानी आज भारत में कई स्थानों पर 'हरिजन' की जगह 'दलित' शब्द प्रयुक्त होने लगा है, लेकिन उसका क्षेत्र विस्तार नहीं हुआ है। भारत के पश्चिमी प्रान्तों (गुजरात-महाराष्ट्र) में वह फैल चुका है, लेकिन उत्तर भारत के कई प्रान्तों में 'हरिजन' शब्द ही प्रचलित है। दक्षिण भारत में आज तक अगम्य (अनअप्रोचेबल्स) और अदृश्य (अनसीएबल्स) अस्पृश्य समूहों को 'हरिजन' और 'दलित' से ज़्यादा उनके जातिगत नामों से ही सम्बोधित किया जाता है।

'हरिजन' और 'अछूत' के ख़िलाफ़ पैदा हुआ। 'हरिजन' शब्द अपने आप में 'अछूत' शब्द के ख़िलाफ़ हुए एक ज़ोरदार संघर्ष के जीवन्त इतिहास समेटे हुए हैं। 'अछूत' शब्द जहाँ एक लम्बे काल तक भारतीय समाज के एक वृहत्तर इनसानी समुदाय की पीड़ा और शोषण का पर्याय था, वहीं 'हरिजन' शब्द उस समुदाय की शोषण-मुक्ति की तड़प और वैकल्पिक संघर्ष का प्रतीक बना था। इतिहास इस बात का भी गवाह है कि अस्पृश्यता निवारण गांधी के समग्र चिन्तन की एक कड़ी था। दूसरी कड़ियों के बिना हर कड़ी की सार्थकता अधूरी थी। गांधी के लिए असहयोग, अस्पृश्यता निवारण, हिन्दू-मुस्लिम एकता आदि 'स्वराज' पाने और 'स्वराज्य' बनाने के अविभाज्य पूरक और शक्तिशाली घटक हैं। गांधी का कहना था, "अस्पृश्यता का पाप मिटाए बिना स्वराज उतना ही दुर्लभ है, जितना कि हिन्दू-मुस्लिम एकता

के बिना है।" और, इस तरह की अन्य कड़ियों से जुड़ा गांधी चिन्तन अहिंसा के ज़रिये सत्य तक पहुँचने का दर्शन था। इसी में 'सत्याग्रह' के माध्यम से 'स्वराज्य' हासिल करने की 'राजनीति' भी थी और 'श्रम' केन्द्रित स्वदेशी आर्थिक तंत्र-रचना की कल्पना थी। इसमें भारतीय संस्कृति में निहित सर्वोच्च मानवीय मूल्यों के प्रति आस्था के संकेत थे, तो इसके साथ उसमें निहित परम्परा की विकृतियों पर प्रहार का आह्वान भी। गांधी चिन्तन में स्वातंत्र्य आन्दोलन का लक्ष्य महज़ 'अंग्रेज़ों को भगाकर उनके स्थान पर किसी भारतीय को शासक बनाना' नहीं था, बल्कि स्वतंत्रता, समता, न्याय, बन्धुता और शान्ति के पायों पर एक नये 'हिन्द स्वराज' की इमारत गढ़ना था। गांधी चिन्तन का निष्कर्ष यह था कि आर्थिक एवं जातिगत आधारों पर दबे-कुचले लोगों को 'आत्महीनता' से उबरना होगा और ऊपर वालों को अपना 'अहंकार' त्यागना होगा। तभी नये हिन्द स्वराज में पूरी जनता की भागीदारी सम्भव होगी, जो उसकी प्राप्ति और मज़बूती की बुनियादी शर्त है।

इतिहास बताता है कि गांधी ने अपने इन आदर्शों एवं लक्ष्यों के लिए अन्तिम दम तक संघर्ष किया। 'हरिजन' शब्द ने जिस सामाजिक चेतना का प्रतिपादन किया, उससे स्वतंत्रता आन्दोलन के दौर में एक नई लहर, नये मूल्य व नई सामाजिक संरचना की सम्भावना प्रकट हुई। साथ ही, उससे भारतीय समाज के वे कतिपय जमातें चौंक उठीं, जिनकी सत्ता 'अछूत' की अवधारणा से पोषण पाती थी। जब तक स्वातंत्र्य आन्दोलन की राजनीति और नेतृत्व पर गांधी के व्यक्तित्व का वर्चस्व रहा, तब तक वे चौंकनेवाली जमातें सहमी रहीं, लेकिन कालान्तर में गांधी चिन्तन की उपेक्षा और हरिजनोद्धार के मंत्र का ज़ोर-शोर से जाप करते हुए स्वर्णमूल्य का प्रतिपादन शुरू किया।

यह एक भयानक विडम्बना थी। गांधी के हरिजनोद्धार के आह्वान पर आगे आनेवाले प्रमुख नेताओं एवं अनुयायियों ने 'हरिजनोद्धार' को अन्य कड़ियों के साथ जोड़कर गांधी चिन्तन की समग्रता में स्वीकार नहीं किया। इतना ही नहीं, उन्होंने हरिजनोद्धार को सिर्फ़ 'हरिजनेतर जमातों' (सवर्णों) से उदारता व सदाशयता की माँग समझा। सवर्ण सदाशयता का पर्याय बनकर 'हरिजन' शब्द 'दान' का प्रतीक बन गया। 'दान' दाता की उदारता बन सकता है, पानेवाले का हक़ नहीं। सवर्ण दाता उदार बनकर हरिजन याचक में 'आत्महीनता' का बोध बनाए रख सकता है और साथ ही उस हीनता को पैदा करने और बनाए रखने में हिस्सेदार होने के आरोप से भी बरी रह सकता है। सो, हरिजनोद्धार की लहर से कुछ जमातें चौंकीं, लेकिन सहमीं नहीं। जो सहमीं वे जल्द ही सँभल गईं।

जो 'हरिजन' शब्द चिन्तन का हिमायती है, उनका तर्क यह है कि यह शब्द आज भी उतना ही प्रासंगिक और अर्थयुक्त है, जितना कि आज़ादी के आन्दोलन के दौर में था। आज उसमें निहित मूल अर्थ और आदर्श को जीने और फैलाने की

आवश्यकता पहले से अधिक बड़ी चुनौती बनकर आन खड़ी है। ऐसे लोग क्या उपरोक्त विडम्बना से परिचित हैं?

वर्तमान भारतीय समाज का विश्लेषण करें तो यह स्पष्ट दिखेगा कि आज हरिजनों को अछूत कहकर सम्बोधित करने और उनसे अस्पृश्यता कायम रखने में कमी आई है। राष्ट्रीय आन्दोलन के मूल्य एवं गांधी के सक्रिय व्यक्तित्व के प्रभाव से 'हरिजन' का सही अर्थ कई क्षेत्रों में 'हरि का जन' के रूप में प्रतिष्ठित हुआ। लाखों सवर्णों ने अहंकार का त्याग किया, लेकिन अनुभवजन्य तथ्य यह भी हैं कि इसके बावजूद हरिजनों की आत्महीनता पूर्णतः समाप्त नहीं हुई। कुछ इलाक़े अवश्य अपवाद रहे, ख़ासकर गुजरात और महाराष्ट्र, जहाँ सामाजिक आन्दोलन की समृद्ध परम्परा चली। इससे कड़ुआ यथार्थ यह है कि आज़ादी के बाद देश के कुछ इलाक़ों में तो 'हरिजन' शब्द 'अछूत' का पर्याय बन गया! 'हरिजन' शब्द से भी प्रकारान्तर से वही दंश, वही चुभन महसूस होने लगी, जो 'अछूत' शब्द से होती थी।

बिहार के कई इलाक़ों में आज भी अधिकांश संघर्षों का केन्द्रीय मुद्दा वही 'सामाजिक व इनसानी इज़्ज़त' है, जिससे हरिजन समुदाय सदियों से वंचित रहा है। एक खाट पर बैठने, एक लोटे से पानी बाँटने से लेकर 'औरत की इज़्ज़त' तक में उन्हें सवर्ण दंश एवं क्रूरता का शिकार होना पड़ता है। ऐसी स्थिति में 'हरिजन' हिमायतियों को अपने आप से यह सवाल पूछना होगा कि यह शब्द गांधी चिन्तन के अनुरूप वर्तमान की आशा-आकांक्षाओं एवं संघर्षों को अर्थ देने में किस हद तक सक्षम है?

जो संघर्षशील जमातें दलित शब्द की हिमायती हैं, उनमें से कुछ ऐसी हैं जिन्हें उपरोक्त सवालों से कोई लेना-देना नहीं, क्योंकि वे मूल गांधी चिन्तन की विरोधी हैं। उनको 'हरिजन' शब्द नापसन्द है, तो यह समझ में आनेवाली बात है, लेकिन कुछ जमातों द्वारा 'दलित' शब्द के प्रतिपादन के लिए 'हरिजन' के ख़िलाफ़ दिये जानेवाले तर्कों पर ग़ौर करें तो स्पष्ट होगा कि वे इतिहास को झुठलाकर ऐसा करना चाहती है। उनके अनुसार 'हरिजन' शब्द सवर्णों की साज़िश का परिणाम था, जिसने सवर्ण उदारता के नाम पर अछूतों को दिग्भ्रमित किया, उनके संघर्षों को कुन्द किया। इस साज़िश का मुख्य उद्देश्य यह था कि जाति-व्यवस्था के ख़िलाफ़ अछूत-दलितों के बीच से कोई नेतृत्व उभरने न पाए। अतः 'हरिजन' के ख़िलाफ़ 'दलित' संघर्ष की ज़रूरत है।

'दलित' शब्द के प्रचार-प्रसार और उसको शोषित-पीड़ित समुदायों की आशा-आकांक्षाओं एवं वर्तमान संघर्षों के गहरे अर्थों से लैस करने की कोशिशों से ऐसे किसी व्यक्ति को एतराज़ नहीं हो सकता (गांधी ज़िन्दा होते तो शायद उन्हें भी एतराज़ न होता), जो शोषणमुक्त एवं समतामूलक समाज व्यवस्था कायम

करने के लिए संघर्षरत हैं। लेकिन सवाल यह है कि क्या यह संघर्ष दलित-चिन्तन और हरिजन-चिन्तन को एक-दूसरे का विरोधी बनाएगा? इससे महत्त्वपूर्ण सवाल यह है कि क्या 'हरिजन' शब्द से जुड़े इतिहास को अधूरे या विकृत ढंग से पेश करने से ही 'दलित' शब्द से जुड़े संघर्षों को व्यापकता मिलेगी? क्या उससे जाति की जन्मगत अवधारणाओं को समाप्त कर मानवीय मूल्यों की स्थापना का उद्देश्य पूरा हो पाएगा?

अगर वर्तमान दलित संघर्षों का विश्लेषण करें तो यह स्पष्ट दिखेगा कि उनसे दलितों का नया नेतृत्व उभरा है। उस नेतृत्व ने दलित समुदाय को आत्महीनता से उबारने के लिए सवर्णों के अहंकार त्याग की अपेक्षा से ज़्यादा अपने संघर्षों को तेज़ करने पर भरोसा किया है, लेकिन साथ ही इस सच्चाई को भी पहचाना जा सकता है कि दलित नेतृत्व ने (ख़ासकर सत्ता-राजनीति से जुड़े नेता और जो दलित होने के चलते दलितों के स्वयंभू नेता हो गए) दलित समुदाय के उत्थान और प्रगति का पैमाना उन्हीं 'सवर्ण मूल्यों' को बनाया है, जो सदियों से शोषण का आधार उसके नेतृत्व की सत्ताकांक्षा इसका प्रमाण है। दलितों का आर्थिक एवं सामाजिक चिन्तन भी आज सवर्ण मूल्यों की बैसाखी थामने को लालायित है।

क्या दलितों की आत्महीनता समाप्त करने का अर्थ उन्हें सवर्ण मूल्यों से लैस करना है? क्या इससे सवर्ण अहंकार को नया जीवन नहीं मिलेगा? स्पष्ट है, अगर वर्तमान की वास्तविकता की पहचान करते हुए आगे की मंज़िल तय करनी है, तो हमें अतीत की उस ज़मीन पर पैर जमाने होंगे, जहाँ से भविष्य के आदर्शों एवं सम्भावनाओं का विस्तृत आकाश साफ़ दिखे। दलित चिन्तन का विस्तृत आकाश देखने के लिए हरिजन चिन्तन की ज़मीन छोड़ने को अनिवार्य शर्त माननेवाली संघर्षशील जमातों को इस मामले पर गम्भीरता से विचार करना होगा।

(लेखक वरिष्ठ पत्रकार और लेखक हैं।)

ई.डब्ल्यू.एस. आरक्षण से उपजे सवाल

जावेद अनवर

सुप्रीम कोर्ट द्वारा जाने-अनजाने आर्थिक रूप से कमज़ोर समुदायों (ई.डब्ल्यू.एस.) सम्बन्धी हालिया फ़ैसले से ओबीसी का मौजूदा कोटा बढ़ाने, जाति आधारित जनगणना कराने तथा निजी क्षेत्रों में भी आरक्षण की व्यवस्था लागू कराने का सवाल बहस के केन्द्र में आ गया है। कहा जा रहा है कि इस फ़ैसले से दो तरह की क़ानूनी और संवैधानिक वर्जनाएँ टूट गई हैं। पहला, अधिकतम 50 प्रतिशत आरक्षण की तय सीमा को ख़ुद ही सुप्रीम कोर्ट ने तोड़ दिया। दूसरा, आर्थिक आधार पर आरक्षण देकर संविधान की सामाजिक-शैक्षणिक रूप से कमज़ोर तबक़ों के लिए आरक्षण व्यवस्था की मूल भावना को ही ध्वस्त कर दिया है। मौजूदा सरकार द्वारा सार्वजनिक क्षेत्रों को कौड़ियों के मोल धड़ाधड़ निजी क्षेत्रों के हवाले किया जा रहा है। ऐसे में अब निजी क्षेत्रों में आरक्षण की माँग का सबसे ऊपर आ जाना स्वाभाविक है।

2019 के लोकसभा चुनाव से पहले भा.ज.पा. राजस्थान, छत्तीसगढ़ और गोवा का विधानसभा चुनाव हार गई थी। इसके बाद राजनीतिक कारणों से उसने सवर्णों को 10 प्रतिशत आरक्षण देने सम्बन्धी विधेयक को संसद में अपने बहुमत के आधार पर पारित करा लिया। इस आरक्षण के ख़िलाफ़ सुप्रीम कोर्ट में कई याचिकाएँ दायर की गईं। इन्हीं याचिकाओं पर गठित 5 जजों की न्यायिक संविधान पीठ का फ़ैसला अभी आया है। फ़ैसले में इस तरह के आरक्षण को जायज़ ठहरा दिया गया है। इस फ़ैसले से ऊँची जाति के लोगों में ख़ुशी है। सुप्रीम कोर्ट का फ़ैसला आते ही इस पर धड़ाधड़ बहालियाँ शुरू कर दी गईं। लोकसभा में जैसे-तैसे जब यह विधेयक पास कराया जा रहा था तो एम.के. स्टालिन (तमिलनाडु) की पार्टी ने तो स्पष्ट तौर पर इसका विरोध किया, मगर वहीं कुछ विपक्षी दलों ने अगर विरोध भी किया तो आधे-अधूरे मन से। पिछड़ी जातियों के लोगों को इससे नाराज़ होना स्वाभाविक था। पिछड़ी जाति के लोगों द्वारा इसे 'स्वर्ण (गोल्डन) कोटा', 'जनेऊ कोटा' तथा 'सुदामा कोटा' जैसे नामों से नवाज़ा जाने लगा।

वैसे तो न्यायिक फ़ैसलों को लेकर जज साहेबान की नीयत पर सवाल नहीं उठाया जा सकता, लेकिन इस तरह के फ़ैसलों में मीन-मेख निकालने की परिपाटी तो रही ही है। कहा जा रहा है कि कोई जज साहब जब पहले अपनी टिप्पणियों में आरक्षण की व्यवस्था को अभिशाप बता चुके हों या किसी जज साहब की आरक्षण को लेकर इसी तरह की पूर्वग्रह पूर्ण कोई टिप्पणी नुमायाँ हो चुकी हो तो भला न्याय की कुर्सी पर बैठे ऐसे लोगों से निष्पक्ष ढंग के फ़ैसले की उम्मीद कैसे की जा सकती है ? हद तो तब हो जाती है जब सुप्रीम कोर्ट के कोई जज यह कहे कि सरकारी नौकरियों के लिए आरक्षण की अवधि 10 साल के लिए ही निर्धारित थी। उस जज साहब को यह भी मालूम नहीं कि 10 साल की अवधि सिर्फ़ विधान मंडली और संसद चुनाव के लिए तय थी। इसको भी उक्त अवधि के बाद समीक्षा करके बढ़ाने का भी प्रावधान तय किया गया था।

मंडल कमीशन की रिपोर्ट में पिछड़े वर्गों की संख्या 52 प्रतिशत के क़रीब बताई गई है, मगर इनको आरक्षण मिला है 27 प्रतिशत। इन वर्गों के लोगों ने जब भी आरक्षण का कोटा बढ़ाने की माँग की या किसी राज्य सरकार ने कुछ अन्य जातियों को इसमें शामिल कर इसका कोटा बढ़ाने का प्रस्ताव किया तो न्यायालयों द्वारा इसकी सीमा 50 प्रतिशत बताकर कोटा बढ़ाने से मना कर दिया गया। जब केन्द्र की भा.ज.पा. सरकार ने ई.डब्ल्यू. एस. के नाम पर सवर्णों को 10 प्रतिशत कोटा दिया तो सुप्रीम कोर्ट ने कोटा देने से पहले सवर्णों के बारे में किसी तरह के सर्वेक्षण अध्ययन की बात नहीं की। केन्द्र सरकार ने भी इसके लिए किसी आयोग का गठन नहीं किया।

दलित मुसलमान और दलित ईसाइयों को शेड्यूल्ड कास्ट का दर्जा देने की माँग लम्बे समय से उठती रही है। यू.पी.ए.-1 सरकार ने इसको लेकर रंगनाथ मिश्र आयोग का गठन किया। यह आयोग दलित मुसलमान और दलित ईसाइयों को शेड्यूल्ड कास्ट का दर्जा देने की सिफ़ारिश कर चुका है। सच्चर कमेटी और प्रोफ़ेसर सतीश देशपांडे की कमेटी भी इसकी सिफ़ारिश कर चुकी है। लेकिन इन तमाम सिफ़ारिशों को नज़रअन्दाज़ करते हुए केन्द्र की भा.ज.पा. सरकार ने अक्टूबर, 2022 में इस मामले की फिर से जाँच के नाम पर रिटायर्ड चीफ़ जस्टिस के.जी. बालाकृष्णन की अध्यक्षता में तीन सदस्यीय आयोग का गठन कर दिया। मोदी सरकार की नीयत का पता तुरन्त चल गया जब इसी साल नवम्बर महीने में उसने सुप्रीम कोर्ट को एक शपथ-पत्र देकर यह सूचित कर दिया कि वह दलित मुस्लिम और दलित ईसाइयों को आरक्षण नहीं दे सकती है।

भारत सहित दुनिया के विभिन्न देशों में समाज के वंचित समूहों के लिए अफ़र्मेटिव पॉलिसी (सकारात्मक नीतियों) के ज़रिये इस तरह के तबक़ों को मुख्यधारा में लाने के लिए क़दम उठाए जाते हैं, शायद ही इस तरह का कोई देश

होगा जहाँ भारत की तरह कुछ लोग इस तरह के क़दम का विरोध करते हों। मंडल कमीशन की सिफ़ारिशों को लागू करने और कई दूसरे मौक़ों पर यह विरोध तो हिंसक भी हो जाता है।

यह सभी जानते हैं कि आरक्षण कोई ग़रीबी उन्मूलन का कार्यक्रम नहीं है। सदियों से जाति के आधार पर जिन तबक़ों के साथ छुआछूत और दूसरे तरह का भेदभाव बरता गया है, ऐसे लोग ही इसके हक़दार होते हैं। ग़रीबी दूर करने के लिए तो सरकार के दूसरे दर्जनों कार्यक्रम चलाए ही जाते हैं। सरकार चाहे तो इसके लिए और भी नये कार्यक्रम चला सकती है। दरअसल, केन्द्र की मौजूदा आर्थिक नीतियाँ ही ग़रीब विरोधी हैं। जिस तरह तेज़ी से सरकारी क्षेत्रों का निजीकरण हो रहा है, उसे रोकने के लिए अगर सवर्ण तबक़ों के लोग भी मैदान में उतरें तो अगड़े-पिछड़े, दलित-आदिवासी सभी धर्मों के बीच यह मुद्दा एकता की धुरी बन सकता है। संविधान पीठ के दो जजों ने ठीक ही कहा कि आर्थिक रूप से जिन कमज़ोर तबक़ों को जो 10 प्रतिशत का आरक्षण मिला है उससे अन्य वर्गों के आर्थिक रूप से कमज़ोर लोगों को अलग रखना क़तई न्यायसंगत नहीं है।

मंडल आयोग या अन्य आयोगों की तरफ़ से कभी इस तरह जातीय आधार पर आरक्षण की सिफ़ारिश नहीं की गई है। मंडल आयोग ने राजस्थान, बिहार सहित कई राज्यों में राजपूत और वैश्य समाज की कई जातियों को भी आरक्षण का लाभ देने के लिए चिन्हित किया। इसी तरह मुसलमानों में भी हुआ है। ई.डब्ल्यू.एस. इकलौता ऐसा आरक्षण है जिसे सवर्ण जातियों को विशुद्ध जातीय आधार पर दिया गया है। जबकि आरक्षण का आधार सदियों से जातीय देश और प्रताड़ना झेलनेवालों के लिए रहा है। सवर्ण जातियों के लोग ग़रीब हो सकते हैं। लेकिन कोई यह नहीं कह सकता कि उन्हें कभी जातीय द्वेष और प्रताड़ना झेलनी पड़ी हो। अगर इस्लामी तवारीख़ के नुक्ते नज़र से हम देखें तो 1400 साल पहले इस्लाम मज़हब के प्रवर्तक पैग़म्बर मोहम्मद (स.) ने आख़िर क्यों फ़ितरा ज़कात को सादातों के लिए जायज़ नहीं ठहराया। उन्होंने यह क्यों नहीं फ़रमाया कि ग़रीब सैयद फ़ितरा ज़कात ले सकते हैं मगर अमीर सैयद नहीं? इस आधार पर क्या यह नहीं कहा जा सकता है कि सबसे पहले इस्लाम मज़हब में आरक्षण के इस सिद्धान्त की नींव पड़ गई थी।

(लेखक शोध छात्र और सामाजिक कार्यकर्ता है।)

मैं बोरेवाला!

शेख़ पीरन बोरेवाला

कसाब, पिंजारी, लद्दाफ, दुदेकुला, घोड़ेवाला, लकड़ेवाला, चमड़ेवाला
और मैं हूँ बोरेवाला
एक अनजान मुसलमान
मुसलमानी तवारीख़ में मेरी कहीं जगह नहीं
ख़ानदानी मुसलमानों द्वारा अँधेरे में धकेला हुआ
अपने काम के चलते तिरस्कृत
किन्तु फिर भी एक मुसलमान
बोरेवाला मुसलमान!

जंगल जैसे मेरी माँ थी
पहाड़ियों पर चढ़ता था
लकड़ियों को काट कर बेचकर जीता था
घाटियों, सोतों में घूमते हुए
खजूर का पत्ता जमाकर
चटाइयाँ बनाता था
इस तरह मैं बोरेवाला कहलाने लगा

तुम मुझसे परहेज़ करते रहे
क्योंकि मेरी जाति और जीने का अन्दाज़ ही ऐसा था
तुम मुझे नाक़ाबिल समझते रहे
भूखे पेट रहकर भी मैंने क़लमा सीखा
तुम मुझसे दूरी रखते हो
फिर भी मैं सूरा रटता हूँ
तुम्हारी तरह नमाज़, रोज़ा और ज़कात करता हूँ

कभी-कभी तुम्हारे बीच होता हूँ
किन्तु तुम्हारी आँखों में फिर वही घृणा
अजीब-सी बातें करते हो
ठंडापन होता है तुम्हारे व्यवहार में
और हँसी उड़ाते हो
मेरी, मेरे काम और मेरी भाषा की।

क्या मानवीय है और क्या अमानवीय?
कौन सभ्य है और कौन असभ्य?
मैं बोरेवाला वंश में पैदा हुआ इन चीज़ों को नहीं जानता
मैं तो इतना ही जानता हूँ
कि मैं एक मुसलमान हूँ!
इस्लाम मेरा भी धर्म है!

मुझे बोरेवाला कहो
या कहो गिरिजन मुस्लिम
या कहो दलित मुस्लिम
या कहो कोई भी मुस्लिम
किन्तु एक बात साफ़ है...
यदि मैं बोरा बुनने का काम न करूँ तो
तुम्हारा जनता ही नहीं निकलेगा !!!

हिन्दुओं के अत्याचार और मुल्लाओं के भेदभाव से
मैं अभी ही तो जागा हूँ
मेरी अपनी ही निष्क्रियता और उदासीनता
न जाने कब से जलाती रही है मुझे
किन्तु अब मैं बजाने लगा हूँ बोरेवाला का नगाड़ा !!!

अनु. अशोक यादव
(मूल तेलुगु से अनुवाद नरेन बेडिदे के सहयोग से)

अव्वल क़लमा

याकूब कवि

आपको यक़ीन तो न आए शायद
लेकिन हमारी समस्याओं का सिरे से कहीं ज़िक्र ही नहीं
अभी भी, एक बार फिर से, उनकी दसवीं या ग्यारहवीं पीढ़ी
जिन्होंने खोई थी अपनी शानो-शौक़त
बात कर रही है हम सबके नाम पर

क्या इसी को कहते हैं अनुभव की लूट?
सच तो यही है—नवाब, मुस्लिम, साहेब, तुर्क—
जिनको भी ख़िताब किया जाता है ऐसे, आते हैं उन वर्गों से
जिन्होंने खोई अपनी सत्ता, जागीर, नवाबी और पटेलिया शानो-शौक़त
लेकिन तब भी सुरक्षित कर ली उन्होंने, कुछ निशानियाँ उस गौरव की

जबकि हमारी ज़िन्दगियाँ सिसकती रहीं हमारे हाथों और पेट के बीच
हमारे पास तो कभी कुछ महफ़ूज़ करने को था ही नहीं
आख़िर हम बयाँ भी क्या करते...?
हम, जो अपनी माँ को 'अम्मा' कहते थे
नहीं जानते थे कि उनको 'अम्मीजान' कहा जाता है
अब्बा, अब्बाजान, पापा—बाप को ऐसे ही सम्बोधित करते हैं, हमको बताया गया
आख़िर मालूम भी कैसे होता—हमारी आय्या ने तो कभी ये सिखाया ही नहीं
हवेली, चारदीवारी, खल्वत, पर्दा—
हम फूस के महलों में बसर करनेवाले क्या जानें?
कहा था मेरे दादा ने, नमाज़ का मतलब उठक-बैठक!
बिस्मिल्लाहइर रहमान्निर रहीम, अल्लाह-ओ-अकबर, रोज़े की भाषा
कहाँ सीखी हमने कभी

हमारे लिए त्योहार का मतलब था अचार-भात
उनके लिए बिरयानी, भुना गोश्त, पुलाव और शीर खीरमा
वह पहने हुए शेरवानी, रूमी टोपी, सलीम शाही जूते
इत्र की ख़ुश्बू में नहाए हुए
और हम अपने चिथड़ों में मस्त
आपको यक़ीं तो न आएगा अगर हम बयाँ भी करें
और आख़िरकार हमें ही शर्मिंदा होना पड़े शायद

सेंटूसाबू, उड्डान्डु, दस्तगीरी, नागुलू, चिना आदम,
लालू, पेदा मौला, चीनामौला, शेख श्रीनिवासु,
बेटमचारला मोइनु, पातिकत्ता मालसूरू—क्या यह हमारे नाम नहीं?
शेख, सैयद, पठान—अपने ख़ानदानों के शजरों की अकड़ में
कभी आने भी दिया तुमने हमें अपने क़रीब!
लद्दाफ़, दूदेकुला, कसाब, पिंज़री...
हम रहे हमेशा अवशेष उस समय के
जब हमारे पेशे ने जाति बनकर हमें डसा था
हम 'भिश्ती' बने, तुम्हारे घरों तक पानी ढोने के वास्ते
और 'धोबी' और 'धोबन', तुम्हारे कपड़े धोने के लिए
'हज्जाम', जब काटे केश तुम्हारे
और 'मेहतर', 'मेहतरानी' जब धोये तुम्हारे पाखाने
हम रहे हमेशा अवशेष उस समय के
जब हमारे पेशे ने जाति बनकर हमें डसा था

वह कहते हैं, 'हम सब मुसलमान हैं'!
सहमत हैं हम भी, तो फिर इस भेदभाव का क्या मतलब?

अच्छा ही लगेगा हमको—अगर यह ख़ुदाई नुमायां करे उन हिसाबों को
जो लम्बे अरसे से दफ़न हैं, क्यों ऐतराज़ होगा हमें भला!
अब क्या जानना बाक़ी रह गया है साझे दुश्मन के बारे में
अब तो राज़ फ़ाश करना है इस साझी मैत्री का!
हाँ, हम ऐसा मानते हैं, जो भी शोषित हैं वह दलित हैं
परन्तु अब पुनः परिभाषित करना पड़ेगा शोषण को भी!

आश्चर्य, आश्चर्य—जो ज़बान हम बोलते हैं, हमारी नहीं
बताया जाता है कुछ ऐसा ही हमें!
हम उस ज़बान को नहीं जानते जिसे तुम हमारी कहते हो
बन गए हैं हम ऐसे लोग जिनकी कोई मातृभाषा ही नहीं
बहिष्कार करते हो क्योंकि तेलुगु बोलते हैं
'मुसलमान होकर भी बड़ी अच्छी तेलुगु बोलते हो तुम'
मुझे ख़ुश होना चाहिए या उदास, पता नहीं!
हमारे सारे ख़्वाब तेलुगु हैं, हमारे आँसू भी तेलुगु हैं
जब हम बिलबिलाते हैं भूख से, या कराहते हैं दर्द से
अरे, हमारी तो सारी अभिव्यक्ति ही तेलुगु है!
पहेली बन जाते थे हम सब नमाज़ अदा करने को कहा जाता था
हैरत से कूद पड़ते थे जब अज़ान का स्वर कान में पड़ता था
हम तो तलाशते थे मौसीक़ी के रागों को सुरों में
जब इबादत करने को कहा गया अनजानी ज़बान में
खो दिया अधिकार हमने इबादत के तुल्फ़ का!
आपको यक़ीन तो न आए शायद
लेकिन हमारी समस्याओं का सिरे से कहीं ज़िक्र ही नहीं

आत्म-सम्मान तो एक दस्तरख़्वान है, फैला हुआ सबके सामने
यह विशेषाधिकार नहीं अशराफ़ का
इससे फ़र्क़ नहीं पड़ता कौन रौंदता है इज़्ज़त अपने भाई की
विश्वासघात तो आख़िर विश्वासघात ही है
सबसे बड़ा धोखा तो अनुभव की लूट है!

मूल तेलुगु से अनुवाद : खालिद अनीस अंसारी